高等教育自学考试中英合作商务管理专业与金融管理专业
剑桥商务管理和金融管理证书考试

商务交流
Shangwu Jiaoliu

（附：商务交流自学考试大纲）

（2013年版）

全国高等教育自学考试指导委员会　组编

主　编　刘　岭

副主编　李　京　王红夏　董　梅

高等教育出版社·北京

HIGHER EDUCATION PRESS　BEIJING

扫描微信二维码
关注自考教材服务

图书在版编目(CIP)数据

商务交流:2013年版 / 刘岭主编;全国高等教育自学考试指导委员会组编. --北京:高等教育出版社,2013.4(2022.1重印)
ISBN 978-7-04-037072-0

Ⅰ.①商… Ⅱ.①刘… ②全… Ⅲ.①商务工作-高等教育-自学考试-教材 Ⅳ.①F715

中国版本图书馆CIP数据核字(2013)第048861号

| 策划编辑 | 王小钢 | 责任编辑 | 王小钢 | 版式设计 | 范晓红 |
| 责任校对 | 杨凤玲 | 责任印制 | 田 甜 | | |

出版	高等教育出版社	咨询电话	400-810-0598
社址	北京市西城区德外大街4号	网址	http://www.hep.edu.cn
邮政编码	100120		http://www.hep.com.cn
印刷	北京市鑫霸印务有限公司		
开本	787mm×1092mm 1/16	版次	2013年4月第1版
印张	13.25	印次	2022年1月第6次印刷
字数	310千字	定价	25.00元

本书如有质量问题,请与教材供应部门联系。
版权所有 侵权必究
物料号 37072-00

组编前言

1999年,全国高等教育自学考试指导委员会与英国剑桥大学考试委员会合作,将剑桥大学商务管理和金融管理证书课程引入高等教育自学考试中英合作商务管理专业和金融管理专业,为广大学员提供了全新的学习视野,开创了学历证书与非学历证书相结合的"双证书"人才培养模式。该项目实施十几年来获得了广泛认可,许许多多的学生和在职人员通过学习,提高了专业能力,获得了更多的学习深造机会,得到了更高、更广的职业发展空间,甚至改变了人生道路。

我国现已进入高等教育大众化发展阶段,人们对接受继续教育的需求也更加多样化和个性化。《国家中长期教育改革和发展规划纲要(2010—2020年)》指出,要改革和完善高等教育自学考试制度,积极推进学历证书与职业资格证书"双证书"制度。为适应继续教育的发展需要,反映学科知识发展,全国高等教育自学考试指导委员会对本系列课程进行了考试大纲修订和教材重编。

为了做好考试大纲和教材的修订、重编工作,全国高等教育自学考试指导委员会组织专家、助学机构授课教师以及考生开展了问卷调查、座谈等多种形式的调研,广泛听取了各方面的意见和建议,在此基础上确定考试大纲修订和教材重编的原则和理念。考试大纲修订工作由中英双方课程专家共同完成,教材重编工作由中方课程专家依据考试大纲和英方推荐教材编写完成。修订与重编工作以高等教育自学考试专业与课程改革内容为指导思想,在充分考虑专业课程以及证书课程考试目标和考生群体的基础上,遵循了以下原则:

1. 课程设置、课程考核目标、课程考核办法保持不变。课程内容要求的能力和水平仍相当于高等教育自学考试专科层次。

2. 以"必需、够用、适用"为原则,梳理各课程内容框架、体系和知识点,提高课程内容的时效性和正确性;考虑证书课程考试对考生的切实需要,减少过深、过难的理论部分,增加与实际工作结合的内容;提高课程的实践性和实用性,相关课程增加与中国实际情况相关的内容。

3. 以"互动性、应用性"为原则,学习以"基于工作过程"为导向的课程和教材开发理念,突出案例和实训环节,在专题或章节中设计引导案例、课堂实践和课后习题等栏目,提高教材的应用性和可操作性。文字简明易懂、图文并茂、编排新颖、篇幅适中,提高教材的可读性。

商务管理证书和金融管理证书课程共16门,其中,商务管理证书与金融管理证书的共同课8门:商务英语、企业组织与环境、商务交流、数量方法、经济学、会计学、管理信息技术和财务管理。商务管理证书的专业课4门:商法、市场营销(二)、人力资源管理(二)和国际贸易实务(二)。金融管理证书的专业课4门:金融法(二)、管理会计(二)、财务报表分析

(二)和金融概论。

2011年,全国高等教育自学考试委员会与英国剑桥大学考试委员会更新了商务管理和金融管理证书体系。通过全部8门共同课和1门商务管理或金融管理证书专业课(商法或金融法)考试的学员,英国剑桥大学国际考试部颁发"剑桥商务管理证书(基础段)";通过商务管理证书全部12门课程考试的学员,英国剑桥大学国际考试部颁发"剑桥高级商务管理证书(基础段)";通过金融管理证书全部12门课程考试的学员,英国剑桥大学国际考试部颁发"剑桥高级金融管理证书(基础段)"。

这套教材的重编工作得到了全国高等教育自学考试指导委员会经济管理类专业委员会的大力支持,倾注了许多中外课程专家的辛勤劳动,在此谨向他们致以衷心的感谢。

欢迎广大读者对教材内容提出意见和建议。

全国高等教育自学考试指导委员会
2012年3月

目录

第1章 沟通过程 ··· 1
   1.1 商务沟通的重要性 ·· 1
   1.2 沟通的方法和路径 ··· 10
   习题 ·· 18

第2章 口头沟通 ··· 21
   2.1 口头沟通的方法 ··· 21
   2.2 口头沟通的影响因素 ·· 27
   习题 ·· 32

第3章 有效演讲 ··· 34
   3.1 有效演讲和公开演说的技巧 ··· 34
   3.2 演讲的技巧 ·· 41
   3.3 影响有效演讲的其他因素 ·· 43
   3.4 衡量演讲是否成功 ··· 47
   习题 ·· 48

第4章 非语言沟通 ·· 51
   4.1 非语言沟通的含义 ··· 51
   4.2 肢体语言 ··· 52
   4.3 非语言沟通及工作环境 ··· 64
   习题 ·· 66

第5章 群体沟通 ··· 68
   5.1 群体沟通的性质 ··· 68
   5.2 群体沟通的机理 ··· 76
   5.3 积极的沟通风格 ··· 83
   5.4 组织会议 ··· 86
   习题 ·· 91

第6章 书面沟通 ··· 93
   6.1 有效的商务文档 ··· 93
   6.2 书面商务沟通的类型 ·· 96
   习题 ·· 117

第7章 视图沟通 ··· 118
   7.1 利用视图方法来传递统计信息 ··· 118

7.2 统计信息的展示 …… 120
7.3 非统计信息的展示 …… 128
习题 …… 133

第8章　电子沟通 …… 135
8.1 电子沟通的商务应用 …… 135
8.2 电子沟通的种类 …… 138
8.3 信息保护 …… 149
习题 …… 151

附录1　关键词和术语汇编 …… 154
附录2　习题参考答案 …… 160
附录3　商务交流自学考试大纲 …… 170
参考文献 …… 203
后记 …… 205

第 1 章 沟通过程

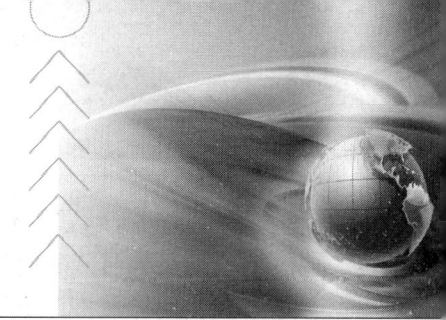

学习内容
1. 商务沟通的重要性
2. 沟通的主要方法
3. 沟通的基本路径

学习目标
1. 解释沟通、内部沟通和外部沟通的含义
2. 了解组织沟通不畅所造成的后果
3. 掌握沟通的主要障碍及克服沟通障碍的方法
4. 理解有效沟通的策略
5. 掌握沟通渠道的类型与特点
6. 掌握沟通方向与沟通网络的类型及应用

商务管理活动中,信息的传递与交换发挥着重要的决定性作用,因此有效的商务沟通是成功开展商务活动的保证。由于沟通的方法、路径、渠道、方向与网络存在多种类型和选择,所以有必要了解和掌握有效沟通的过程,并根据商务活动的具体环境进行应用。

1.1 商务沟通的重要性

有效的沟通对于商务活动和企业管理具有重要的作用,例如:企业经理向下属布置工作、营销代表向客户介绍和推销产品、公司对外发言人向公众和媒体介绍企业的变革情况等。然而,现实工作中,我们往往遇到各种各样的沟通问题,例如:"我不知道他(她)在说什么!""我不明白他(她)为什么还不能够明白我的要求,我已经说得很清楚了!"这种情况说明我们很多时候不能有效表达自己的观点,或不能正确理解他人向我们传递的信息,即沟通过程中存在着障碍。这极大地影响了商务和管理活动的正常进行。

1.1.1 沟通的含义

沟通(communication)是指可理解的信息或思想在两人之间或两人以上的群体中进行传递或交换的过程,以达到共同的理解。简而言之,就是指个体或群体之间的信息共享。人们在沟通过程中,为了设定的目标,发送者(sender)通过一定媒介(media),以语言、文字、符号等表现形式为载体,向接收者(receiver)传递信息(包括知识和情报)、思想和情感等,并通过反馈(feedback)确保传递的信息得到正确的理解。

沟通是人与人之间的思想和信息的交换,是将信息由一个人传递给另一个人或多个人的过程。沟通是协调个体、要素,并使企业成为一个整体的凝聚剂。沟通是领导者激励下属,实现领导职能的基本途径。沟通也是企业与外部环境建立联系的桥梁。但是需要说明的是,沟通在不同个体或群体之间实现信息的交流,并不是指双方意见达成一致,而是强调人们对于所传播的信息具有正确的、相同的理解。

有效的沟通对于企业的日常工作和行为具有重要的作用,它能够影响到管理决策和业务实践的各个方面。有效的沟通不仅能够保证企业员工获得准确的信息和指令从而完成相关工作任务,还能够在新员工的入职培训中发挥重要作用,激励员工、鼓舞士气;有效的沟通能够为管理者提供丰富的、准确的和及时的信息,促进管理决策;有效的沟通能够促进组织内部的信息流动,特别是处于相同层级结构、不同部门的员工之间的信息交流;有效的沟通能够及时向员工通报组织发展的动向,管理者能够及时地把关于企业、产品、政策和安全制度等传达到所有员工,以便他们能够有效工作并保证工作的效率,这在组织发生变革时显得尤为重要;有效的沟通能够及时向员工传递关于劳资关系的信息,包括工资、养老金、医疗保险、带薪假期以及相关福利和工作条件的信息;有效的沟通能够保证组织与外部利益相关者的有效联系。组织必须及时向供应商、顾客、银行、政府机构提供信息和获取信息,以促进业务的正常运转。沟通活动渗透在我们的日常管理工作中。例如某位管理者在做出某项决策时,比如调整企业的工作时间,那么这项决策必须在企业中得到有效沟通。同样,工作中的创新思路、观点或计划,以及对于某项新制度、某套新进生产线的使用反馈等,也需要及时、准确地在企业中实现信息交流与共享。

为了保证信息在人们之间进行有效的传递,理解沟通的过程十分重要。沟通的过程包含以下重要元素:

发送者(the sender)——发送者负责产生、提供用于沟通的信息,并通过编码过程将其转换为具有象征含义的符号,发送给接收者。发送者是沟通的初始者,具有主动地位。

信息(the message)——信息是沟通传递的客体,它可以是某种观点、意见、数据或资料,必须通过编码的形式从发送者传递到接收者,以便接收者理解。

媒介(the media)——信息得以从传递者发送到接收者所凭借的手段,即发送者用于传递信息的媒介物。一般常用的信息媒介有语言媒介和非语言媒介,例如面对面的交谈、电话、传真、电子邮件等。

接收者(the recipient)——接收者是信息发送和传递的目标,接收者通过对来自发送者的编码符号进行翻译解码,从而获得对信息内容的理解。

沟通的过程,即信息的发送者将要发送的信息转化为某种符号,通过一定的渠道传送信息,信息的接收者在接到信息后,对信息进行理解,并按接收到的信息采取行动的过程。具体地,在沟通开始之前,发送者必须具有明确的传递目的,即信息(message),它可以是某个观点、意见、数据或资料;这个信息随后被转化为一系列具有象征含义的符号,即编码(encoding);编码通过一定的渠道,即媒介(media),从发送者传递到接收者;接着,接收者根据客观情况和自身的知识背景或社会经历对来自发送者的这些符号进行翻译和解释,译为具有特定含义的信息,即解码(decoding)。此外,沟通过程中发送者和接收者还通过反馈来了解传递的信息是否被对方准确无误地接收和理解,反馈(feedback)是指接收者收到信息后把自己的反应返送回发送者,以表明自己是否正确地理解了来自发送者的信息。因此,沟通的过程是一个包含了七个要素的模型,即发送者、信息、编码、媒介、解码、接收者和反馈(见图1-1)。噪音(noise)是指在信息传递过程中的干扰和影响因素。噪音的存在是引起沟通失效的一个重要原因。

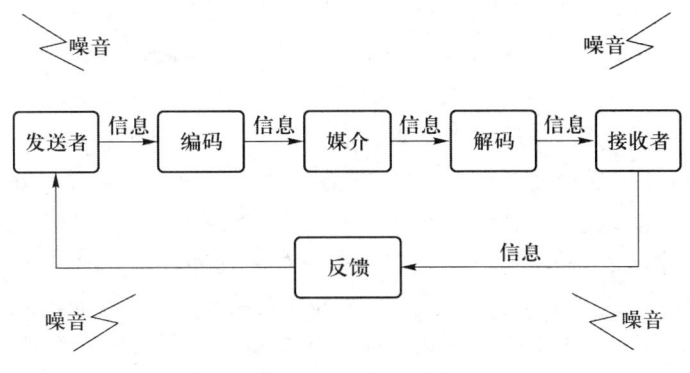

图1-1　沟通的过程①

总体来讲,影响有效沟通的因素包括:接收者对于信息的理解程度、双方采用的沟通风格和方法的适合度、沟通双方之间可能存在的障碍以及沟通形式的适合度。

1.1.2　内部沟通

沟通是组织行为的重要组成部分,按照沟通活动涉及成员的归属不同,可以把组织沟通划分为内部沟通和外部沟通。内部沟通(internal communication)指组织内成员之间进行的信息交流,即组织的某项工作、任务或制定某一策略需要该组织成员共同努力完成,为了更好地完成任务而进行的信息交流。例如,主管向下级分配任务时需要口头通知并当面听取下级的反馈;销售代表撰写书面的市场分析报告,并上交营销主管;人力资源经理与员工进行关于绩效考核的面谈等。组织内部沟通对于工作的正常开展和员工的有效工作具有十分重要的作用,组织内部成员需要了解他们将需要完成什么样的任务,任务的期限和具体要求,以及公司所给予的条件支持。对于新员工来讲,内部沟通尤为重要,它能够让新入职的员工在最初的阶段迅速获得有关公司制度、日常运营的基本信息,包括工作时间表、岗位职责、着装要求、工作午餐以及班车信息等重要内容。

内部沟通可以采用口头方式进行,也可以采用书面方式,其具体形式可以根据任务、成员和环境特点采用会议、报告、调查、培训、面谈、书面沟通以及团队旅游、员工生日会、节日或司庆活动等。

会议——包括董事会、中高层管理者例会、管理质询会、部门或项目例会、全员年会、跨部门或部门内业务专项讨论会、定期的员工沟通会、演讲会或辩论会等。会议能够使得各种政策、指令、计划和信息能够上传下达、相互协调,快速将信息进行有效传递,帮助协调目标与计划的实现和执行。

---

① 资料来源:Stephen P. Robbins, David A. DeCenzo. Fundamentals of Management[M]. Prentice Hall, 2002:377.

报告——包括年、季、月、周的工作计划与总结、各项工作报表(年、季、月、周、天的业绩报表)、各项工作记录(用于工作分析或知识积累)等。报告能够将组织计划与运行的具体情况汇总成为具体信息,传递到相关的组织成员,进行信息共享,并运用到下一阶段的计划制定和执行中。

调查——包括客户满意度调查、市场调查、员工满意度调查等,用于了解需求,分析不足。通过进行各种形式的调查,能够及时掌握企业运营的动态和存在问题,有助于做出调整,进行改进和完善。

培训——包括新员工培训、领导者及管理者培训、专业培训、通用技能培训等,多以体验式、课堂式、交流研讨会、读书会等形式,并注重培训效果的巩固与应用。培训不仅能够让员工掌握必要的知识技能,还能提高人际交往能力,以及更好地了解组织文化。

面谈——包括管理者与员工进行的一对一、一对多或多对多的面对面沟通,有效征求员工意见,反馈绩效信息,激励员工行为等。通过面对面的交谈,可以促进管理者与员工间的有效交流,有助于向员工传达企业的发展方向与决策信息,及时听取员工的意见和建议,发现企业管理存在的问题,掌握员工的思想动态。

书面沟通——通过管理制度文件发布、公司及部门文档管理、邮件系统、内部网络、刊物、展板、BBS、纸质文件批复、小纸条、内部共享服务器等多种形式,提高制度知悉度,促进信息的内部共享、企业文化宣传、知识的积累、企业管理效率的提升。

团队旅游——通过组织团队旅游的方式,增进员工感情,形成和谐关系,提高团队合作的效率。

员工生日会——很多企业在员工生日时组织生日会庆祝活动,包括准备生日蛋糕、赠送公司管理者签名的生日卡,以体现"以人为本"的管理特色,提升员工的满意度、忠诚度和企业凝聚力。

节日或司庆活动——通过举办传统节日庆祝活动,增进员工交流,提高凝聚力和组织承诺;通过举办司庆活动或运动会、员工家庭日活动等,起到组织激励和提高员工归属感的作用。

1.1.3 外部沟通

外部沟通(external communication)是指组织为了更好地生存与发展,通过公共关系手段,利用大众传媒、刊物等途径,与政府及主管部门、新闻媒体、金融机构、客户、社区、协作者、竞争者和股东等其他组织或成员在发生业务往来和合作中所进行的有效沟通,以建立良好的外部关系,争取社会各界支持,创造优良的发展氛围,以提高企业的知名度和资信度。

外部沟通主要是与企业外部的个体、相关部门和机构建立良好的关系。

1. 企业与政府部门沟通

企业需要与政府保持长期良好的双向式互动沟通。企业应该经常向政府汇报自己的发展方向,通过企业设立的公共事务部门进行日常的沟通工作;另一方面,企业通过承担社会责任,参加或举办各种公益活动,提升社会形象,在自己的发展策略制定方面符合政府政策发展的方向等。

2. 企业与客户沟通

包括提供服务、直接接触、打电话、信函、调查、广告、公关、企业形象策划等。由于客户关系管理要求企业具有完善的客户沟通能力,取得客户利益与企业收益的均衡,在推销、签约、售后服务与追收货款等环节中均需要与客户进行长期的、有效的交流和沟通,因此在合同谈判与订单执行过程中必须注意沟通的方式与技巧,并引入专业法律顾问。

3. 企业与股东沟通

包括书信、年度报告、年度股东大会、邮寄新产品样品、宴会、个人拜访、电话及其他方法。股东作为企业的重要利益相关者,同时也是企业的内部客户。按照企业社会责任的要求,企业应当与股东保持一定的沟通频度,保持信息披露的及时性、完整性和准确性,即信息的对称。

4. 企业与上下游企业沟通

包括建立电子通信网络、互派人员参与彼此重大决策、给对方人员提供培训机会、增加信息交流、商务谈判等。随着科学技术的不断进步和生产分工的不断细化,企业间的外包型协作广泛出现。在企业与其上下游企业沟通中,在保障双方利益的前提下,需要明确彼此合作的责、权、利分配以及风险的划分,做好合同管理,降低诉讼风险,这就要求企业需要用完善的法律顾问体制来保障沟通的有效性。

5. 企业与媒体沟通

包括企业公关部门主动拜访媒体人士、接受专访、提供新闻稿、召开新闻发布会等。媒体代表的是公众利益,其社会责任感要求他们对企业危机进行挖掘和报导,所以企业与媒体的沟通应具有长期性和必要性。面对来自公众的质疑,企业应积极主动地通过媒体沟通消除公众的疑虑和不安,处理和应对好企业面临的危机。

课堂练习1

A 公司是一家专营速冻食品的大型企业,在市场上具有很高的知名度和可观的市场份额。但是上周在 B 超市购买 A 公司速冻食品的数位顾客都在食用后出现了不同程度的健康问题,纷纷就医。这时,A 公司面临顾客的投诉,B 超市要求退货,以及媒体对此次事件的报道,一时处于信誉危机中。如果你作为 A 公司的负责人,你将如何安排企业的内部沟通和外部沟通活动,以查明顾客出现健康问题的真实原因,并帮助企业度过这次危机,恢复企业的社会信誉?

1.1.4 组织沟通不畅的后果

企业在建立商务联系时,必须建立一个有效的沟通体系。然而实际工作中,许多沟通不畅的现象出现在我们周围,例如,经理没有收到来自下属的一份重要邮件汇报相关工作;由于错失了一个重要的电话通知,订单货物未能按照既定时间装运。不论沟通不畅的问题是严重或是轻微,组织沟通不畅都将会或多或少地影响到企业的运营效率。对于管理者而言,清楚地认识到组织沟通不畅可能造成的后果是有效解决沟通不畅问题的重要前提。

① 组织沟通不畅时,员工将对于自己的角色和期望感到困惑。例如,业务主管在分配工作时,未能对新员工的岗位职责、角色和期望进行清晰地表述和传达,企业也缺乏相应的书面文件表述,员工只好将根据自己的理解和判断进行自我角色定位,这样就出现了角色困惑的问题。同时,员工不能清晰地获得自己的角色定位,将影响到工作激励和组织创新。

② 组织沟通不畅时，信息的到达将出现延迟。组织沟通时在媒介的选择上十分重要，不同媒介的抉择将决定信息到达的速度与可靠性。例如，部门临时决定召开紧急会议时，如果组织者通过电子邮件的方式进行会议通知，则会出现不少参会者没有及时查看邮件而延误信息的有效到达。

③ 组织沟通不畅时，信息可能发送给错误的接收者。例如，营销部门经理将业绩报告发送给负责人力资源的副总，来自客户的投诉建议没有发送到客户服务部门而是发送到了负责研发的技术部门，这样沟通的有效性就会受到严重影响。

④ 组织沟通不畅时，业务存在中断的风险。随着信息技术的广泛使用，许多企业采用先进的内部沟通平台，即通过内部网络实现订单管理和客户服务。当网络出现技术故障或人为操作错误时，业务环节不能顺利进行下去，业务出现中断，影响到订单的执行和处理。

⑤ 组织沟通不畅时，会出现订单流失的风险。例如，企业在国际展览会中推广了自身的优势产品，但是由于所公布的企业订单咨询电话或邮箱地址有误，或是企业宣传样本上的联系方式未能及时变更，则来自潜在客户的订单由于无法正常沟通而出现流失。

⑥ 组织沟通不畅时，甚至可能导致企业倒闭的严重后果。缺乏有效沟通的企业中，信息被动地自上而下流动，企业运作缺乏效率、创新性和竞争力，员工处于消极的工作状态，特别是沟通不畅还会带来管理中的失误，例如，采购部为企业配置电脑时未能与财务部沟通关于预算的问题，出现超支的问题后企业又缩减研发开支……这样日复一日，企业最终将可能由于沟通的缺失导致市场竞争力的下降，并出现众多严重的管理问题，最终导致企业倒闭。

1.1.5 沟通的主要障碍

沟通障碍(communication barrier)，是指人们在信息沟通的过程中，由于存在各种因素的影响和干扰，信息的传递和交换中可能出现误解和沟通失真的现象，这些因素称为沟通障碍。如果人们能够识别这些阻碍因素，则能够设法克服障碍，实现有效的沟通。

1. 物理障碍

物理障碍(Physical Barrier)是指在人们沟通的环境中存在的障碍因素，包括干扰、距离、不良的设备、人员短缺和不良的工作环境。

（1）干扰(distractions)

沟通过程中往往会受到环境中各种物理噪音和设备故障的影响，或受到外部事物的干扰或打断，影响沟通的效果。例如，车间里机器的噪音、临街写字楼外的过往车辆、办公室里的音乐声和交谈声等，都可能给口头沟通带来困难。

（2）距离(distance)

管理者、员工、客户之间的空间距离使得面对面直接沟通的机会减少，导致信息的发送与接收出现故障和出现对信息的误解。当沟通者不在同一间办公室或同一幢大楼里，甚至不在同一座城市或同一个国家时，面对面口头沟通无法进行，只能求助于电话或网络会议等形式。书面沟通也是一种选择，但是其传递速度受到很多因素制约，传真和电子邮件则会更加迅速。

（3）不良的设备(inadequate equipment)

许多沟通活动是依靠技术设备和技术平台来完成的，例如电子邮件、传真、电话和视频会议。当设备的运转出现问题或故障时，沟通的效率和效果就会受到影响，出现沟通障碍。

(4）人员短缺（staff shortages）

沟通的效果与参与者的数量及个体因素密切相关,包括社会经验、知识技能、个性等。当企业人手不足时,沟通过程缺乏胜任的人员接收和发送信息,沟通障碍就会出现。通常情况下,企业人员离职或企业突然扩张时,都不能及时招聘到满意的新员工加入企业,则会在一段时间内由于人员短缺产生企业沟通的不畅。即使经过一段时间,企业引入了新员工,而培训和适应需要的时间仍然会使得企业处于人员短缺、沟通不畅的状态。例如,新产品生产企业如果缺乏有竞争力的营销团队,进行消费者外部沟通的活动就会受到阻碍。

(5）不良的工作环境（poor working environment）

工作环境中的光线与照明条件、干扰因素如噪音、不合理的工作台布局,甚至温度、湿度等,都可能使员工生理不适,降低工作满意度和激励,对信息沟通带来不良影响。

2. 内部系统障碍

沟通的内部系统障碍（internal system barrier）是指组织中不合理的组织结构、管理制度、培训和激励方式所导致沟通障碍,主要包括距离、组织结构不清晰、缺乏培训、监管不力、角色不清和激励不足等。

(1）距离（distance）

它是指前面提到过的物理距离,同时也是沟通的内部系统障碍。当企业不得已在异地设立分支机构或子公司时,特别是全球化潮流下的跨国公司,就会产生异地沟通的距离障碍。由于距离的存在,多数沟通不能以面对面的方式直接进行,因此信息的传递需要经过大量的中间环节,还往往产生信息衰减和误解,出现沟通失真和障碍。对于这种情况,企业需要提前做出规划和决策,选择适当的沟通方法,并尽力克服物理距离的障碍。

(2）组织结构不清晰（unclear organisational structures）

任何组织都有各自的组织结构,组织成员按照结构分工各司其职。但是如果企业的组织结构与任务分工不清晰,员工不清楚自己的岗位职责,也不知道在工作中遇到的不同问题应该向谁汇报,或是接受谁的指令。尤其是机构庞大,部门设置与职责的划分不清晰,分工不明确,容易形成多头领导的混乱局面,组织内的沟通就会受到极大影响。例如,当企业的销售部门员工收到顾客投诉时,如果组织结构中没有对任务职责和信息的报告制度进行详细和有效说明,则该员工不清楚应该向哪位主管经理汇报,或是他自己有权在一定范围内解决投诉,还是应该根据投诉的具体内容将信息转到相关的其他部门。这样,信息的沟通就会受到影响,还可能因为不能及时解决投诉引起顾客的强烈不满。

(3）缺乏培训（lack of training）

组织管理中的人员培训不仅包括岗位培训、技术培训,还应包括沟通和人际交流技能的培训。员工应该准确地了解他们应该承担的工作内容,以及需要向谁汇报和采取何种方式进行沟通。当组织缺乏相应的员工培训时,尤其是针对新入职的员工,往往出现由于员工不完全了解自身的职责、企业内部的沟通链与报告制度、不能掌握沟通技术和技巧、不能正常使用组织沟通设备或软件平台的问题,出现沟通的内部系统障碍。企业在培训中,不仅需要提供书面信息和指示,还应该安排现场演示,以提高人员的培训效果。

(4）监管不力（inadequate supervision）

组织的运作与沟通需要长期的监管和控制,包括沟通渠道、媒介、信息传递的效果,以便组织及时根据问题进行处理和调整。当监管不足或不及时的时候,就会出现沟通障碍。无论在上行沟通、下行沟通或水平沟通中,都需要组织监管。往往有时候,员工因为个人原因出现工作热情下降,从而导致工作效率和工作质量的降低,如果企业监管不及时、不到位,很快就会产生沟通不畅的问题,许多信息卡在这个激励下降的员工这里,甚至影响整个部门和整个企业的工作效果。

(5) 角色不清(unclear roles)

当组织中员工的职责和角色定位不明确时,沟通中会出现信息发送者与接收者的混乱,或者出现员工推托责任、互相推诿的不良现象。当员工不清楚个人的角色期望时,遇到信息传递的事情就会不知所措或按照自己的理解和判断行事,这样企业内部的沟通就会出现秩序混乱的现象。

(6) 激励不足(poor motivation)

企业激励制度决定着组织沟通的有效性和顺畅程度。当员工激励不足时,管理者与下属间不能建立起足够的信任,员工在沟通中往往选择消极、被动的态度,不会积极、主动地与上级、平级、甚至客户进行沟通交流,甚至可能会隐瞒和过滤掉对自身不利的消息。

3. 人员障碍

人员障碍是指组织沟通中,由于人员的技能、个性、素质和经历等个体差异的存在所导致的沟通障碍。主要包括:个人背景、语言障碍、使用术语、个人看法、超负荷工作、误解和意外的或故意的曲解等。

(1) 个人背景(personal backgrounds)

在信息沟通中,如果双方经验水平和知识水平差距过大,就会产生沟通障碍。此外,个体经验差异对信息沟通也有影响。在现实生活中,人们往往会凭经验办事。一个经验丰富的人往往会对信息沟通做通盘考虑,谨慎细心;而一个初出茅庐者往往会不知所措。信息沟通的双方往往依据经验上的大体理解去处理信息,使彼此理解的差距拉大,形成沟通的障碍。

(2) 语言障碍(language barriers)

世界上不同国家的人使用不同的语言,有时候同一个国家不同地区的人也使用着两种或两种以上的语言,特别是不同地区还存在各自的方言和地方口音。在书写上,世界上许多不同国家的书面语言也各不相同。这样,人们在交流时就会存在语言障碍,进行沟通的难度和复杂程度就会大大增加。例如,两个来自不同语言背景国家的商务代表进行谈判交流时,如果他们任何一方都不懂对方的语言,并且也没有现场翻译时,他们就很难进行沟通,谈判活动就会受到影响。现在很多学校开设了外语课程教授学生学习多种外国语言,在很多国际交流的场合也通过语言翻译进行沟通,但是这就对担任翻译的人员提出了较高的要求,需要把握文字的准确含义。

(3) 使用术语(use of jargon)

不同职业或专业领域的人员通常会使用一些术语或行话,对于本领域的同行或了解这些术语的人来说,是一种沟通的便利。但是,这些术语对于缺乏背景知识和相关内容了解的听众而言,由于他们不处于这个专业领域中,不了解术语的含义,会在解码的时候无法正确理解所传递的信息,产生沟通中的信息障碍。专业人员应根据交流对象的专业技术背景,谨慎地考虑使用术语。

(4) 个人看法(the perceptions of individuals)

个体间由于存在认知上的差异,即使同一个体在不同时间阶段也会存在认知的变化,因此个人看法的主观因素可能对所传递和接收的信息有所影响,出现沟通中的偏差,特别是个体可能存在的信息过滤。人们在接收某条信息时,容易产生知觉的选择性,即接收符合自己需要和利益的信息,舍弃潜意识里拒绝接受的信息,因此造成沟通障碍。

(5) 超负荷工作(overload)

当员工的工作负荷过重时,他们就可能出现业绩不佳的问题。试验表明,负荷过重的员工绩效往往要低于信息接收不足的那部分员工。例如,工作过于繁忙的员工对于新收到的通知、指令可能会采取忽视的态度,主要原因就是因为他们没有精力再去阅读这些信息。处于超负荷工作的员工应及时向上级主管汇报和沟通自己的工作负担,以避免更多的新任务不断分配过来。

(6) 误解(misunderstandings)

当信息接收者对信息的理解与原始信息的内容出现偏差时,就出现了误解。通常企业中主管和下属都会倾向于根据自己的价值观、观点和客观背景及经验对信息进行解释和理解,而不注意进行客观的解释,存在语言和媒介选择失误的情况下,就出现了这种沟通障碍。有时候,误解仅仅是因为听错了,或是说错了而产生的错误信息。例如,经理对下属说:"你最迟下周一把报告交给我。"但是下属听成了"你最迟下周三把报告交给我。"人们在工作、生活中,有时候很难保证完全没有误解,但是人们应该清楚潜在的可能发生的误解,采取必要的手段进行避免。

(7) 意外的或故意的曲解(accidental or deliberate distortion)

沟通过程中对语言、文字、图像、声音和肢体语言的使用都可能产生对信息的曲解,包括意外的和故意的。若表达信息的符号在接收者形成了意料外的认识结果,或接收者按照个人喜好对信息进行筛选加工,进行断章取义,信息的理解就会出现偏差,这时就产生了沟通障碍。例如,有些情形下员工之间关系紧张,在工作中也就处于尽可能减少沟通的状态;员工激励不足,工作满意度低,因此工作效率低下,也不愿意沟通;员工健康状况不佳,影响交流;"说"与"听"的交流中语速过快和不能有效倾听;多元化的员工背景使得他们在文化、价值观与工作态度都有所不同,会影响对事务的看法和交流等。

1.1.6　克服沟通障碍的方法

1. 考虑接收者的需要

信息发送者应该了解接收者的工作环境、个性与技能特点以及实际需要,设计和安排沟通的方式、语言以及媒介的选择,保证信息的传递能够满足和适应接收者的实际需求。组织沟通中,管理者需要全面了解员工的工作环境,定期安排培训和访谈,提高员工满意度,解决困扰员工个体的实际问题,这样有助于克服工作中的沟通障碍。例如,管理者为员工安排职业技能培训,培训他们使用工作软件;当员工提出工作环境和条件中的不足时,给予必要的解决或改善。

2. 确保清晰地报告

沟通者要保证将信息的内容全面、系统和客观地进行表述,以恰当的方式进行传递,保证信息报告的清晰与完整,避免产生误解或曲解。组织中要有明确的员工沟通培训计划和方案,保证所有员工都要参与,并且对于员工实际工作的沟通能力进行评估,出现沟通问题的情况下进行再培训。

3．信息表达清楚，简明扼要

过度的信息表述会产生冗长拖沓的不良效果，反而引起接收者的理解混乱，因此沟通时要注意清楚地表达，重点突出，主次分明，简明扼要。

4．避免使用术语

行话或术语的使用应限制在能够产生共同理解的同行技术专家之间。对于组织内外部的沟通，由于涉及不同的人群，他们在知识背景、技能、经验与个体认知方面都存在差异，所以沟通中避免使用专业术语，以免引起曲解或不理解。

5．使用多个沟通系统

不同沟通方式各有特点，它们的适用场合不同，能够互相补足。因而在重要的沟通活动中，为了保证沟通的质量和效果，应使用多个沟通系统。例如，下属向上级提交的市场调研报告一方面提交书面材料，同时发送电子邮件，此外还与上级进行一定的面对面交流。

6．鼓励对话

如果信息仅是单向地从一方传递到另一方，那么信息是否真实、有效地被接收和理解，发送者无法知晓。所以，沟通中需要鼓励双方的对话交流，通过发问、解释、澄清，甚至劝说，有效完成沟通的任务。例如，研发部经理对营销部经理说："关于新产品开发的事，明天上午九点我们再开个会商讨一下吧。"营销部经理回答说："好的，那我们明早九点就在一楼会议室见吧。"这个简短的对话表明了对于研发部经理的提议，营销部经理不仅了解了准确的信息，还表达了他同意的态度，以及对于开会地点的提议。

7．缩短沟通链

对于层级复杂的组织，过长的沟通链必定会产生更多的信息衰减和曲解，这是由于在多个传递阶段中存在的沟通障碍所造成的，所以，尽可能地缩短沟通链，保证沟通双方的最短距离，是减少沟通失误的一个重要手段。

8．确保反馈

一个完整的沟通过程，要避免有沟通而无反馈的现象，即沟通中要包括信息接收者对信息做出的反应。只有确认接收者全面、真实地理解了发送者所传递的完整信息，才算真正实现了沟通的目的。信息发送者可以在信息发送后，通过向接收者询问关于信息接收的情况、接收者的理解与态度，来获得反馈。具体反馈的方式，可以是通过提问、聆听、观察和感知等。例如，部门经理向总经理提交了一份建议书，随后向总经理发邮件询问是否收到，以及有何问题需要进一步补充。

1.2　沟通的方法和路径

1.2.1　单向和双向的沟通渠道

按照信息沟通的流动方向划分，存在单向沟通渠道和双向沟通渠道两种类型。

1．单向和双向沟通渠道的定义

单向沟通渠道（one way communication channel）指的是发送者仅将信息传递出去，而不了解接收者对信息的反应，或接收者未将信息反馈到发送者，即沟通过程中缺乏反馈环节的信息沟通。而双向沟通渠道(two way communication channel)是一种互动的沟通,信息发送者通过反馈环节了解接收者对于所传递的理解、态度、反应和看法,特别是当理解偏差出现或存在观点差异时,信息发送者能够及时了解,并做出进一步的沟通进行澄清、解释和劝说。

2. 用户的特点

对于单向沟通与双向沟通的判断,主要在于沟通中是否存在信息反馈的环节。如果缺乏接收者的反馈,即使是双方面对面的沟通,但仅是发送者单向地滔滔不绝地讲述,忽略对方的反应,那么也不属于双向沟通渠道。组织管理中,经理与下属之间的沟通同时存在着单向沟通和双向沟通。有些企业的管理模式较为集权型,即总经理发布命令并逐级下达到各个部门,但是并不鼓励员工向上反馈和提出意见,这是典型的单向沟通;还有一些企业比较注重上下级之间的互动交流,即上级发布命令或分配任务后,需要下级将对任务的理解、看法甚至建议都向上反馈,这是双向沟通。

3. 单向和双向沟通渠道的优点和缺点

单向沟通的优点是信息的传递直接,传递速度快,发送信息时不会受到另一方面的质疑或挑战,能保持信息发送者的权威性。但是由于这种沟通缺乏反馈,既影响信息传递的准确性和完整性,也不会产生沟通激励,容易使接收者在被动接受时产生抵抗或挫败心理。

双向沟通的优点在于纳入了接收者的信息反馈,可以通过提问、质疑、表达观点和讨论进行相互沟通,尽可能地保证信息传递的准确性,这样发送者能够及时了解到接收者对信息的理解以及反馈,此外,这种开放的沟通方式还能够激励下属表达意见,激发员工参与管理的热情。双向沟通对改善人际关系和加强合作交流具有非常重要的作用,因而现代企业越来越多地关注双向沟通。双向沟通的缺点在于信息沟通的速度相对慢一些,并且在发送与反馈的回合中容易受到外界干扰,沟通容易缺乏条理性和沟通结果的可预见性,同时信息的接收者存在一定的心理压力。例如,企业由于层级间的权利差异,往往导致下属在沟通中处于心理劣势,不敢在上级面前畅所欲言,影响双向沟通的效果;另外,双向沟通中往往产生不同意见、分歧甚至争论,如何处理好双向沟通中的这个问题对沟通者提出了较大挑战。

单向沟通与双向沟通在组织管理和商务沟通中具有不同的适用性。当强调工作执行速度和强调工作秩序和纪律时,组织发布重大决策时,适于采用单向沟通,即要求员工无论接受与否,首先需要接收和理解。而更多情况下,在要求信息接收者对信息的理解准确无误时或传递新政策、新制度时需要获得接收者的理解和认可时,以及需要接收者参与管理决策并表达观点时,应该采用双向沟通。双向沟通机制必须建立在信息反馈渠道上,沟通的双方及时根据反馈进行讨论。

课堂练习 2

请出两组同学,每组两位成员。第一组的一名同学向同组的另一名同学讲述自己的一件难忘的经历或喜欢的一个事物,时间为 5 分钟。讲述中,不允许对方提问。讲述后,请对方在 5 分钟内尽可能完整地复述他所听到的内容。第二组同学采用和第一组相同的方式进行讲述,只是这一次在讲述后允许听者向讲述者提两到三个与讲述内容相关的问题,讲述者回答后,听者再进行复述。请全班同学评价两组同学复述的效果,并思考和讨论为什么会产生不同的效果?

1.2.2 正式和非正式的沟通渠道

1. 正式的沟通渠道

正式沟通渠道(formal communication channel)是指公司管理层为了向员工传递政策、指示或者希望传递的信息,以及接收来自员工的信息而建立的沟通渠道。它是组织内部以规章制度明确定义的沟通方式,其信息流向依照组织结构中的层级关系来完成。

正式沟通时,可供选择的主要方式和媒介包括发布指令、公司规章与报告、日常业务交流、意见与讨论、内部刊物以及电子媒介等(见表1-1)。

表1-1 正式沟通的渠道与媒介

沟通活动	沟通媒介
发布指令	文件、通知、指示
公司规章与报告	规章制度、年度报告与员工手册
日常业务交流	申请、汇报、信函、备忘录
意见与讨论	会议、研讨座谈、接待日、意见箱
内部刊物	企业简报、板报、内刊
电子媒介	广播、电视、电话、传真、互联网

正式沟通渠道具有严肃性强、约束力强的优点,沟通效果能够得到保证,有益于信息传递的控制和信息沟通的权威性。但是由于信息传递是依靠组织结构中的正式层级来完成的,容易造成沟通的效率低下、信息衰减、失真或扭曲的问题;同时正式的层级间人际交流不利于组织中人际间情感的交流,因此,除了组织中的正式沟通之外,还有必要利用非正式沟通进行补足。正式沟通适用于企业政策文件、重大决策和重要信息的发布与传递,既保证传递的有效性,还能够体现信息传递的权威性和正式性。

2. 非正式的沟通渠道

非正式沟通渠道(informal communication channel)指的是正式组织程序和规章制度之外的各种沟通渠道。

非正式沟通通常没有议程、记录,往往只是员工之间或领导与员工之间临时就公司的某个事务或某个人进行讨论和意见交换,比如在工作午餐时恰好遇上的几个人一起讨论聊天。非正式沟通的两种基本形式是传闻和小道消息,它是指不通过正式的组织结构传达信息,而是让信息在组织中任意流动,具有极强的偶发性和随机性。因此,非正式沟通必须得到管理者的重视。

与正式沟通不同,非正式沟通通常是无序的、非计划性的、难以控制的沟通,往往是组织成员基于情感和动机需要上的沟通。非正式沟通的途径是通过组织内部的各种社会关系来实现的,超越了部门与层级的结构划分。非正式沟通途径具有更大的弹性,一般以口头传递为主,具有传播速度快和传播覆盖面广的特点。

非正式沟通的最大优点在于能够弥补正式沟通的不足。由于非正式沟通速度快、形式随意,能够满足人们在心理上和情感上对信息的需求,加强人际间的情感交流。有时候正式沟通的文件需要很长时间才能传递到各个接收者,而非正式沟通瞬间就能达到"家喻户晓"

的效果。此外,管理者在正式发布新政策之前,也可以利用非正式沟通渠道来试探员工的反应。非正式沟通的缺点在于传播中的信息失真风险和消息的不可控性,以及组织内"小集团"、"圈子"的出现不利于协调人际交往,影响组织凝聚力,为管理者带来困难。

非正式沟通存在于任何组织当中,管理者既不能完全禁止,也不应放任自流,而是要对非正式沟通实施有效的管理。一方面,管理者应该保证组织内正式沟通渠道的畅通,通过正式渠道解决信息交流的问题,尽量避免员工采用非正式沟通传播小道消息带来的负面影响;另一方面,管理者有必要认识到非正式沟通的积极作用,作为正式沟通的有效补充,加以合理利用,起到提高工作效率、提高士气和组织凝聚力的作用。相反,如果缺乏对非正式管理的科学认识,采用粗暴阻止和放任自流的极端方式,则极易产生组织冲突和对立,甚至引发劳资矛盾等问题。因此管理者应该灵活运用正式沟通与非正式沟通两种渠道。

1.2.3　沟通的方向

正式沟通按照信息流向共分为三种基本形式:下行沟通、上行沟通和横向沟通。

1. 下行沟通

下行沟通(downward communication)指的是组织内部管理层与员工之间信息自上而下的沟通。作为传统组织沟通中的主要信息流向,它通常代表上级向下级部门发布命令、传达政策、决策和计划,是上级领导使下属了解企业方针、工作目标和工作程序的重要手段,往往也是组织正式沟通系统的组成部分。通常下行沟通的目的在于企业战略与目标的实施、任务下达与控制、工作程序与规范发布、员工激励与绩效评估反馈,具体方法包括任务分派、指示下达、备忘录以及管理政策传达。

下行沟通包括:①简报小组,即管理者将事件传达到他们所直接领导的员工;②员工会议,即召集某一个部门的全体员工传达信息或指令;③公告、通知及通函。

当总经理做出某项重要决策后,需要向下传达给相关的副总经理,并经由他继续下发到相关的部门经理,最后部门经理通过开会或书面通知的方式将决策命令传达到该部门的每位职员,职员理解后再将它转化为具体的工作活动,如图1-2所示。

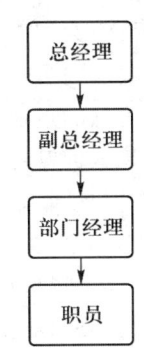

图1-2　下行沟通

下行沟通的优点是下级单位能够了解组织目标和决策命令,以及组织内外发生的重要事件,提高员工的责任心和使命感;下级能够获得其岗位职责和工作的具体要求的指令,避免含糊不清的任务分配;同时能够在信息的下行传递中协调各层级之间的关系和工作。有效的下行沟通并不仅限于发布命令并向下传达,而是通过让员工了解公司的大政方针,取得员工的认同、信任和支持,有助于组织决策和计划的控制以及组织目标的实现。它的缺点在于如果组织结构包含的层级过多,在层层转达中,将可能产生沟通效率的下降和信息传递的失真;当沟通链中有人缺席时,沟通受阻;单纯的下行沟通缺乏信息反馈,上级不可能了解到下级对信息的接收理解情况以及反馈意见;此外,这种沟通容易滋生上级的权威主义和下级的惰性。为了解决这些问题,许多管理者会同时借助于非正式的下行沟通渠道来促进和员工的交流,激励员工并提供对完成工作有帮助的更多信息。

2. 上行沟通

上行沟通(upward communication)是组织中由下级依照规定向上级传递的、信息由下而上的沟通,主要方法包括向上级提供的正式报告、汇报、请示、反馈和建议等。上行沟通包括两种具体形式:层级传递和越级传递。层级传递要求下级依据一定的组织原则与程序逐级向上传递;越级传递,允许组织下级直接与管理决策者或高层管理者直接对话。

上行沟通的信息内容通常有两类:关于员工的个人利益问题和企业管理控制的技术问题。上行沟通包括联合咨询委员会、建议体制、工会渠道、申诉程序和纪律程序。

上行沟通是自下而上的信息传递。当位于沟通链底层的职员需要向上级反馈意见、提交报告或进行利益申诉时,他首先将信息传递给最近的直接领导,即部门经理;随后,信息被部门经理传递给主管的副总经理,最终信息会通过副总经理传达到总经理,如图1-3所示。

上行沟通在现代组织中发挥越来越重要的作用,上行沟通也可以采取非正式的沟通渠道。它可以帮助上级掌握下属的思想和工作动向、了解他们的具体需求和困难,形成良好的劳资关系;还可以鼓励员工参与管理,提高工作满意度,起到组织激励的作用。通过鼓励上行沟通,部门经理关心下属,建立良好的上下级关系,当下属发现日常运转出现潜在问题时,就会主动向领导反映,以避免问题的出现;此外,如果员工在健康、生活方面有困难,主动向主管反映,这样上级在分配工作或进行决策时就可以加以考虑,并尽可能地为员工提供帮助解决困难,以提高员工满意度。许多企业通过制定"门户开放政策"鼓励非正式的上行沟通,表达管理者愿意开放门户,邀请员工向管理层表达自己的看法、观点,为公司发展献计献策。当上行沟通采取非正式的沟通方式,往往更加方便下级向上级的信息交流。

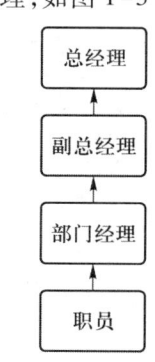

图1-3 上行沟通

但是由于不同级别的人员沟通时存在心理差距,可能导致一定的心理障碍,这将影响下级在上行沟通中真实、客观地反映情况,最终导致信息失真。上行沟通中的常见问题包括:①员工缺乏向上沟通的动机,往往只是被动地消极完成必须向上汇报的沟通任务;②层级管理者对信息的过滤,容易出现"报喜不报忧"的现象;③高层管理者忽视上行沟通的重要性,不鼓励甚至抑制这种沟通,使得长期以来无法真实了解企业动向,不能获得来自一线员工的工作建议和创新思想。

3. 横向沟通

横向沟通(lateral communication)是指组织内部同一层级的部门之间的平行沟通。例如,生产经营企业中总经理领导下的财务部、研发部和人力资源部之间的信息沟通与交流。它是在任务分工基础上产生的,横向沟通是实现分工协作的前提和基础。

横向沟通的具体方法主要包括召开部门会议、协调会议,组织面谈和主题报告,提交备忘录,例行的组织培训等。横向沟通应用较多的场合是企业内跨部门的协调会和合作项目,企业重大跨部门的项目协作,各类多部门参与的委员会等。

组织中的横向沟通也很重要。当企业决定研发新产品时,需要开会进行讨论和决策,销售部、财务部和研发部必须进行平级的、横向的信息交流:销售部向财务部提交新产品的市场分析报告和营销预算,财务部和研发部沟通新产品的研发成本、材料费以及相关信息,此外,销售部还可能与研发部沟通关于产品的外观设计、质量要求和包装规格等,如图1-4所示。这样的横向沟通有利于该企业综合考虑新产品的研发目标、成本和企业预算等因素,能够较好地多角度解决问题。

横向沟通是组织运作中不可缺少的沟通走向,它能够加强组织内部同级单位之间的了解、交流与协调,是减少部门间工作矛盾与冲突的一种重要措施。同时,横向沟通大多是发生在工作交流上,有助于提高工作效率,实现组织内部的跨部门合作,提高组织凝聚力。

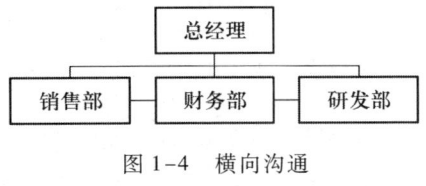

图1-4 横向沟通

横向沟通的缺点在于沟通的主体过多,信息量增多,容易造成多头管理的混乱和无序性;部门间员工的个体差异影响沟通的顺畅性;横向沟通还往往滋生不利于组织团结的小道消息和其他非正式沟通,导致士气降低。

1.2.4 沟通网络

无论企业中采取何种方法进行沟通,比如书面沟通、口头沟通或是肢体语言沟通,信息的流动都有一定的通道和路径,因此信息在一个群体或一个组织内部的流动通道和路径就成为沟通网络(communication network)。常用的沟通网络有链式网络、"Y"式网络、轮式网络、环式网络和全通道网络。

1. 链式网络

链式网络(the chain network)指的是组织中的纵向沟通网络,反映的是信息由上至下或由下至上的直线式沟通,相当于一个上级领导向下发布指示命令的垂直领导体系。

链式网络适用于组织或群体的工作任务环节按照先后次序相互依赖的场合。如图1-5所示,信息在企业内的传递从第一个层级紧接着传到第二个层级,依此类推,自上而下地按照组织的层级顺序进行传递。链式网络的信息传播按层级进行,具有先后顺序和较高的层级依赖性,适合于组织规模庞大、需要分权分级管理的场合使用,或者工作任务具有有序性或流水线操作的场合。其缺点在于链式沟通取决于组织中的层级关系,链条中的成员仅与自己相邻的成员进行沟通,信息的沟通是层级的、相对缓慢的,并且容易发生信息衰减或失真。

2. "Y"式网络

"Y"式网络(the 'Y' network)指的是组织领导与下属部门之间均通过信息沟通的枢纽相互传递信息,也是属于纵向沟通的形式。例如,总经理与各个职能部门的沟通必须通过总经理办公室这个枢纽单位才能完成。

如图1-6所示,当企业的高层管理者产生了一项新的组织决策并需要下达到各个下属层级时,不是直接与下属层级进行交流,而是通过总经办这个沟通枢纽向下发布。同理,自下而上的各种汇报和报告,在"Y"式网络中也要通过总经办才能到达企业的高层管理者。"Y"式网络的优点在于工作的集中化程度很高,信息沟通枢纽可以对信息进行分类、筛选和处理。当处于信息沟通枢纽的中间部门能够发挥重要的组织、协调作用时,解决问题的速度可以得到提高。但是这种沟通网络下组织成员的满意度不高,此外还容易造成信息的曲解或失真,特别是当枢纽部门的效率低下时,其瓶颈作用将导致整个组织沟通的效率低下。因此,信息沟通枢纽部门在沟通中发挥关键作用,它决定了这种沟通网络的沟通效率。

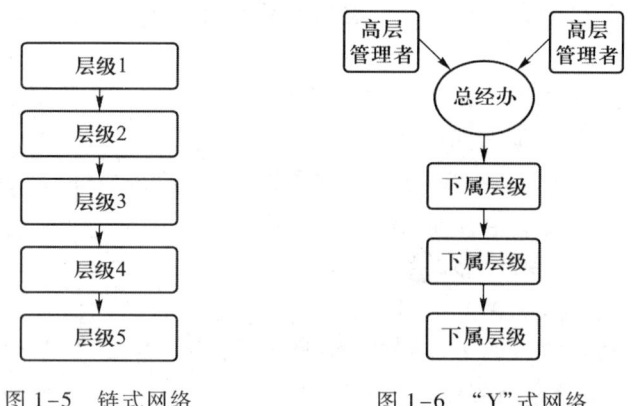

图 1-5　链式网络　　　　　图 1-6　"Y"式网络

3. 轮式网络

轮式网络(the wheel network)指的是信息沟通的控制性网络,信息经由中心人物同时向四周多线联系,但其他成员间互不沟通,因此中心人物是信息的发布点与汇集点,控制着整个信息网络。例如,事业部制的企业中总公司与各事业部之间的沟通。

轮式网络适用于以某位核心领导者为中心的工作场合。如图 1-7 所示,轮式网络以中心位置的核心领导者为主,其余员工分别受到他的指示,并直接向他汇报,各个员工之间并不进行过多的沟通。轮式网络的优点在于领导的控制力强,集中化程度高,解决问题的速度快,任务完成的可预见性高。但缺点在于集权制的沟通模式下,成员间的交流相对缺乏,士气低落,满意度较低。通常在用于完成紧急任务,集约化要求较高的情况。

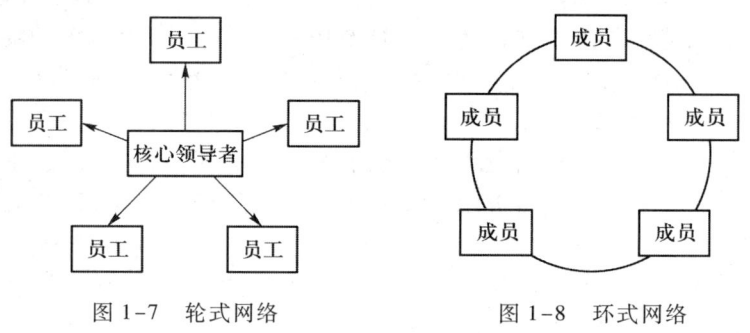

图 1-7　轮式网络　　　　　图 1-8　环式网络

4. 环式网络

环式网络(the circle network)实际上可以看作链式沟通网络的两端闭合形式,即形成了一个封闭的圆环,组织层级中的高层管理者与基层部门间建立了信息的沟通回路和反馈通道,沟通链上的每位成员都能够与两侧的人进行信息沟通。

环式网络适用于专家小组或委员会等群体的沟通场合,由于成员具有一定的相似背景,相邻成员之间进行较多的沟通交流。如图 1-8 所示,各个成员与其相邻的其他成员进行充分交流,但是相距较远的成员之间不一定进行交流。环式网络的优点是,所有成员都参与到沟通中,并且和邻近的人员充分沟通,能够产生较多的信息交流和提高满意度,提高士气。但是沟通的集中化程度相对不高,决策速度不宜提升,领导对沟通结果的可预测性和可控性较低。一般主要适用于需要在组织中创造出一种高昂士气,完成组织目标的组织环境中。

5. 全通道网络

全通道网络(all channel network)是一个开放式的网络系统,各个成员之间都能够充分地与所有其他成员进行充分地交换信息、观点和意见。例如,企业的高层管理团队中,总经理、董事长以及分管财务、生产、营销和人力资源的副总经理开会讨论组织发展战略的时候,就属于全通道网络沟通的形式。

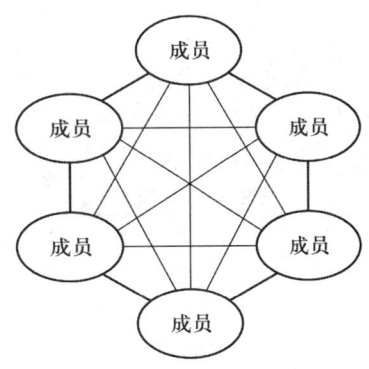

图1-9 全通道网络

全通道网络适用于需要各个成员之间相互交流、产生充分互动,来共同完成工作任务的场合。如图1-9所示,每位成员都充分地与群体内其他成员相互沟通。全通道网络的优点是各个成员间都能进行平等、充分的交流,员工满意度非常高。但是,由于这种沟通的集中化程度和领导的可控制性、预见性都不高,沟通的线路过多,容易造成决策速度慢、沟通时间长的问题,影响工作效率。这种沟通网络比较适用于创新型团队、高层管理团队和自我管理的组织团队。

以上几种沟通网络特点的比较如表1-2所示。

表1-2 正式沟通网络的特点比较①

类型	决策速度	信息准确度	组织化程度	领导人产生	士气	工作变化弹性
链式	较快	较高	慢、稳定	较显著	低	慢
环式	慢	低	不一定	不发生	高	快
Y式	较快	较低	不一定	会易位	不一定	较快
轮式	快	高	快、稳定	较显著	低	慢
全通道式	较慢	最高	慢、稳定	不发生	最高	最快

由于各种沟通网络的特点不同,因此管理者在日常工作中一定要根据环境特点和实际情况,以及沟通的目标来选择适用的沟通网络。

课堂练习3

请为以下工作场景选择适当的沟通网络:

1. 新成立的私营企业,只有总经理和5位员工。总经理采取集权式的管理模式,由他进行决策,并分别向其他员工下达任务和命令。工作中不需要员工之间进行交流,大家直接把工作反馈报告给总经理。

2. 木材加工厂的生产线上,生产环节有序安排、紧密相扣,信息需要从一个环节到下一个环节按照生产顺序进行层层传递。

3. 某企业集团聘请了数位专家成立了专家小组,用来商讨企业信息化改革的事宜,目的在于听取不同专家从各自领域专长出发所阐述的改革意见或建议,会议中,各位专家都能自由地发表意见,也能够和相邻专家进行充分沟通,但是距离较远的专家之间不一定能够交流。

---

① 王磊.管理沟通[M].北京:石油工业出版社,2002:65.

> **关键词和术语**
> 沟通　发送者　编码　媒介　信息　解码　接收者　反馈　噪音　内部沟通　外部沟通　沟通障碍　单向沟通　双向沟通　正式沟通渠道　非正式沟通渠道　上行沟通　下行沟通　横向沟通　沟通网络　轮式网络　"Y"式网络　链式网络　环式网络　全通道网络

习　　题

一、单项选择题

1. 所谓沟通,就是指(　　)
   A. 可理解的信息或思想在两人之间或两人以上的群体中进行传递或交换的过程
   B. 某个观点、意见、数据或资料
   C. 接收者把收到并理解了的信息返回到发送者
   D. 接收者对来自发送者的这些符号进行翻译和解释,转换为具有特定含义的信息

2. 内部沟通的含义是(　　)。
   A. 组织通过公共关系手段,利用大众传媒、内部刊物等途径,与政府及主管部门、新闻媒体、金融机构、客户、社区、协作者、竞争者和股东等周围的其他组织或成员在发生业务往来和合作中所进行的有效沟通,建立良好的外部关系,争取社会各界支持,创造优良的发展氛围,以提高企业的知名度和资信度
   B. 组织内成员之间进行的信息交流,即组织的某项工作、任务或制定某一策略需要该组织成员共同努力完成,为了更好地完成任务而进行的信息交流
   C. 组织内部以规章制度明确定义的沟通方式,其信息流向依照组织结构中的层级关系来完成
   D. 组织内部管理层与员工之间信息自上而下的沟通

3. 下列哪种情形属于外部沟通(　　)。
   A. 企业的车间主任向生产主管反映设备问题
   B. 总经理设立"办公开放日",邀请员工前来沟通交流
   C. 财务部与审计部开会讨论修订公司的有关制度和规章
   D. 企业召开新闻发布会,向社会和媒体公布和说明近期的重大变革

4. 组织沟通不畅时,可能导致的后果有(　　)。
   A. 员工对于自己的角色和期望感到困惑
   B. 信息的到达出现延迟
   C. 企业面临业务中断、订单流失,甚至企业倒闭的风险
   D. 以上后果都可能出现

5. 以下因素中,哪一项不属于沟通的人员障碍(　　)。
   A. 环境噪音　　　　B. 语言障碍　　　　C. 超负荷工作　　　　D. 误解

6. 以下因素中,哪一项属于沟通的内部系统障碍(　　)。
   A. 使用专业术语　　　　　　　　　　B. 组织激励不足

C. 不良的工作环境　　　　　　　　　　D. 人员短缺

7. 单向沟通与双向沟通的主要区别在于(　　)。
A. 双向沟通必须是面对面的沟通　　　　B. 单向沟通是企业自上而下的沟通
C. 双向沟通存在信息反馈,单向沟通则没有 D. 单向沟通更多地出现在现代企业中

8. 以下哪一项不属于下行沟通的优点(　　)。
A. 下级单位能够及时了解组织目标和决策命令
B. 下级能够获得其岗位职责和工作的具体要求的指令
C. 帮助上级掌握下属的思想和工作动向、了解他们的具体需求和困难
D. 在信息的下行传递中协调各层级之间的关系

9. 企业的高层管理团队中,总经理、董事长以及分管财务、生产、营销和人力资源的副总经理开会讨论企业的发展战略,大家各抒己见,每个人都能够和其他与会者进行充分的信息交流和互动,这样的沟通网络属于(　　)。
A. 链式网络　　　　B. 环式网络　　　　C. 轮式网络　　　　D. 全通道网络

二、案例分析题

Brownstein集团——鼓励良好的沟通[①]

Marc Brownstein曾经是纽约广告界的一位成功的广告经理人,他的客户中曾包括了诸如Hallmark Cards和American Express这样的大企业。但是,1997年他决定返回自己的家乡费城,并以总经理的身份接管他父亲创立的一家小型广告公司——Brownstein集团。

几个月过去了,Brownstein集团的营业收入激增,客户数目和市场份额迅速增加,行业知名度也不断提高。Marc感到很自信,他确认自己做了正确的决定,他觉得自己正在领导Brownstein集团走向强大。为了提高自己的管理技能,Marc还参加了一个职业经理培训班。一天,培训班的课程中布置了这样一项作业:让你的企业员工对你作为总经理的表现进行匿名评价。

然而评价结果出人意料!Marc的许多下属经理都认为他不是十分称职。他们反映与Marc的沟通不算畅通,比如,Marc没有及时让大家知晓集团的一些重大事件,包括集团当前的运作情况,将会有哪些新的大客户;同时Marc也不注意与下属沟通,向他们反馈对他们工作绩效的评价与建议;此外,Marc分配工作时基本上直接下达命令,不与下属商量,也不会考虑下属的个人兴趣;最为重要的是,Marc不是个耐心的倾听者,有很多人反映在他办公室和他讨论工作时,他会几次三番地打断谈话去接电话。

震惊之余,Marc清楚地认识到,他必须改变集团的沟通现状,实施开放的沟通策略,否则他将失去这些优秀的下属。其实,在问卷调查结束的时候,已经有不少经理递交了辞职信转去其他公司了。这就说明,尽管Brownstein集团的业绩很好,但是薄弱的沟通系统仍然会影响公司的发展前景。

Marc的改革举措包括以下几个方面:第一,集团设立制度,将定期召开员工会议,用来讨论公司的重大事项,并向员工通报公司的动态。第二,Marc将主动回答员工提出的问题,解释他们的质疑。第三,Marc将认真倾听下属的报告和反馈,和下属交流的时候将电话

[①] 资料来源:Jennifer M. George, Gareth R. Jones. Understanding and Managing Organizational Behavior(3rd ed.)[M]. Pearson Education, 2002: 462-463.

静音。

过了一段时间,集团的沟通大大改善,进入了良性状态。集团的几个委员会和专家小组向集团提出的建议得到了采纳和实施,集团在客户管理和薪酬管理中都有了更加有效的措施。现在,Marc建立了开放的沟通系统,他也能及时地了解下属们都在想什么。

问题:

1. 根据所学的沟通理论知识,你认为Marc最初的沟通方式是怎样的?这种方式产生了哪些沟通问题?

2. 为什么Marc的沟通改革能够成功?

第 2 章 口头沟通

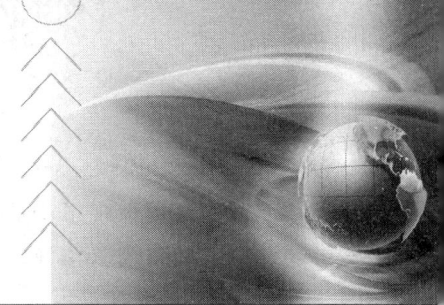

学习内容

1. 口头沟通的方法
2. 口头沟通的影响因素

学习目标

1. 掌握良好口头沟通的重要性
2. 掌握口头沟通的主要方法和技巧
3. 理解不同口头沟通方法的适用性
4. 掌握口头沟通的影响因素

2.1 口头沟通的方法

2.1.1 口头沟通介绍

口头沟通(verbal communication)是最常采用的沟通方法,它是指借助于口头语言实现信息交流的沟通方法,具体包括:口头汇报、面谈、讨论、会议、演讲、电话沟通等。口头沟通的优点在于沟通具有直接性、快速性和灵活性,能够及时得到反馈;缺点在于没有书面记录,容易产生信息失真。

1. 良好的口头沟通的特点

口头沟通在组织管理和日常工作中具有十分重要的作用,良好的口头沟通需要沟通者具有面对面沟通所需要的知识技能,沟通的准确性,信息的清晰度,以及沟通者之间的换位思考与诚意。

面对面沟通所需要的知识技能。沟通者需要在口头沟通中传递信息,包括文字语言、声音语言和肢体语言等多种信息,沟通双方通过各自的视觉器官、听觉器官以及知觉感知对方的信息,信息才能被对方全面接收到。

沟通的准确性。良好的口头沟通在语言、编码符号、媒介的选择上具有高度的准确性,这样所传递的信息才具有真实性。

信息的清晰度。面对面的沟通需要保证直接、即刻的信息交流,所以信息具有较高的清晰度,沟通过程中的环境噪音降至最低水平。

沟通者之间的换位思考与诚意。由于面对面沟通是双方互动的信息交换活动,有效的面对面沟通体现了沟通者的换位思考能力和沟通诚意。双方均能从对方的视角出发,针对对方的利益需求体谅和理解对方的信息传递,以改善组织中的人际关系,促进组织协作。

2. 向接收者传递一个明确信息的重要性

作为一个成功的沟通者,首先需要具备明确表达自己想法的能力,沟通者可以选用简洁的语言和有条理的表述,以便对方能够准确理解自己。信息的传递往往取决于发送者如何根据知识、经验和技能对信息进行编码,以语言或非语言形式表达信息的明确内容。当信息的编码措辞含糊、语义不清时,接收者无法准确判断对方所要表达和传递的准确思想、观点和意见,就会造成信息沟通的失效或失真。特别是接收者有可能对于不明确的信息产生错误的认识和误解,对工作造成影响。例如,经理在为下属分配任务的同时,对他说:"这件工作尽快完成。"经理的本意是希望下属当日加班,第二天上午可以完成。然而,下属凭借自己的价值观和经历,将其理解成不超过三天完成,结果紧急的工作任务被拖延。实际上,问题在于经理未能传递一个明确的信息,对于"尽快"的定义需要以具体时间明确下来,否则双方理解的差异会延误工作,还将导致上下级间的误会和矛盾。

另外,传递信息时切忌冗长、啰唆和过于复杂的语言表述,当需要采用专业术语时,要根据实际情况进行相应的解释说明。

3. 说话的语气和风格的重要性

说话语气与音调、语速同样影响到信息的传递与接收。语气的改变往往伴随着音调和语速的变化,通常用以表达谈话的兴趣与重点,说话的语气也会泄露沟通者的态度和情感,例如,说话者是否高兴、愤怒或悲伤。沟通者可以利用说话的语气帮助自己表达观点和传递信息,例如,通过热情的语气表达自身对某事物的热衷,同时使听众也能感受到这一点。当谈话者不注意自己说话的语气时,往往会影响到自己原本所要表达信息的传递。例如,演讲者用漠然的语气进行演说,听众便会感受到演讲者对他所谈论的话题不感兴趣。

说话的风格也很重要,通常有提醒型、愉悦型、明晰型和表现型四种。提醒型的说话风格给听众留下说话者对于所谈论的话题非常熟悉和感兴趣的印象,并吸引听众继续认真倾听;愉悦型的说话风格体现在微笑和礼貌、友好的态度;明晰型的说话风格是指清楚地表达,尽力使听众能够理解所表达的意思;表现型的说话风格则是在声音中加入了感情,不再是平淡的语调,而是兴致勃勃地进行沟通,并加入肢体语言和保持对听众的关注。

2.1.2 面对面交谈

面对面交谈(the face to face conversation)是一种普遍使用的口头沟通方式。它是指两个或两个以上的人当面直接进行的谈话或对话,具体应用于商务谈判、工作汇报、探讨交流、调查访问等场合。

面对面交谈的优点在于它是一种直接沟通的方式,沟通的双方可以直接发送和接收声音和视觉信息,允许即时的信息交换和反馈,特别在带有劝说目的的沟通任务中能够发挥重要作用。它的缺点主要是:缺乏书面记录,易日后产生分歧;当多人参与时,不易掌控局面;沟通中缺乏思考的时间等。

有效的面对面交谈要求沟通双方注意说话的语气和风格;保证信息的清晰度以避免误解;保持沟通的同理心和真诚度,做到换位思考,保证良好的倾听技巧以及注意到非语言沟通因素。

2.1.3 电话

电话(the telephone)是沟通双方无法见面的情况下所普遍选择的一种沟通方式,即借助电话媒介来传递文字语言信息与声音语言信息的一种沟通方式。采用电话沟通比书面沟通和会议沟通都要方便,电话沟通的便利性使它已经成为当今社会必不可少的沟通方式。

电话沟通的特点是:① 传递的信息仅限于文字信息和语音语调信息,不含肢体语言信息;② 沟通与反馈同时存在,信息反馈具有即时性;③ 沟通双方在信息的收发上具有互动性,但需要借助电话这一沟通媒介。

良好的电话风格对于沟通者十分重要,它可以减少对方的抵抗性,提高沟通的效率和效果,有助于解决问题。良好的电话沟通技巧包括两个方面,即拨打电话技巧和接听电话技巧。拨打电话的技巧包括:预先准备电话沟通的提纲和要点,组织好语言;手边准备好需要与对方沟通的具体信息和资料;保持平和自然的语调和清晰的发音;即使不是当面沟通,也需要保持良好的姿势和微笑,因为这些将影响到声音和语气;保持礼貌和热情友好的态度;避免使用对方可能不熟悉的专业术语,如果无法避免,做到主动解释;预先准备好如果对方无法接听时,如何进行留言。接听电话的技巧在于:及时接听电话,避免连续响铃很长时间才有人接听,必要时准备好电话留言系统;有礼貌地接听电话,主动报出公司名称;认真倾听对方的问题,并认真、清楚地回答;当所提问题属于其他部门时,有礼貌地将电话转过去;做好必要的电话记录。

企业的商务环境中,为了保证电话沟通的有效、有序应用,避免由此带来的管理问题,公司对电话的使用一般会制定相关政策,主要包括:①谁可以使用电话。按照工作岗位的分工,公司授权可以使用电话及使用何种电话的人员;②员工可以给谁打电话。按照企业的组织结构和沟通链、报告链的设置,规定员工进行电话沟通的人员范围;③使用电话的风格。为了不因个人电话风格的差异而导致业务或管理问题,公司一般对电话沟通的语言、内容和模式进行要求和约束;④内部和外部的电话用户。公司会通过划分公司内外部的电话客户来分类管理。

课堂练习 1

将同学分成小组,每组 3~5 人。请每个小组在一起交流每位成员的近期商务电话沟通经历,可以是拨打的一个产品咨询电话、售后服务电话或求职咨询电话等。需要每位成员讲述时注重对方接听电话的技巧,加以分析和评价,并提出改进策略。

2.1.4 非正式会议

所谓会议,是指人们围绕一个共同的主题,进行信息交流或聚会、商讨的活动。组织中常常通过会议进行决策或解决问题。虽然有人认为会议中不同观点和反对意见会影响决策的速度,并可能导致意见分歧,但是更多人认为会议有益于管理沟通,因为它通过成员参与进行管理,对于日后制度和政策的执行具有促进意义,曾经参与会议讨论的成员在新制度推行中势必发挥积极作用。无论正式会议,还是非正式会议,都是作为计划和制定组织战略、分析绩效与存在问题、开发新产品、商讨薪酬以及激励员工和变革管理的重要沟通途径。

非正式会议(informal meeting)是指正式途径以外的、不受组织层级结构限制的会议沟通方式。它是通过非正式组织系统或个人渠道的信息传递活动,没有会议记录,也没有正式的会议表决过程,不要求在正式的会议场所进行。例如,在员工办公室中进行,甚至在员工餐厅开非正式会议。组织中非正式会议是客观存在的并对组织产生重要影响。由于非正式会议通常传播员工较为关心的信息,因此具有传播速度快、满足员工需要的特点,在形式选择上也较为灵活。然而在信息的准确性上,一方面没有书面记录,另一方面容易产生曲解或信息失真,所以不很理想。有时信息还可能被夸大或曲解。

偶尔的或有组织的非正式会议:前者表示非计划性的沟通,后者表示该沟通具有一定的计划性和组织性,例如,具有相似需求、爱好或工作邻近的员工组织在一起交流关心的问题。

非正式会议的两个常见信息来源是传闻和小道消息。小道消息能够缓解焦虑,把成员组织为一个整体,整合各种分散的信息,并表明发布者的地位。

非正式会议没有正式的纪录,信息是非官方的,可能缺乏准确性。此外,非正式会议容易产生"小团体",不利于提高企业凝聚力。

2.1.5 面谈和正式会议

1. 面谈

对于许多人来说,"面谈"意味着与寻求职位相关的"面试",这种面谈在我们周围经常发生。但是实际上,面谈不仅限于就业时的面试、交谈,在每天的日常工作、生活中,数以万计的面谈都在发生,例如,发出和接受指示、向顾客推销产品、绩效评价、处理申诉和投诉等,面谈可能发生在教师与学生之间、律师与委托人之间、政府部门与企业之间等。所以,简单地说,面谈就是发生在我们身边的对话和倾听的活动。

组织管理中,面谈(interview)是最为常见的沟通方法,它是指任何有计划的和受控制的、在两个或以上的个体之间进行的、参与者中至少有一人是带有特定目的的,在进行过程中包含了听和说的谈话活动。例如,领导与下属面谈,对下属的工作任务进行指示和指导;组织内的选拔和提升中,人力资源经理和部门经理与候选人面谈,进行评价和筛选;研发部门与生产部门的代表面谈,商讨关于新产品的技术标准和生产问题。

面谈具有以下特点:①计划性。对于即将发生的面谈内容、对象、时间、地点和方式等均有预先的规划。②目的性。参与面谈的至少一方具有明确的目的性。③双向性。面谈是相互交流和沟通,不是单向的批评或训斥。④控制性。面谈中至少一方或谈话双方均有一定的控制性。⑤即时性。面谈中的双方当场对沟通的信息做出即时反应,沟通速度快。

面谈的主要类型有三种:信息交流型面谈、人力资源招聘面谈和解决问题型面谈。

信息交流型面谈分为信息收集型面谈和信息发布型面谈。前者主要指为获取数据、客观事实和主观评价等信息而进行的面谈。它常常用于市场调研、员工离职和事件调查等场合,面谈后通常会有正式的调研报告或面谈记录。后者是指面谈的一方向另一方发布信息,主要用于企业在新员工入职时向他们发布公司政策、规章制度等信息。

人力资源招聘面谈就是"面试",通过面试官与应聘者的面对面交流,使得招聘单位了解应聘者的情况,做出正确的录用决策。同时,也帮助应聘者了解雇主,做出选择。

解决问题型面谈主要有三种。第一种是咨询型面谈,主要用于询问和了解员工的个人情况、感受,以及对管理者和企业的意见、建议;第二种是评价型面谈,主要出现在绩效考核的反馈中;第三种是行为纠正型面谈,是指管理者针对存在违规行为的员工通过面谈进行劝告和指正。

有效面谈的策略包括:表述内容要清楚、准确,信息传递要直接;交谈过程要公正、公平,必要时邀请多个部门的管理者参加;注意合理使用开放式问题和封闭式问题;注意对方的反馈,认真倾听,并探查所传递的语言信息和肢体语言信息;谈论与主题相关的问题;避免以经验主义做出过早的判断或决定;保留面谈的书面记录。

2. 正式会议

正式会议(formal meetings)是指按照双方共同商定的时间、遵照规范的礼仪和程序进行的内容较为正式的会见,通常用来解决某一问题或达到某个目的。正式会议要求双方需做好充分的准备。正式会议通常有确定的会议程序,有明确的会议议程、会议通知、会议规则、参会人员以及系统的会议记录。

正式会议通常用于商讨战略目标、进行战略规划、监控业务进程、交流意见和重要观点、进行重大决策、对于重大决策进行信息发布。企业常见的正式会议有:年度股东大会、特别股东大会和月度董事会。

年度股东大会(annual general meeting)。参与者包括所有与企业相关的人员,如董事会、员工、客户以及其他社会机构,并且一般允许公众旁听。

特别股东大会(special general meeting)。特别股东大会通常按紧急需要和企业要求召开,用以审议无法等待下一次年度股东大会的重大事项。通常对召开特别股东大会的参会人员有一定要求,并适用年度股东大会召开的所有条件。

月度董事会(monthly board meeting)。虽然叫做月度董事会,但是召开的频率可以由企业按需要调整。月度董事会的参会者包括所有董事会成员、管理者以及相关员工。企业外人员可以受邀参加。

正式会议的有效策略包括:明确会议的主题和目标,避免含糊与盲目的参会目的;邀请合适的参会者,并进行角色分工,例如,会议的主席、主题发言人、一般与会人员、会务人员等;制定并公布合理的会议议程,控制好会议进程与时间安排;做好会议记录,并分发会议简报,做好会议的宣传和总结,避免形式主义。

3. 面谈和正式会议的文件记录

成功的面谈和正式会议都需要完整的文件记录,便于查询和进行总结分析。沟通过程中,一方要对另一方的表述做出反应,以实现面谈和沟通的目标,保证双方对所交谈的内容取得一致性理解,因此需要及时对沟通的内容和结果进行归纳总结和记录。面谈和正式会议往往具有即时性,所以对于沟通的内容和结果绝对不能凭借参与者的记忆,而是依靠客观、细致的文件记录,包括沟通的时间、地点、人员、内容和问题等。

为了节省面谈或会议中记录所花的时间,通常可以提前设计有固定记录格式的表格形式,供专人进行记录。组织中的面谈记录示例如表2-1所示。

会议记录包括会议名称、会议地点及起止时间;主办(召开)方、出席人员、缺席人员、会议过程与会议决议,以及说明下次会议的时间及地点。会议记录时需要注意:应事先充分了解会议主题、目的及议程;会议中采取多种记录方式,同时灵活采用多种记录方式;会后及时完成并审核会议记录。

表 2–1 绩效面谈记录表

员工姓名： 所在部门： 岗位/职务：	考核周期： 面谈人： 岗位/职务：	面谈日期： 记录人：
1. 请陈述一下你上一个考核周期的主要工作完成情况，包括各项指标任务的达标情况或者未能达标的原因：		
2. 个人对于上一个考核周期内工作的综合评价是什么？		
3. 请陈述你下一个考核周期的工作重点：		
4. 下一个考核周期的任务完成需要什么具体的条件支持？		
面谈总结与综合建议：		

4. 正式会议的原因

虽然正式会议需要一定的准备和程序，但是在以下组织管理的目标情形下需要采用正式会议的沟通方法：

① 设定目标。需要参与成员建立统一思想、目标和进行行动时，例如，企业市场开发目标的讨论、公司组织结构的变革方向讨论等。

② 监控进度。需要参与各部门及时、共同沟通各自的进度，以便交流、协调和做出下一步指示。

③ 分享意见。对于某一公司事务，参与各方的视角、价值观和技能均有所不同，邀请各部门分享不同意见，便于了解事物的全貌。

④ 讨论不同观点。对于缺乏清晰轮廓，特别是存在争议的公司事务，有必要邀请各部门各抒己见，通过平衡各部门意见，使得管理者做出科学决策。

⑤ 与员工协商。与员工切身利益密切相关的组织事务，特别是重大变革前需要与员工进行充分沟通和协商，听取员工意见，避免变革中的抵触情绪和组织冲突。

⑥ 制定规划。对于组织战略的具体实施计划，需要相关部门共同参与，面对面沟通关于存在或潜在问题的解决。例如，对于复杂的技术问题解决，需要有步骤的规划讨论。

⑦ 做出决策。对于企业重大决策问题，需要主管部门与企业管理层以及员工代表的共同参与，在会议中直接交流，并做出详细的会议记录。

⑧ 针对已做出的决策传递信息。企业已经做出重大决策后，需要正式发布时，应该召开正式会议向组织内传达，目的在于建立信息沟通的严肃性和权威性，并得到参与者的理解和接受。

2.1.6 半正式会议

1. 半正式会议

半正式会议(the semi-formal meeting)不要求严格的正式会议程序,而是由会议主席或发起人负责会议的正常运行。它介于正式会议与非正式会议之间,规划阶段几乎不需要正式的书面通知,而是采用非正式的、通常是口头方式进行通知。半正式会议通常在办公室或餐厅进行,是否制定会议议程和做会议记录完全按照会议主席或发起人的意愿决定。

实际工作中,员工会议、俱乐部会议以及某个群体聚在一起商讨某事务的情形一般都属于半正式会议。

2. 开放式论坛

开放式论坛(open forum)是各部门为了共同的利益所进行的意见与信息的公开交换与交流。在沟通中,特指人们用来集会讨论某个感兴趣的议题、解决某个存在争议的问题或与社区社团的成员进行互动交流的聚会场所。通常,政府官员和代表会出现在开放式论坛上解答公众关注的问题,促进讨论交流,为公众提供有价值的信息。

2.2 口头沟通的影响因素

2.2.1 说话的语气

语气(tone)是指通过使用语言中的不同音调来突出口头沟通中词汇或语法上的含义。口头沟通中广泛使用音调的变化来表达情感和语言信息,并同时传递诸如强调、对比以及其他需要表达的特征。口头沟通中说话的语气应体现与信息接收者的关系,并表达所传递信息的性质特点,否则就会对沟通的效果产生负面影响。采用恰当的语气,能够有助于思想的口头表达,获得利益相关者的理解,获得良好印象,有助于实现传播信息、解释和劝说等各种沟通的目的。

在许多人看来,语气仅是人们进行口头表达过程中的一个要素,但是常常会发生语气对有效口头沟通产生关键性影响的现象,即一个不恰当的语气使用会破坏信息传递的有效性,并且产生误解。例如,家电促销员为超市里的一群以家庭主妇为主的顾客介绍产品时,采用低沉的、乏味的、没有精神的语气,会让顾客产生"产品没有新意,也不会有特色"的错觉;生产部门的主管经理进入生产车间,想通过与工人交谈改进上下级关系,但他以非常正式,并略带唐突、高音调的语气与工人谈话,会引起工人的反感。而对于 CEO 在公司战略发展会议上的发言,应该是采用一种富有权利感的、明确的、声音洪亮的、语调高涨的语气,表达了他对于新产品开发、投资决策以及人力资源开发问题的管理思路与决策意见。

因此,真正影响口头沟通的一个重要因素不在于你说什么,而是你如何去说,你所要表达的意图和观点都将通过说话的语气泄露出来。使用恰当的语气是口头沟通的重要影响因素。

2.2.2 语言

语言(language)是有效口头沟通的另一个重要因素。针对特定的交流对象,选择和使用恰当的语言表述至关重要,它能够帮助交流者按意愿精准地表达和传递信息,减少误解和曲解的风险,并使得沟通的对方进行反馈和继续顺畅地沟通。口头沟通中的语言应该是双方都能够理解的,并且不存在理解的分歧。

口头沟通中选择恰当的语言,是保证沟通的对方能够准确理解的重要条件。首先我们需要保证沟通的双方都使用同一种语言。然而,许多情况下有人会使用方言,方言的用词和发音都可能导致来自其他区域的人们不能懂得方言使用者的真实意思,所以使用方言需要慎重,只有在所有沟通者都来自同一个地区,并且大家都懂得这种方言时才可以使用。另一方面,在词汇的选用上也需要非常慎重。在专业领域的交流中,大家可以使用专业词汇和术语;但是在面向专业领域外的大众交流时,就要选用他们所能理解的词汇进行沟通。第三,沟通语言的使用一定要针对特定的沟通对象。根据沟通对象的年龄、民族和职业等,选择恰当的语言是有效沟通的保证。

沟通语言分为正式语言(formal language)和非正式语言(informal language)。正式语言通常要求使用正确的、官方的语言词汇和符合准确的、完整的语法规则。它通常用于正式的商务沟通、官方对公众的通知和其他礼节性的沟通场合。非正式语言对于语法的要求相对宽松,通常使用简短的语句,并且还可以使用非正式的、新出现的词句。例如,在正式会议的场合,谈话者应严格使用正式语言;但在非正式场合,当企业主管希望和下属拉近距离时,可以使用轻松的非正式语言,甚至不完美的语法,还可以使用热门的网络词汇,在人际关系的改进上会发挥较大作用。

如何区分正式语言与非正式语言的使用条件其实是一个很难回答的问题,并且有些场合中两种语言都可以使用。一般可以考虑以下的使用规则:在正式的场合,需要使用正式语言,包括准确的用词、语法以及相对保守的谈话风格。如果不确定的情况下,尽可能以正式语言开始,这是一个比较安全的策略;交流的初期,尽可能保持认真倾听,以了解和分析谈话的风格,注意对方的用词,也争取使用这些术语;当对于某个词语的理解存在疑问时,大胆提问,以避免因错误的理解影响沟通的效果。

2.2.3 倾听技巧

倾听(listening)属于口头沟通的重要组成部分,其目的在于双方在思想达成一致和感情的沟通。狭义的倾听是指凭助听觉器官接受言语信息,进而通过思维活动达到认知、理解的全过程;广义的倾听也包括文字交流等方式。

有效倾听不等同于仅仅听到对方说了什么,而是应该同时理解对方所说话语的含义,能够通过对方的语气、语调以及其他肢体语言获得较为全面的沟通信息。有效倾听要求听者要专注,保持眼神交流,收集语言和非语言沟通信息,并进行快速思考。例如,有效倾听的过程中,要聚精会神地听,不应走神;可以用重复、总结和提问的方式确认对方所表达的意思;倾听中,以对方讲话为主,避免经常打断对方讲话;可以使用点头表示赞同对方观点。

口头沟通中倾听的重要性在于:通过认真倾听对方的提问或表达,可以获得并准确理解对方表达和传递的信息;通过认真倾听对方对于自己提问的回答,可以了解对方的看法和态度;有些时候,口头沟通者需要探查和倾听听众的回答来明确观点;口头沟通者对自己的发言进行总结,并倾听听众的反应;必要时,需要认真倾听不同意见,并且进一步解释和增进理解。例如,销售活动中,销售代表与顾客的口头沟通中,需要认真倾听顾客的提问、回答、需求、对自己产品介绍的反应和意见等,增进了解,促进沟通的有效进行。

有效倾听的技巧包括:

① 保证信息接收的准确性和完整性,即听懂对方所说的话。需要理解和掌握对方使用的语言,包括有关术语;掌握对方讲述时的语气,并从此判断对方所要传达的含义;如果没有听清或对于某个术语不明白,应该向对方及时提问。

② 克服主观性,倾听时不要急于下结论。保持平稳的心态和温和的态度听取对方的表述,不要断章取义,更不要急于评价或反驳对方的观点,而是仔细、完整地听对方说些什么。

③ 注意细节,尊重对方。倾听时不要打断对话,不要带有偏见或成见,不要总想自己占主导地位,认真倾听,不要心不在焉和使用影响对方的肢体语言。

2.2.4 提问技巧

提问(use of questions)就是向对方提出问题的一种沟通技巧。按照回答的不同类型可以把所提问题分成开放式问题(open question)和封闭式问题(closed question)两类。开放式问题的答案是没有限制和框架的,答案是多样的,一般需要加上解释才能圆满回答。这种提问方式通常采用特殊疑问句的方式,并需要对方思考后作答。例如,这类问题的疑问词包括"谁"、"什么"、"如何"、"何时"、"何地"和"为何"等。而封闭式问题通常以一般疑问句提问,答案是唯一的、有限制的,例如,"是"或"不是",使对方在给定的框架中作答。封闭式提问通常用来让回答者清楚地说出发问者所关心的内容和结果,而开放式提问则很大程度上在于提问者有兴趣和意愿挖掘出更深层次的信息,并表明他的关注。

有效提问对于信息沟通的完整性和有效性十分重要。① 提问可以检查对谈话内容的理解。例如,上级布置完工作后,下属向上级提问:"和您确认一下,我需要在周四前把报告交给您吗?" ② 提问能够鼓励讲话者提供更多信息。例如,销售人员推销产品时不断询问顾客的有关使用需要和使用环境的条件,目的在于更有针对性地向对方推荐产品。③ 提问表达了关注和兴趣,鼓励沟通成员积极参与。成员通过回答问题了解到自己提供信息的价值,受到鼓舞和激励,因而提升参与的意愿。④ 提问帮助讲话者澄清想法。信息发送者担心对方未能有效接收和顺利对信息进行解码而产生沟通障碍,因此通过向对方提问来确认对方是否已经完全了解了谈话的内容,并做出相应的补充。⑤ 提问可以表达提问方对交谈的热情。例如,两个新加入公司的年轻人初次在公司培训会上见面,当一方向对方提问姓名时,对方也应该有礼貌地回问,以显示对交谈的热情。

2.2.5 有效地表达自己的观点

有效表达自己的观点是保证对方获得准确沟通信息的重要前提,如果一方不能准确地表达自己的意见、观点,即不能科学有效地实现编码,则对方很可能收到错误的信息。确保有效表达自己观点的策略包括:

① 事前准备。通常情况下,人们在进行口头沟通前不会去做专门的准备,但是实践证明,有效的口头沟通也需要充分的准备,避免沟通中一边说一边想。我们可以准备好恰当的措辞,对听众进行事先分析以决定如何向他们发布信息和发布什么信息,我们还可以选择沟通的最佳时间和地点。

② 确保讲话者已经吸引了听众的注意力。在语气、语言和肢体语言的使用上都要突出

个人的讲话魅力;在说话的时间和时机选择上,都要注意抓住听众的注意力。

③ 传递明确的信息。保证讲述清楚,重点突出;保证准确编码,使用的符号、语言均能得到对方的准确翻译和解码;表述的同时也做好接受提问的准备,这样可以在讨论和交流中建立良好关系;表述结束前最好有一个简短的总结。

④ 确保听众理解你所传递的信息。即保证解码过程顺利,要事先了解听众的特点和对术语、语言的理解,要避免因双方的差异所产生的理解分歧。可以通过向听众提问、征询意见反馈和观察他们的肢体语言来进行检验。

2.2.6 辅助语言

辅助语言(paralanguage)是指说话的方式而非说话的内容。它包括说话的语调、措辞、重音和重读等。当有人发表不恰当的言论时,辅助语言就会发生。这时信息中的字词表达的是一个含义,但语气和表情暗示的则是另一种含义。辅助语言属于非语言沟通的范畴,它强调肢体语言和声音的细微差别,用来表达思想与感受。人们每天都会多次用到辅助语言,但是大多数情况下人们并没有意识到这一点。它的优点是比较礼貌,缺点是真实感情和愿望有可能被误解。能够准确地接收并正确理解这种辅助语言,以及能够准确使用辅助语言和正确传递沟通信息是当今社会中沟通和交流的重要能力体现。例如,主管给了部门经理一项指示,需要他向下传达给部门员工。如果这个部门经理并不认可这项指示,但是鉴于层级关系,他还是认真地召开部门会议向下传达了这项指示,但是他的语气和语调可能透露出他本人的真实态度。如果部门下属能够洞察到这一点细微的变化,则他们在执行这项指示时也会懈怠和消极。

辅助语言的种类很多,包括姿势、手势、眼神和语气等。说话的音调与语气是非语言沟通的重要部分。例如,许多常见的辅助语言已经具有其明显的语义特征,尖声的高音表示情绪的激动,谈话时不注视对方表达了对话题的不感兴趣。当说话者改变其语音、语气和语调时,听众接收到的信息表达会产生差异。特别是在会议辩论和业务谈判中出现争论的情形下,能够很好地调整和使用辅助语言,调节现场沟通气氛,显得十分重要。在国际化交流和沟通的时代,如何了解和使用不同文化背景下的辅助语言,是提升跨文化交流能力的重要方面。

2.2.7 元信息沟通

元信息沟通(metacommunication)是一种特殊形式的沟通,它是指沟通中的语言信息应该如何被理解。它涉及语言沟通周围的外部环境刺激,它们也可能具有与语言沟通相一致或相反的含义。人类的沟通不仅包括语言沟通,还包括动作、神态和辅助语言等元信息沟通符号,即关于信息的信息。所以,对于语言信息的理解不能停留在语言的字词含义表面,还要同时注意到说话者的声音、面部表情、手势等所传递的信息。沟通中,相同的语言信息在不同的元信息作用下,会产生非常不同的信息含义。

元信息沟通提出了沟通过程中沉默的重要性。在不同的语言文化背景下,沉默有不同的含义。例如,以美国人为代表的西方人喜欢直接的观点和意见表达,他们回答问题时会立即说出自己的答案,有时还会认为沉默在一定程度上代表着不够礼貌。当他们在交流中与对方持不同意见时,也会直接地、立刻地表达出来。但是世界上有些国家的语言沟通习惯认为沉默在沟通中是重要的和礼貌的。当回答对方问题时,片刻沉默可以表示出自己对这个问题的思考、重视和认真程度;而当与对方持不同观点时,立即、直接地反驳被认为是不够礼貌的,反而保持沉默意味着你对该观点有所保留的态度。所以,在跨文化交流的背景下,应该注意到不同国家的人对沉默的态度,这样在沟通中就可以较为准确地懂得沉默的含义了。

2.2.8 暂缓判断

有很多场合下,我们不等对方说完就对他们的讲述做出判断。例如,当对方说话的时机不对,听者正忙于手头事务的时候,说话者没有很好地组织语言,表达的意思不清晰时,信息过长导致听者失去耐性的时候,听者对所讲述的内容没有兴趣或已经有自己的观点时,都会出现听者不等对方说完,就做出预先的判断,影响信息的有效沟通。倾听时有可能会出现各种沟通障碍,如果依靠顺势的、片面的信息进行加工,做出的判断可能缺乏准确性和科学性。

所以,在倾听的时候,应该做到暂缓判断(suspend judgment),即注意认真倾听,听完所有的讲述,并完整地收集对方发出的信息,包括语言、语气和肢体语言等,并根据所有完整信息再进行慎重判断,而不是带有偏见地去做判断。因此,暂缓判断有助于提高判断的准确性和科学性。

课堂练习2

星期五的下午,经理走进办公室对小王说:"这个星期六你有空吗?我这里正好……"没等经理说完,小王就想到:"一定和往常一样,如果我有空的话又需要我来加班了。"于是他立刻打断了经理的话,但仍然非常礼貌地说:"实在抱歉,这个周六我有个重要的同学聚会,没有时间啊……"经理笑了笑,"没关系,我这里正好有两张演出的票,谁有空去看就送给谁。既然你要去聚会,那小张你有时间吗?要不你去吧?"小张高兴地接受了,剩下小王愣在那里,有些后悔。

请问,小王在口头沟通中存在怎样的问题?

2.2.9 信息分析

信息分析是沟通者根据所传递的信息进行最终判断和决策的重要保障,它是指将收集到的声音、语言、语气等沟通信息进行整理、分析和进行判断的过程。信息分析中需要正确地听取对方的话语,收集对方语气和肢体语言所传递的信息,同时不要忽略讲话者的背景和文化。

关键词和术语

口头沟通　面对面交谈　电话　非正式会议　面谈　正式会议　半正式会议　开放式论坛　语气　倾听　开放式问题　封闭式问题　辅助语言　元信息沟通　暂缓判断

习 题

一、单项选择题

1. 口头沟通的完整定义是（　　）。
   A. 口头沟通是最常采用的沟通方法，它是指借助于口头语言实现信息交流的沟通方法，具体包括：口头汇报、面谈、讨论、会议、演讲、电话沟通等
   B. 口头沟通就是两个人面对面地交谈
   C. 口头沟通是通过语言进行交流的沟通方式
   D. 口头沟通是指一群人在一起开会

2. 下面方法中属于口头沟通的是（　　）。
   A. 电话　　　　B. 面对面交谈　　C. 面谈　　　　D. 以上都属于口头沟通

3. 下列情形中不属于面谈的是（　　）。
   A. 领导与下属进行面对面的口头沟通，对下属的工作任务进行指示和指导，并听取下属的意见
   B. 公司餐厅里，员工和碰巧遇上的经理坐在一起聊天
   C. 年底，人力资源经理与员工进行当面交流，向员工反馈绩效评价的结果，并接受员工提问
   D. 经理安排与新入职的员工进行谈话，进行入职教育和讲述有关的工作规则，并讨论员工的职业发展规划

4. 以下各点中不属于正式会议的特征的是（　　）。
   A. 正式会议的参与人数多　　　　B. 正式会议有明确的会议议程
   C. 正式会议有明确的会议通知　　D. 正式会议有系统的会议记录

5. 影响口头沟通的主要因素包括（　　）。
   A. 语气和语言　　B. 倾听技巧　　C. 提问技巧　　D. 以上都是

6. 有效表达自己的观点，需要做到（　　）。
   A. 提高语音，用强调的语气去表达
   B. 多次重复自己的观点
   C. 做好事前准备，确保吸引听众注意力，传递明确的信息，和确保听众理解你传递的信息
   D. 以上都不是

二、案例分析题

A 公司——小王的沟通烦恼

小王是 A 公司新招聘的销售代表，负责在商场里向顾客介绍和推销 A 公司的核心系列产品——多功能洗衣机。A 公司是家电行业内的巨头，具有多年的洗衣机生产和研发经验，并且产品具有较高的市场信誉和市场占有率。小王具有良好的教育背景，刚从大学毕业就应聘到了知名企业 A 公司，感到非常高兴，也希望自己能够在这里有一番作为。

A 公司对新员工安排了正规的入职培训，并且请本企业具有商场推销经验的资深销售代表为新员工传授推销经验和技巧。但是，这些对于小王都没有吸引力，他认为自己毕业于

名校,又读过很多关于营销策略的书,没必要听他们在那里讲了。所以,无论在培训课程上,还是一对一的经验传授上,小王都显得有点心不在焉,甚至还会偶尔玩一下手机。

终于到了去商场进行"实战"的这一天了,小王暗下决心一定要多签订单。第一位经过的顾客是位青年男子,上来询问洗衣机的功能和容量。小王觉得他可能只是随便问问,不一定会决定购买,因为通常都是一对青年夫妇一起来做购买决定。小王对青年男子的询问进行了回答,但是语气并不热情,他坚信这不是一个潜在顾客。

过了一会儿,一对中年夫妇走过来,小王认为机会来了。他热情地招呼道:"两位请来看看我们公司最新产品——超大容量滚筒式洗衣机。"那位女士赶紧说:"我们想看一下最新的……"没等对方说完,小王就紧接着答道:"你们一定是想看看我们的超大容量洗衣机了,这款洗衣机目前是市场上容量最大的款型,适合中老年家庭,特别适合人口多的家庭使用。"他马上拿出产品说明书,并指着商场里展示的样品说:"你们看,就是这一种,它有好几种颜色,你们可以挑一挑,看摆在家里哪种颜色最好看。"那位男士对于小王连珠炮似的介绍显得有些不高兴,就拉起那位女士说:"我们再去逛逛吧,我们其实是在找一个小容量、占地小的洗衣机,送给我们刚工作的孩子用。"小王愣在那里,有点不知所措。

快到下午的时候,来了一对老年夫妇。他们显得很有耐心,看上去很喜欢大容量的洗衣机。小王满腔热情地把他记住的产品介绍全都认真地向这对老年夫妇又背了一遍。过了一会儿,老先生问:"小伙子,你讲了那么多,我们有的也记不住,你能不能用几句话简单地说说这种型号洗衣机的特点,比如它有什么优点?有什么缺点?"小王没有准备这个问题,他也的确不知道应该如何下手用简单的语言向老先生复述产品的特点,他只好又重复背诵了一下那些复杂、啰唆的产品介绍。他有些后悔当初没有认真听培训课上的要点内容,更后悔没有听公司前辈的经验传授,没有向他们提一些问题,比如新员工在推销中遇到不会回答的问题应该怎么处理……

问题:

1. 小王上岗的第一天看上去没有成功地开展他的推销活动,缺乏口头沟通技巧是一个重要原因。请找出本案例中小王在口头沟通中存在的问题?

2. 你会给小王提出哪些建议,帮助他更好地实现口头沟通?

第 3 章 有效演讲

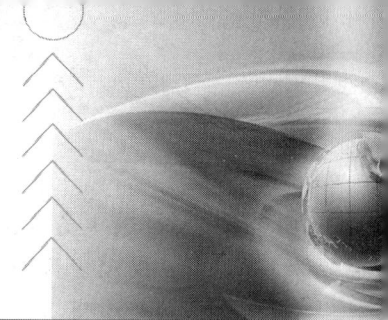

学习内容

1. 有效演讲和公开演说的技巧
2. 演讲者的技巧
3. 影响有效演讲的其他因素
4. 衡量演讲是否成功

学习目标

1. 掌握演讲的要点和有效演讲的结构
2. 理解规划有效演讲的技巧
3. 掌握有效演讲的影响因素
4. 掌握成功演讲的决定因素
5. 理解成功演讲的评价标准

3.1 有效演讲和公开演说的技巧

演讲(presentation)又叫讲演或演说,是指在公众场所,以有声语言为主要手段,以肢体语言为辅助手段,针对某个具体问题,完整、鲜明地发表自己的见解和主张,阐明事理或抒发情感,进行宣传鼓动的一种语言交流活动。有效的演讲分为计划演讲和进行演讲两个阶段。

3.1.1 计划演讲

计划演讲阶段需要进行的工作主要包括:

1. 明确演讲的目的

任何演讲都有明确的演讲目的,用以传递特点的信息,获得相应的反馈和交流效果。亚里士多德说过:"人们演讲出于三个基本目的:告知、劝说或激励。"当演讲者能够清楚地了解演讲要达到的目的,就能有计划地设计和实施演讲,获得演讲成功的可能性就越大。演讲的主要目的在于:

(1) 交流和传递信息

演讲者通过语言和非语言手段,将自己掌握的信息、观点、发现和想法向听众传递,让对方对自己有所了解,这样为日后的交流和合作打好基础。现今社会,人们无论在科技合作、商务沟通,还是在政府与公众的交流中,都需要以合作的态度实现各方共赢的局面,而相互了解、寻求合作机会和解决问题的途径是其中的关键基础。因此,通过演讲报告进行信息交流是成功合作的重要途径。例如,软件供应商在潜在客户所在地进行演讲,介绍软件的特色、适用性并解答客户的有关问题,旨在加强双方的交流,为日后购买打好基础。

(2)传授知识技能

在某些科学技术领域,演讲者属于领域专家或具备一定知识经验的专业人士,通过学术报告、专业论坛和报告会的形式邀请这些演讲者将积累的丰富经验和知识传递给听众,提高知识技能的普及性。例如,研究所邀请世界知名领域专家为研究人员和研究生做主题演讲,报告其最新研究成果和丰富的研究经验,用来激励和引导其他学者进行学术研究。

(3)产生说服和影响的效果

在某些特点的场合下,演讲者需要通过发言,讲述某个事务的背景、举措或原因,对听众施加一定的影响,获取听众的理解、支持。说服听众同意演讲者的观点或支持其行动,创造一种轻松愉快的气氛,以达到特定的演讲目的。

在商务和管理沟通中,演讲具有灵活多样的目的,除上述常见类型外,演讲还具有汇报任务、职位晋升和专业表现等许多个性化目的。

2. 了解听众的性质

作为演讲沟通的对象,听众对演讲的成功与否起着关键的作用。有时,演讲过程中,听众可能由于知识背景对演讲的内容产生理解的障碍;听众所提出的互动问题甚至可能与演讲内容不相关;听众可能产生不满或抵触情绪,在演讲会场提出尖锐的反对意见等。因此,有必要在演讲计划阶段对听众进行充分的研究和了解,包括听众的背景信息以及听众前来听演讲的主要目的。

了解听众的性质包括年龄、教育背景、职业、民族与信仰、收入水平、社会地位、对演讲主题的熟悉程度、对演讲主题的态度等(见表3-1)。

表 3-1 了解听众的性质

听众的性质	了解的主要问题
年龄	他们属于哪个年龄阶段?具有何种生活经历?这个阶段的人们具有怎样的普遍价值观?是否熟悉演讲的主题背景?是否会关注演讲的主题?
教育背景	他们受教育的程度如何?受教育的地点、专业如何分布?适应什么样的演讲风格?是否会了解演讲的语言、措辞,甚至术语?在理解中可能会有何种障碍?
职业	他们从事何种职业?是否变更过职业?对我的演讲内容会有何期待?是否可以在演讲中使用术语进行沟通?
民族与信仰	他们属于哪个民族?个人信仰如何?这些将会如何影响他们对演讲内容的理解和接受?是否有需要特别注意或回避的措辞?
收入水平	他们的收入水平如何?这样的收入水平将关注哪些问题?他们是否会对我的演讲内容感兴趣或有反对意见?
社会地位	他们处于哪一个社会阶层?会有怎样的生活方式和价值观?是否可以接受我的演讲观点?如何劝说他们接受我的观点?
对演讲主题的熟悉程度	他们的背景是否保证他们能够了解演讲的主题内容?是否需要介绍基本概念?演讲的重点应该放在什么部分?演讲的难点会在哪些部分?

续表

听众的性质	了解的主要问题
对演讲主题的态度	他们的背景将使得他们对演讲的主题产生何种反应和态度?他们将可能提出哪些质疑?如何去解决?

课堂练习1

　　M公司是一家欧洲本土的大型婴儿用品生产公司,产品具有较高的国际声誉。出于全球化战略和市场拓展的需要,M公司在中国开设了新的制造工厂C公司。在新工厂启动初期,M公司总部的生产主管Sam来到中国,向全体经理与员工进行关于C公司发展规划和生产部署的演讲。请你列出Sam进行演讲准备时,如何考虑听众的特点以保证演讲的成功。

　　3. 考虑演讲的类型

　　计划演讲中必须考虑演讲的类型,并进行语言、内容和环节的设计与规划。演讲的类型多种多样,按照演讲学的理论,它们没有固定的分类,但每次分类都必须从同一角度、采用同一标准进行。掌握和了解演讲的类型,对于指导演讲实践具有重要意义。

　　常见的演讲类型主要包括:

　　(1)告知型演讲

　　演讲的目的在于向听众传递信息,使他们了解到之前所不知道或不清楚的信息、观点、要求和见解等。例如,公司在对新员工的入职教育中安排人力资源主管进行人事政策与员工要求的演讲,使新员工对企业制度、管理文化和各项规章有明确的了解。

　　(2)互动交流型

　　以信息的交流和共享为目的,组织包含演讲者与听众互动成分的信息沟通。例如,企业需要研发和推广新产品,需要研发部门和营销部门的共同参与,需要组织演讲会,由两个部门的代表分别参与演讲。当研发部门代表针对产品技术进行演讲时,需要与营销部门的代表产生互动,沟通生产设计中的技术限制和技术问题;而当营销部门的代表演讲时,重点在于和技术部门沟通客户的潜在需要,把这种需要传递给研发部门,并沟通和确认最终方案。

　　(3)分析决策型

　　演讲具有明确的主题和待决策的问题,通过传递较为详尽的信息、背景情况、条件等,现场分析某个事件或某个问题,并提出分析过程以及最终决策的依据。这种演讲对于分析的过程、信息的完整性与可靠性、演讲的逻辑性具有较高的要求。例如,董事会就近期的一个收购活动向股东做出报告,汇报关于收购的背景、环境、条件,以及收购的利弊分析、收购的步骤和过程等。

　　(4)劝说型

　　演讲主要以说服听众为主要目的,通常听众对于演讲的主题、观点持漠然或反对意见,演讲者需要劝说听众改变态度,转而支持和赞同演讲者的观点。例如,部门经理向公司高层管理者做演讲,说服公司管理层同意采购某一新型生产线,以满足生产和市场竞争的需要,演讲中展示采购的必要性、公司资金的可用性、未来效益的可靠性等。劝说型演讲中要注意合理提出设想,以及支持自己观点的充分依据。

(5) 激励型

演讲以激励听众为目的,通过讲述道理或事例增加听众的认同感,并因此而积极努力地配合采取某些既定目标的行动。例如,销售企业的负责人在全体营销人员的会议上进行演讲,通过描绘公司的未来前景、员工的事业发展,并积极肯定员工的工作投入,以此鼓舞士气,激励营销团队提高业绩。

4. 准备和练习演讲

戴尔·卡耐基在总结成功的演讲经验时说过:"一切成功的演讲,都是来自于充分的准备。"演讲前的计划阶段需要做好充分的准备,进行预先练习和彩排,根据演讲的目的和目标选择适当的演讲方法。演讲前需要对演讲提纲和内容、时间分配、展示材料与方式、演讲环境等要素进行充分的思考和设计,确定演讲方案后进行彩排练习,彩排时最好邀请同事或同伴参与倾听,这样可以控制好时间,增加演讲的熟练程度,并及时发现演讲中潜在的问题,使得日后的正式演讲进行得顺利。准备阶段还需要针对不同的演讲目的选择合适的方法,并对与听众间的互动提问进行设计和准备。例如,某财务软件开发商的营销代表联系去某企业进行软件使用的推广演讲,目的在于向客户介绍产品的优越性,并吸引和劝说客户进行采购,实现推销软件的目的。演讲者首先需要对用户情况和具体需求进行分析,并结合产品介绍确定演讲的风格与类型,即包括信息传递、听众互动答疑以及劝说用户采购的综合目标。其次,演讲者根据所给时间确定演讲提纲,准备演讲的内容和制作展示材料。第三,演讲者对于用户的可能提问、质疑进行准备,以应对现场提问。第四,演讲者对于展示报告进行彩排,控制时间,并进行完善。最后,演讲者需要结合演讲的展示、互动和劝说这三个目的确定具体的展示方法,包括陈述、提问、答疑等环节,以及辅助材料的准备与发放,以保证吸引听众和演讲目标的实现。

5. 拟定演讲的大纲

计划演讲阶段的一项重要工作就是拟定演讲的大纲。演讲大纲的结构与一般文章相似,也包含开头、中间主体和结尾三个部分。但是由于演讲活动具有时间性和空间性的特点,所以各个部分有其特殊要求。

演讲大纲的开头部分也称为"开场白",它在演讲大纲中处于显要位置,具有重要的引导作用。首先,它快速建立听说者的同感;其次是打开场面,引入正题。因此,好的开头能够迅速抓住听众的兴趣,吸引注意力和兴奋点,保证听众的积极参与。常见的开头设计有三种:

① 直奔主题型。直接向听众提出演讲的主题,便于听众迅速了解演讲的方向。例如,产品经理在面向客户的演讲中,开头设计为:"今天我有幸向大家介绍本公司最新推出的 X 产品的优越性,它不仅保持了同类产品的稳定性,而且还具有突出的灵活适用型。"这样听众可以一下子了解到演讲者将主要介绍 X 产品的各种优越性能和特点,同时可以考虑向演讲者提出何种问题进行互动交流。直奔主题型的演讲开头需要明确演讲的中心思想,展示演讲的主要论点,能够让听众即刻了解演讲的核心思想,并吸引其注意力。

② 情况说明型。很多时候演讲者不急于在开头直接点出核心思想或论点,而是叙述相关的情况和背景知识,为之后的主体部分提供铺垫。例如,项目代表在向利益相关者进行汇报的演讲开头这样说:"2009 年我们企业出于技术改革的需要,成立了技术创新项目团队,

拥有来自跨部门的 9 名成员;2010 年项目组承担了新产品开发的任务,人员增加到 12 名,共开发 3 种创新产品;2011 年由于新产品开发任务激增,这种情况下我们新聘任了 5 名技术专家和 3 名营销经理,截至 2011 年底我们的创新产品线增加到 5 条,并收到很好的市场评价。"这种对于事件背景、进展的描述属于对情况的解释、说明,以听众为中心,便于听众充分了解事件的发展,缩短演讲者与听众间的距离,吸引他们了解下文。

③ 提出问题型。通过首先提出一个引起关注的问题,吸引听众参与到演讲中去,并激发他们的思考。例如,处于变革中的企业,战略发展部面对公司员工所做的演讲中以这样的问题开头:"我们是一个已经生存了 40 年的老企业,具有传统的历史和资历。但是,为什么目前我们的产品在市场上的占有率持续下降呢?许多老客户转而将订单转向资历不如我们的小企业呢?"通过这样的发问,激发听众思考和关注,积极投入到演讲问题的思索中。

演讲大纲的中间部分是演讲的主体部分,需要设计和处理好层次、节奏和衔接的问题,对问题的推进要强调逻辑性和严密性。

① 层次。它是演讲内容的表现次序,反映了演讲者的思路、对客观事物的认识层次,并结合时间和空间需要对内容、材料加以筛选和组合形成的。演讲大纲中的"首先"、"其次"以及"一方面……另一方面……"之类的用词可以帮助体现层次性。

② 节奏。它是指演讲内容在结构安排上所体现出来的起伏。演讲稿的节奏主要通过内容的更替变换来实现,例如,围绕一个主题,可以灵活地穿插使用讲述、轶事、文学作品和幽默故事等,以便在吸引听众保持注意力的同时又不至于引起平淡和乏味的感觉。

③ 衔接。它是指把演讲中的各个内容层次连接起来,通过使用过渡句和连接词,保证演讲主体内容的整体性和完整感。为了避免变换节奏使听众产生零散和抓不住主题的感觉,需要通过衔接进行结构弥补。通过逻辑关系将各个层次巧妙地联系在一起,使演讲层次分明的同时,又富于整体感,有助于演讲主题的深入人心。

演讲大纲的结尾设计需要言简意赅,为听众留下深刻的印象和回味,并引发进一步的思考。结尾部分是演讲内容的自然收尾,应该简短、明确,切忌过于重复,避免枯燥无味和引起听众的厌倦。同时,应该争取产生听众回味和"余音绕梁"的效果,引发听众在演讲结束后的时间内能不断思考演讲的内容和问题,不会随着时过境迁而产生遗忘。美国作家约翰·沃尔夫曾说过:"演讲最好在听众兴趣到高潮时果断收束,未尽时戛然而止",这是演讲结尾的最佳效果。

6. 准备要使用的材料

演讲材料的准备,除了演讲者自己的展示材料外,如幻灯片、挂图、视频等,还包括为听众准备的打印和分发材料,例如,幻灯片讲稿、演讲提纲、重要的图表、听众评价及反馈表等,这些材料有助于展示演讲者的演讲内容,突出重点,对于复杂的信息进行详细展示,还有利于演讲者和听众的互动,听众可以在分发材料上做笔记和参与讨论。这些纸质复印分发材料可以根据演讲的需要分别在演讲前、演讲中和演讲结束后分发给听众。

按照演讲材料的来源,还可以分为直接材料和间接材料。前者指演讲者个人经验、思想与观点的总结,在长期广泛阅读、积累、学习和思考的过程中形成了具有特色的个人思想,因此,直接材料是最能体现演讲精华的展示部分。后者是指出于演讲的需要,为了支持观点和提供依据,从报刊、书籍、文献和媒体获得的材料。例如,历史记录、媒体报道、视频资料等。获取和使用间接材料需要注意广泛采撷,精于筛选,并注意明确标注引用的来源,尊重其他作者的知识产权。

演讲材料的准备需要注意几个原则问题:第一,收集材料需要依照演讲主题的方向,避免盲目性和随意性;第二,材料收集要充分、详尽,需要了解事物的发展经过、结果,并多角度地收集材料,进行分析比较,确保听众能够理解,并避免主观性和片面性;第三,要保证材料的客观性和真实性。特别是学术演讲和法庭演讲,需要引用证据,材料的真实性和客观性能够加强说服力,传递可靠信息;最后,材料的准备要考虑听众的接受性,确保听众可以理解演讲的内容。

7. 确定要使用的视觉辅助手段和笔记

演讲准备阶段需要确定拟使用的视觉辅助手段和笔记。视觉辅助手段和笔记起到两方面的作用:第一是向听众展示演讲的内容,体现演讲的思路结构、重要的详细信息等,并以直观的形式保证听众理解和接受;另一方面,这些视觉辅助手段和笔记也是对演讲者的提示。许多成功演讲者看似都在进行即兴的、腹稿式的演讲,其演讲内容看上去是发自内心的,而不是依照讲稿进行的。其实,这些演讲不是靠背诵讲稿进行的,也不是完全没有准备的即兴发挥,而是精心设计、充分准备的,在腹稿式演讲中大量使用视觉辅助手段进行必要的支持和提示。

8. 进行演讲的心理准备和练习

演讲是一项高强度的精神劳动,不仅考验演讲者的思想、文化知识背景以及现场表达能力,也是对演讲者心理素质的严峻考验。良好的信息素质和充分的心理准备能够保证演讲者在演讲中灵活处理突发问题,机智应答听众的提问和质疑,因此演讲前的心理准备和练习十分重要。演讲心理是演讲者在演讲实践中所必然产生的心理活动和必然经历的心理体验过程,是他对演讲实践的内心感受与反应。

演讲前的心理准备包括以下几点:

① 保持追求真理的心理素质。演讲是为了个人的信念和所追求的真理而进行的,所以必须做好追求真理的心理准备,而不是取悦听众,哗众取宠。这样,即使试图满足听众的心理需求,也不能得到他们的认可,无法成为一名成功的演讲者。

② 保持创作与创新的心理素质。演讲的内容很大一部分来自演讲者的创作和创新,演讲者应该突出逻辑思维的主导性和形象思维上的补充性。演讲创作中,需要分析问题和解决问题,所以需要追求逻辑思维的完善,同时形象思维可以提供暂时的、阶段性的有效补充,所以也不能缺乏形象思维的素质。

③ 保持良好表达的心理素质。现场表达是对演讲目标和演讲创作的具体实施和体现,因此表达中需要有勇气、不怯场的心理素质、保持精神饱满、情绪激昂的心理素质,以及耐心与听众沟通、学会倾听的心理素质。在演讲前调整好心态,有勇气面对听众,有激情开始演讲,有能力应对现场听众。演讲者绝对不能走入自视清高、狂妄自大和自卑怯懦两个心理极端。

良好心理素质的养成是一个长期的、渐进的过程,但是在演讲前,有针对性、目的性地做一些练习和准备工作,可以有效地弥补心理素质的不足:演讲前安排彩排,不仅可以控制时间进度,还可以反复熟悉演讲的内容和顺序,及时发现潜在问题并调整;通过练习可以提高演讲的顺畅性和过渡的平稳性。例如,练习中可以发现讲稿中还存在衔接不合理的部分,这样可以及时修改,在正式演讲中各部分的逻辑衔接就会变得非常紧密了。另一方面,反复练习有助于克服紧张情绪,当演讲者对演讲的内容、时间、节奏有了充分的把握后,可以有效减少演讲时的怯场。经过反复练习,演讲者对于讲稿内容的熟悉和对辅助展示材料的熟练掌握能够帮助他提高自信,在实际演讲中发挥自如。

3.1.2　进行演讲

演讲的进行过程包括开场白、实施演讲以及结束语三个基本组成部分,也就是对演讲大纲的实际操作。

1. 开场白

演讲开场白的方式多种多样,有的以说明演讲主题开头,有的以提问的方式开头,有的以正式切入演讲目的和内容结构入手,也有些以非正式话题引入,例如,某些逸闻趣事、统计数据、时事新闻,甚至是笑话等。开场白的叙述将决定着听众对于演讲内容的兴趣、参与程度、反应态度以及对于演讲主题和内容的正确了解。在任何形式的演讲中,开场白都非常重要,在开场白的处理中必须分析听众的特点,体现以听众为中心的思想。

首先,通过开场白向听众讲述演讲的目的。即为什么邀请他们来参加演讲?这场演讲的目的是什么?将使他们获得什么样的信息?

其次,通过开场白吸引听众的注意力。即参加这样的演讲与其他演讲有何不同?发生了什么样的特殊事件?存在什么样的惊人事实和人物的特殊经历?有哪些问题亟待解决和需要关注?因为听众在演讲前不一定对主题有过多的兴趣,或者他们还带有其他的干扰信息,所以利用精彩的开场白准确地抓住听众的注意力,提高他们的关注度是演讲的关键技巧。一段传奇性的商务经历、一个常见的事件、一个尖锐的问题以及一连串的统计数字等都可以作为开场白吸引听众。例如,演讲者这样开场:"如今纺织服装这个行业的成本在持续增长,照这样的趋势下去,我们最便宜的衬衫也要150元。今天,我将提出降低成本的三大策略……"

再次,通过开场白体现"以听众为核心"的思想。即听众的哪些生活、工作经历与本次演讲的主题有着密切关系?演讲的内容能够帮助听众解决什么问题?为他们带来什么好处?当听众通过开场白了解到演讲的内容与他们密切相关时,就会有兴趣继续听下去。例如,某企业邀请管理专家对公司人力资源管理的领导和员工进行培训时说:"大家都知道员工激励的重要性,也都在做员工激励的事情。但是往往是现实工作中,我们激励下属的效果不尽如人意。那么到底如何解决这些问题呢?"

最后,通过开场白建立演讲者的权威性和威信。即介绍演讲者是谁?有什么专业背景和突出业绩?在哪些领域具有何种专长?曾解决过什么疑难问题?这样,听众会信服演讲者的专业性,提升演讲的可信度。

实地演讲的开场白中,应该特别注意语言、语气以及现场听众的反应,营造出一个热烈的演讲气氛。

2. 进行演讲

演讲的成功进行需要在开场白后向听众展示演讲的主要论点和结构框架,随后遵循演讲的预览开展阐述、分析,演讲中注意强调各部分间的逻辑关系,使用清晰的承接词语,并做阶段性的小结和补充。但是演讲中要避免平铺直叙或论点过多、思路涣散,以及演讲者没有停顿、"填鸭"式的叙述。

由于听众一般无法预知演讲的具体内容和问题,所以演讲开始时,一定要做明确的演讲内容预览,预览有助于听众理解和记忆演讲的内容,便于他们对演讲有个初步的了解。正如我们平时阅读期刊、报纸、书籍时,首先喜欢翻看一下目录、版面和标题,目的在于初步浏览一下,而听众是无法预先得到这些信息的。所以演讲时一定要安排预览。常规的演讲预览包括罗列出问题和解决方案,或是一个话题下的要点,或是一系列关键问题。

演讲中,注意配合使用笔记和卡片。它们的作用在于对演讲者进行信息提示。通常选用大小合适的卡片,例如5×7英寸或4×6英寸的卡片;卡片上的字体大小要合适,在演讲中一臂距离内可以看清楚提示信息的内容;卡片上的书写要工整,不要拥挤或混乱,否则容易在演讲中看不清楚;卡片上尽可能包含3~5分钟的信息内容,这样避免频繁地更换卡片,卡片也可以做成正反面书写,以节省更换次数,不至于影响到演讲主题。

3. 结束语

结束语也称作"结尾",是演讲的收尾部分,也具有重要的沟通作用。它是演讲者在演讲结束前再次展现自己重要观点、结论和表达技能的良好机会,强化听众的印象和评价,同时也有助于再次强调演讲的目的和获得听众的支持。结束语通过演讲者的口头语言和肢体语言暗示听众演讲的主体部分已经完成,演讲接近尾声,给予听众明了、确定的信息,而不是让听众在困惑中离开会场。

3.2 演讲的技巧

3.2.1 演讲的风格

演讲风格(style of presentation)是指演讲过程中演讲者所呈现出的个性特点与整体风貌。演讲风格包括两层含义:第一是演讲风格与演讲者的个性特点密切相关,另一方面表示整个演说的风格和特色,演讲者的个性特点全面地体现在演讲过程中。例如,根据演讲者的语言体现演讲者思维与语言的修养和素质,演讲的具体内容与价值展现他的思想水平和才华,演讲者的阐述分析过程透露他表达思想的手段,在演讲台上的站姿、坐姿和语态显示他的演讲风度,他与听众互动的语言交流、眼神交流及其他肢体语言表示他和听众的交流方式,综合起来就体现该演讲者的演讲风格。

完美的演讲风格会直接关系到演讲活动的效果,影响到听众实际接收信息的数量和质量,产生一定的吸引力、说服力和鼓舞力。

首先,给听众一个积极的印象。演讲内容要丰富、完整、正确和新颖;声音洪亮,富有感情,抑扬顿挫,保证在场听众都能听到;注意与听众的眼神交流,不可盯住一个地方看;积极回答听众问题,热情交流;表情符合演讲的主题和内容,不夸张但也不死板;脱稿演讲,熟悉演讲内容和听众特点;仪表整洁大方,服装得体,举止优雅。

其次,正确的演讲风格和方法。演讲风格并非需要言辞华丽,但是需要形成自己的特色,并准备适宜演讲的内容和主题。有时候朴实的表达同样有好的效果,演讲者的个人魅力、特定的演讲风格也能够深深地吸引听众,演讲中呈现的严密逻辑性具有透彻的说服力,而作为领导人的演讲,需要突出和展示巨大的鼓舞力。

第三,要突出演讲者的自信心。自信心是成功演讲的必备条件,同时也是许多演讲者成功的障碍。自信心的建立能够帮助演讲者更好地表达自己的观点,提升语言沟通与肢体语言的影响力,增加演讲的吸引力和感染力,并吸引听众积极参与和反馈。通常自信心也是演讲者个人魅力的重要组成部分。

第四,确保听众可以听清楚演讲内容。演讲者要事先了解演讲会场的布局和设施,确定是否采用和采用何种类型的麦克风,确定展示材料和分发材料的种类,演讲中注意语言、语气和措辞,减少误解和曲解。

最后,维持听众的兴趣。沟通对象记忆曲线的研究表明,在演讲过程的中间部分,听众的注意力会大幅度降低。因此在演讲中可以使用演讲技巧,用以保持听众的注意力和兴趣,例如,在使用统计数据之外采用案例故事描述,引用现场听众的角色和姓名进行举例,变换语气和语调增加变化性,增加听众提问和向听众提问,以及收集听众意见等。

3.2.2 演讲的内容

1. 演讲内容的相关性和清晰度

演讲的内容不仅要完整、全面,论据充足,还需要注意保证内容的相关性、切题性以及信息、条例的清晰度。有时演讲者在论述某一主题时,会把和其中某一个术语相联系的、但并非与演讲主题相关的内容加以扩展,结果偏离了核心内容,就会使听众产生凌乱、离散的感觉,不利于紧扣主题。另一方面,当演讲内容缺乏清晰度时,听众无法获得准确的信息和观点,甚至还会产生误解。例如,演讲者展示了大量贸易流量的数据、图表,但是始终没有对该年度的贸易流量进行一个清晰的描述,听众除了看到纷杂的数据和复杂的曲线图,不能抓住演讲要体现的观点,即贸易流量的规模是大还是小?该年度的流量较上一年度是增加了还是减少了?因此,演讲内容必须保证相关性和清晰度。

2. 注意细节和时间控制技巧

演讲者必须事先了解清楚演讲给定的时间范围,并根据时间安排演讲内容并分配到各个部分。控制时间时,首先需要预先进行时间分配,例如,开场白3分钟,主体部分25分钟,提问部分和结束语10分钟。其次,要注意语调和语速,起伏有致,灵活多变。交替使用快速讲述和细致分析,以及思考和提问的停顿。最后,时间的掌握是一个大概的概念,事前彩排和练习能够让演讲者随机应变,根据需要和突发情况调整节奏和进度,掌握好时间安排。

3. 需要有应急方案,并随机应变

演讲是个现场发挥的活动,存在着一定的不确定性,例如,演讲的时间、地点和听众的人数,甚至设备都会出现变化或故障。因此,必须做好多种准备和应急预案。例如,在演讲准备时可以区分哪些内容是必须展示的,哪些是视情况而定的,这样在时间不足或过多的情况下,可以灵活处理。往往有时候,由于前面的演讲者占用了过多的时间,留给后面演讲者的时间就会比预期要短,这时候时间控制技巧就显得十分重要,演讲者绝对不能继续依照预定内容加速讲述,而是适当地舍弃一部分内容,比如辅助的案例或缩短该案例的讲述时间,这样可以有效压缩演讲时间,还不至于产生不完整的印象。当多媒体展示设备出现故障时,需要依靠演讲者对于内容的记忆进行讲述,这时预先准备的纸质材料就显得十分重要了。

演讲者失言或失误的处理也是对演讲者应变能力的考验。演讲者会在潜意识或情感的作用下,自觉或不自觉地说出来不恰当的言语,或者某种预定行为的现场发挥失常而没有达到预期目的。演讲者可以采用将计就计的方法进行灵活处理,依靠智慧和现场发挥将错误不露声色地弥补过去。好的演讲者一般都会针对可能突发的问题和故障做好充分的准备，有时候，演讲的经验也会帮助演讲者处理突发问题。

3.3 影响有效演讲的其他因素

3.3.1 设施情况

1. 演讲设备

演讲者使用设备的技能和其他因素都很重要。演讲设备包括投影仪、音响、白板、笔记本电脑、麦克风等，这些设备是展示演讲内容、保证演讲效果的重要硬件设施。如果这些设备不能正常工作，或者演讲者及工作人员不能很好地使用它们，则会导致演讲的失败。

首先，演讲者需要熟练掌握如何使用这些设备。演讲者应该提前确定演讲中使用的设备，将所需的设备清单和具体要求与会场工作人员沟通；对于同类别但是不同品牌、型号的设备，往往在使用上会有所差异，演讲者应熟练掌握如何使用这些设备；演讲前，对于幻灯、视频与音频设备均进行调试；其次，还应对这些设备的使用具有一定的故障处理能力，比如简单的线路切换和电源接口等常见问题，应该能够自行解决。

此外，会场人员应该保证设备的正常运转，避免在演讲中出现问题。例如，当麦克风突然失效的时候，会场能提供备用话筒；会场准备多块展示屏幕，保证各个角度的听众都能够看清展示内容。

2. 会场布局、设备设施及其他因素

会场布局、设备设施及其他因素会影响到演讲成功与否。

① 座位安排。确定座位数与参会人员的人数是否符合；座位安排与房间大小是否匹配；对于具体听众座位的安排或安排次序；保证所有座位的完好，没有损坏的座椅并且这些座位的位置都能听到、看到演讲的内容和展示。

② 窗户和照明。确定窗户的数目和采光情况并决定对照明的要求；确定头顶上的灯光是否会影响幻灯片的放映效果，并且是否适宜听众观看展示材料及阅读分发材料；确认灯光是否方便做演讲演示并不会影响到观看视频。

③ 投影机的接入点。确定投影机的接入点正常工作，投影机正常使用。

④ 讲台布置。提前在讲台上确认演讲的位置，如何走上讲台和走下讲台，如何摆放笔记本电脑和资料卡片。

⑤ 活动的空间。对于陌生的演讲环境，演讲者需要提前熟悉空间，了解活动的空间并探索讲台周围可以在演讲时走动和活动的空间，以及音响、灯光等设备的位置。有效成功的演讲要求演讲者必须熟悉演讲的场地和布局。

⑥ 麦克风。根据需要和会场条件确认使用贴身话筒还是落地式话筒。如果演讲者将在演讲过程中走动，则需要选择贴身话筒。无论采用何种话筒，都需要提前与会场确认，并提前试用；贴身话筒可以夹在演讲者胸部靠上方的位置，如外套上、领子或领带上，但是不能靠在喉部，否则将产生模糊的声音；使用落地式话筒时，保持与麦克风的最佳位置，为15～40厘米，避免因距离太近产生"近场效应"导致声音含糊不清和失真，影响演讲效果；如果演讲者需要从较远距离讲话，则麦克风会同时收录空间里的其他噪音，因而影响演讲的清晰

度。此外,麦克风应对准嘴部,保持在一直线上,演讲中尽量保持一定的音量;演讲中,对于听众的每一次提问,演讲者都应该通过麦克风重复一遍问题,以便会场的所有听众都能够准确了解到所提问题的内容。

⑦ 演讲者站立或就座的位置。多数情况下,演讲者采用站姿演讲,其气质、体态、举止、表情和语气都能体现演讲者的风格和素质。常见的站姿有:前进式,是使用最多的向前走动的姿势;稍息式,即一脚站立,另一只脚向前迈出半步,两脚夹成75°的姿势;自然式,两脚自然分开,与肩同宽,相距20厘米左右。演讲者年龄较大或篇幅较长的演讲可以采用坐姿,要保持优雅、稳重的姿态,落座和起身时应轻缓。演讲者无论采取何种姿势演讲或在演讲中走动,都要避免挡住听众观看屏幕的视线。

⑧ 演讲者的出场方式。当准备好精彩的演讲内容和材料后,演讲者的出场是指他在讲台上所呈现出的外在表现,会对演讲的现场效果产生重要的影响。演讲者出场时的着装、神态及其他肢体语言会传递给听众许多信息,而这些信息会影响到听众对演讲者和演讲内容的评价和判断。例如,有位演讲者的演讲稿和演讲主题非常有吸引力,但是所穿的西服不合体,听众形容他说:"感觉他好像睡在他的西装里。"并产生了"虽然他演讲得很好,但是我不愿意追随他的观点,主要是因为我不喜欢他着装不妥的出场方式。"通常情况下,听众会在演讲开始的数十秒内根据演讲者的出场方式对他的个性、演讲和可信度进行判断,所以演讲者应该注意自己的出场方式,花费一定的时间、精力设计自己的出场方式。但是这不等于关注华丽的外表,那样只会在演讲中将听众的注意力从你的演讲转移到你的华丽的服装上。演讲者的出场应该试图建立演讲者的个人魅力,通过与演讲气氛相符的得体服装、举止和与听众互动的肢体语言等表达出积极向上、自信乐观、精力充沛、知识渊博、耐心礼貌、关注听众、观点鲜明的演讲特质。

⑨ 会务安排。组织者在会前应该收集演讲者的简历、背景信息,了解其报告主题和主要内容,存在多位演讲者时还需协调和沟通演讲内容,避免重复与分歧;了解演讲者对会场及设施的要求,以及有关软件系统、版本和介质的要求;明确演讲者与参会者的日程和时间表,确保按时到场;会议开始前再次检查音响、电脑、投影仪、麦克风等设备是否正常工作并备有紧急预案;保证会场的温度、通风与照明条件符合要求;会议中做好签到、资料分发、饮用水供应和时间控制等工作;准时开始演讲,介绍演讲者与主持人以及听众来源,在演讲将近结束时进行提醒;演讲结束后安排听众提问,并控制时间,避免个别听众反复提问;会议结束后引导听众离场,安排演讲者返回。

⑩ 健康和安全方面的考虑。演讲中对于会场的温度、湿度、通风和照明条件予以重视,会场环境应健康、舒适;保证演讲者与听众了解紧急出口,以及遇到突发事件时能够及时联系到演讲的主办方工作人员。

3.3.2 视觉辅助手段

视觉辅助手段(visual aids)是帮助演讲者实现演讲目标、对所阐述的观点进行视觉强调和强化展示的辅助工具,主要包括PPT演示文稿、多媒体投影仪、白板、挂纸板、视频、投影仪和电视机等。清晰的图片或图像展示能够增加听众对所展示内容的理解程度,起到增强信息传递、阐明观点和加强生动性和趣味性的效果。视觉辅助手段能够将演讲者和听众从听转向看,并将二者有机地衔接起来;它还能增加效果和趣味性,使得演讲者不再僵化地保持同一种形式进行讲述,能够更好地吸引听众的注意力。例如,使用投影仪展示图片时,给听众留下的印象不再是文字,而是文字加图片。

由于视觉辅助手段的多样性,为演讲者提出了如何科学选择和应用的问题。如果没有选择恰当的视觉辅助手段,或者使用方法不当,则会转移听众的注意力,削弱演讲的效果。所以演讲者应该了解主要视觉手段的优缺点。

1. PPT演示文稿

PPT全称为PowerPoint,是一种演示文稿图形程序,用于设计制作专题报告、学术讲座、课堂授课、产品演示与广告宣传的幻灯片演示文稿,可以集文字、图形、音像和视频剪辑等各类多媒体元素于一体,并通过计算机屏幕和多媒体投影仪播放,广泛地应用于各种演讲、演示中。与Word和Excel一样,它是美国微软公司出品的办公软件系列重要组件。PPT演示文稿可以图文并茂,产生生动鲜明的视觉效果;它不仅可以通过计算机屏幕和多媒体投影仪进行播放,还可以将演示文稿打印成胶片,通过投影仪演示;它增强了多媒体支持功能,并可在放映中播放音频流或视频流;此外,PPT创建的演示文稿还可用于远程会议,通过互联网演示幻灯片。

但是在以下场合,不适宜用PPT演示文稿进行演讲展示:①当演讲者需要强调他的领导力时,PPT演示会分散听众的注意力;②当演讲者需要激发听众产生想象和增强互动时,PPT的信息可能会对听众的想象产生局限;③当演讲的主要目的在于演讲者和听众建立密切的关系时,PPT演示不利于拉近双方的距离;④当演讲者时间仓促,无法充分准备PPT演示文稿和利用它进行展示时。

2. 多媒体投影仪

多媒体投影仪(multimedia projector)是能够与计算机、VCD和DVD播放器相连,将文字、图像、声音、视频和演示文稿等信息传输到较大屏幕上的仪器,广泛用于演讲、演示、会议和课堂教学等活动中。

按照体积和重量,多媒体投影仪主要分为两类:便携型投影仪和普通型投影仪。便携型投影仪体积较小,重量在2.5千克到4千克之间,便于移动办公和携带;普通型投影仪用于固定的演讲、会议和教学场所,通过固定吊装后长期使用。

多媒体投影仪为演讲活动带来了很大益处:能够直观、生动地传输信息,吸引听众的注意力;方便演讲者提高演讲的效率和演讲效果;目前先进的多媒体技术提高了多媒体投影仪使用的便利性,可以兼容电脑、记忆卡和其他电子设备;遥控技术的使用扩大了演讲者在演讲和展示中的活动范围,便于更密切地与听众沟通、互动。但是,多媒体投影仪的技术要求较高,对于操作、维护和使用都有一定的严格要求,并且操作和维护人员都需要经过专门的技术培训。此外,相对于其他视觉辅助手段,多媒体投影仪的价格昂贵。

3. 白板

白板(whiteboard)通常是白色金属板材制成的、可反复擦写的书写平面(见图3-1),广泛用于教学、演讲、会议讨论或办公记事。

白板的优点是:直接书写,容易使用,不需要复杂的使用技术;能够按演讲和讨论的需要随时记录观点和问

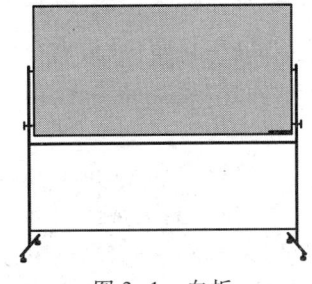

图3-1 白板

题;能够在保持充分照明的环境内使用而不必调暗室内光线;可反复擦写使用。缺点是:如果要记录的内容比较多,就需要不断擦写;不能显示复杂图像或视频;不能保留记录;不适合人数较多的演讲场合。

4. 挂纸板

挂纸板(flip chart)就是用来安放白板纸的一种白板(见图3-2),是快速的、低成本的视觉辅助手段,适用于针对小型听众群体的演讲。板面与普通白板一样都为金属板面,板面规格宽60厘米、高90厘米,可与白板纸配套使用,也可以单独当白板使用。挂纸板可以上下升降,适合不同高度和书写角度,调节方便;挂纸板可以折叠,方便携带,顶上带有夹纸器与孔轴,可方便悬挂白板纸图片等事前准备的演讲材料。

挂纸板的使用优点在于:帮助演讲者通过展示材料进行演讲和论述;传递信息,特别是在倾听演讲的时候同时获得视觉信息;可以在演讲前预先准备,也可以在演讲中加工(如画图);阐明演讲者观点产生的过程和思路;随时记录演讲中听众的提问与发言。

图3-2 挂纸板

但是挂纸板也存在局限性,包括:对于作图技能和技巧有一定要求;不适用于大型演讲的场合,较远的听众看不见挂纸板上的展示材料;挂纸板及材料本身的运输具有一定困难,不如电子材料方便。

挂纸板的应用策略有:每页纸上只包含一条信息或观点;保证字体的大小足够最后排的听众看见;文字书写规范,英文书写尽量采用大写;使用颜色变换进行区分,但需要从座位的最远距离考察文字的清晰度。

5. 视频

视频(video)是通过电子技术将画面与声音的轨迹联系起来的一种视觉辅助手段,它通过产生类似影片的效果同时展现音响、动作、动画和色彩,并因此而抓住观众的注意力和兴趣。视频可以贯穿整个演讲过程,也可以根据演讲中阐述某个观点或问题的需要而进行插播。

视频的优点是生动、形象,对事物的说明起到积极的辅助作用;容易让观众产生深刻的印象,并在演讲结束后产生回味与思考。缺点在于设备相对昂贵,技术要求高,视频的制作需要专业技术,且过程繁琐,并且演讲中万一出现视频故障,反而影响到演讲效果。

利用视频辅助演讲的技巧和策略在于:制作好视频资料,并请专家观看和提出意见,控制好视频的演示时间;熟悉演讲现场的视频播放设备,并学会处理常见的播放技术问题;为使用视频手段准备预案以应对突发故障;演讲中播放视频前对视频的内容和来源向观众做出说明;播放视频时演讲者自己也需要认真观看,表现出对它的兴趣;视频播放结束后,对主要观点或问题进行总结。

6. 投影仪

投影仪(overhead projector,OHP)也称作"投影机"(见图3-3),通过显示输出的信号,将图像和文本,甚至视频放大并成像到屏幕上的仪器,广泛用于商务演示和日常教学、培训。

投影仪具有以下优点:可以灵活、快速和方便地展示多种演讲资料,类似于复印机的效果,将常规资料"复制"到大屏幕上;演讲中使用投影仪可以维持室内的照明,方便演讲者与听众进行眼神交流。但是投影仪的价格相对昂贵,对环境温度有一定要求,演讲者需要接受培训后才能使用。

演讲者使用投影仪辅助演讲时需要注意:屏幕的安放位置要高于观众的头部,并保证观众能够看到全部屏幕;演讲中不要挡住观众的视线;适度调暗室内光线,保证投影效果,例如,拉上窗帘或关灯;切忌对着屏幕演讲,而是要面对观众;必要时使用教鞭或激光笔强调投影中的重点内容,但不要把它当拐杖拄在地面上或胡乱挥舞。

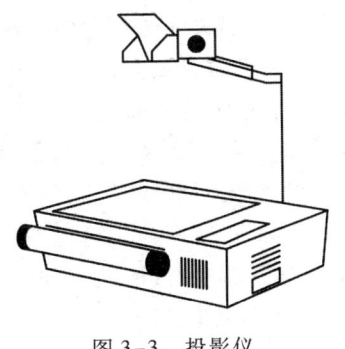

图 3-3　投影仪

7. 电视机

电视机(television)是用电的方法即时传送动态视觉图像的仪器。与电影类似,电视利用人眼的视觉残留效应显现一幅幅渐变的静止图像,形成视觉上的活动图像;电视系统的发送端把景物的各个微细部分按亮度和色度转换为电信号后,顺序传送,并且在接收端按相应的几何位置显现各微细部分的亮度和色度来重现整幅原始图像。

使用电视机进行演讲的视觉辅助设计具有形象生动的效果,同时传递声与像,能够帮助观众获得丰富和相对完整、准确的信息;有助于提高演讲的趣味性,吸引观众的注意力;通过预先制作电视节目,可以准确地控制展示的时间,并且可以反复多次使用。缺点在于:对演讲的设备环境有较高的要求;观众人数较多时,不能保证人人都能看到电视屏幕的内容;制作成本较高,特别是不能重复使用所投资制作的电视节目时。

课堂练习 2

假设你是某公司的研发部经理,负责公司高技术产品的研发管理工作。年底的公司部门绩效考核工作中,你将代表本部门向公司管理层和其他部门的代表汇报研发部本年度的工作成果及业绩。请你为这个演讲设计和选择所需要的视觉辅助手段。

➡ 3.4　衡量演讲是否成功

衡量演讲是否成功需要进行演讲的现场表现评价和演讲者的自我评价。

3.4.1　演讲现场表现评价

演讲的现场表现评价包括目标听众因素、环境物理因素以及互动因素三个方面。

1. 目标听众因素

指演讲活动是否能准确识别目标听众。目标听众是演讲活动所特别针对的听众人群,他们对演讲的题目和内容有兴趣,具有一定的理解力和知识背景,演讲主题和所涉及的问题与他们密切相关或是帮助他们解决某个工作或生活中存在的问题,并且他们能够与演讲者互动沟通。演讲者在计划阶段就需要确定目标听众,即回答:"我的演讲将为谁准备?""他们具有什么样的背景、需求和特点?""他们为什么会有兴趣来听我的演讲?""我如何通过演讲帮助他们解决问题?"这样,演讲活动才能够成为一个有效的、成功的互动沟通活动。简而言之,演讲需要面向恰当的听众,否则演讲的效果难以实现。

2. 环境物理因素

演讲现场的客观环境和条件的因素。它主要包括演讲会场的设施情况以及视觉辅助手段的使用情况。例如,房间的布局是否合理,各个位置上的听众是否都能够听到演讲的内容,麦克风、音响、照明、笔记本、投影仪、白板和挂纸板等设备是否正常工作,会不会出现故障而使得演讲中断,视觉辅助手段的使用是否合理、恰当,并对演讲起到改善的作用。

3. 互动因素

通过肢体语言和目光接触来观察听众感兴趣的程度,获得一定的反馈效果。在演讲现场通过观察听众的表情神态、动作举止以及和听众进行目光交流,可以在肢体语言的交流中获得听众对现场演讲的效果评价。例如,听众一边听一边点头、微笑,并不时地做记录,与演讲者目光相遇时呈现出赞许的眼神,这样可以判断出听众对于演讲的认可,演讲的效果是积极的。相反,如果演讲者发现会场的听众心不在焉地玩手机、打瞌睡,则不难得出演讲较为失败的结论。

3.4.2 演讲效果自我评价

演讲者在演讲活动结束后的自我评价也很重要,他需要客观地总结演讲的过程与结果以及听众的反馈,得出关于演讲效果的明确结论,总结成败的原因,并形成经验或教训,思考下一次演讲中如何进一步提高演讲效果和解决当前仍然存在的不足和问题。例如,进行食品推销的演讲结束后,推销员回到办公室通过以下问题对于当天的演讲效果进行客观总结与评价:"今天的演讲中发生了什么事?(演讲顺利,与听众互动好,得到认可,听众会后纷纷联系订单)""为什么会有这样一个结果?(有效的演讲计划、目标听众定位、演讲设施的准备以及视觉辅助手段的使用)""下一次怎样可以更好?(虽然有许多订单,但是还有听众因为没有见到样品而犹豫,以后需要带上样品)"。

关键词和术语

演讲 开场白 实施演讲 结束语 演讲风格 视觉辅助手段 PPT 多媒体投影仪 白板 挂纸板 视频 投影仪 电视机 衡量演讲的现场表现 听众因素 环境物理因素 互动因素 演讲的自我评价

习 题

一、单项选择题

1. 演讲的目的在于( )。

A. 展示演讲者的成就

B. 交流和传递信息,传授知识技能,产生说服影响的效果

C. 商讨公司的重大事宜

D. 人员竞聘

2. 下面哪种说法不确切( )。

A. 演讲的开头部分也称为"开场白",它在演讲大纲中处于显要位置,具有重要的引导作用

B. 演讲大纲的中间部分是演讲的主体部分,需要处理好层次、节奏和衔接的问题,对问题的推进要强调逻辑性和严密性

C. 结尾部分是演讲内容的自然收尾,结尾设计需要言简意赅,为听众留下深刻印象和回味,并引发进一步的思考

D. 有经验的演讲者可以不必讲究演讲的结构设计

3. 以下哪一点属于完美演讲风格的要素( )。

A. 给听众一个积极的印象　　　　B. 确保听众可以听到并清楚地理解演讲者

C. 维持听众的兴趣　　　　　　　D. 以上都是

4. 以下哪些是影响有效演讲的物理环境因素( )。

A. 座位安排、窗户和照明　　　　B. 讲台的布置

C. 麦克风　　　　　　　　　　　D. 以上都是

5. 通过显示输出的信号,将图像和文本,甚至视频放大并成像到屏幕上的视觉辅助仪器是( )。

A. 投影仪　　　B. 白板　　　C. 挂纸板　　　D. 视频

6. 衡量演讲是否成功的现场表现因素包括( )。

A. 准确识别目标听众;房间布局合理

B. 准确识别目标听众;通过肢体语言和目光接触来观察听众感兴趣的程度

C. 准确识别目标听众;房间布局合理,科学使用视觉辅助手段;通过肢体语言和目光接触来观察听众感兴趣的程度

D. 房间布局合理;通过肢体语言和目光接触来观察听众感兴趣的程度

二、案例分析题

M 制造集团——临时受命的小张

小张加入 M 制造集团已经有五个年头了,他当初经过多轮笔试、面试,最终来到了这个炙手可热的大型集团,成为众人羡慕的对象。M 制造集团属于行业巨头,在机械产品的制造和研发方面处于行业领先地位,产品在国内外的知名度都很高。小张毕业于名校,来到 M 集团后工作勤奋,聪明好学,很快就成为销售部的中坚力量。

销售部的李经理是位经验丰富的销售主管,他在集团成立的时候就在这里了,为公司创造了很多业绩,销售部在集团的口碑也非常好。李经理非常欣赏小张的工作,当年是他在面试中从众多应聘者中将小张挑选出来,并坚信他能够胜任销售部的工作。他发现,这个年轻人不仅非常聪明,能够在日常的工作中细心观察,学习许多销售技巧,并且灵活应用,许多客户对他的评价很好,经常会有后续的订单;而且小张还非常谦虚、踏实,经常参加加班,或者在销售会结束后帮助收拾文件,整理会议资料。所以,李经理经常安排小张参与销售谈判,与不同顾客接触、交流,在李经理参与的重要会议和演讲场合,也尽可能地带上小张一起参加。

这一天下午 2:30 了,小张刚刚回复了客户的一个咨询邮件,看见李经理急急忙忙地向自己走来。李经理说:"小张,有个急事!我们公司的新一代产品——M56 型号设备在明天

有一个产品说明会,本来该是我代表公司销售部去向客户宣讲,但是今天下午我临时有个急事要出差,恐怕明天赶不回来。你去替我参加这个说明会,这里是关于说明会的详细材料,你认真准备一下,有什么问题在我走前抓紧问我。"说着,李经理把一摞产品样本、会议资料等文件放在了小张桌上。小张问道:"这次说明会主要面向哪些客户?"李经理放慢了语调,回答道:"这次的会议非常重要!我们这个行业的大客户基本全都会派代表参加,行业协会的重要人物也会来,还有媒体,不过以咱们产品面向的客户为主。所以,这次我去不了,派你去才觉得比较放心。你好好准备吧!"说完,拍了拍小张的肩膀。

　　小张顿时觉得自己的肩上扛着重要的使命,但是又感到非常兴奋。他来到M集团五年多,打交道的还都是些中小型客户,而且还没有机会在重要的产品说明会或重大谈判中担任过主角,这次是一个见证自己能力的好机会。他拿了一张纸,开始罗列需要为这次演讲所做的全部工作……

　　问题:
　　假设你是小张,你将如何保证这次演讲能够成功呢?

第 4 章 非语言沟通

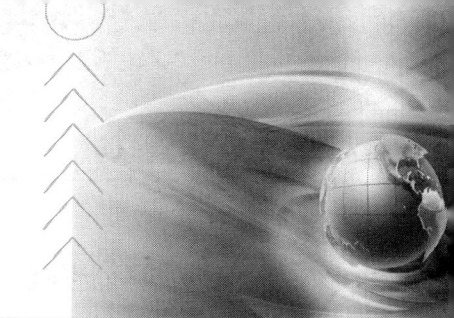

学习内容
肢体语言

学习目标
1. 了解肢体语言的种类
2. 理解商务沟通中肢体语言的重要性
3. 学会恰当使用肢体语言

4.1 非语言沟通的含义

非语言沟通就是使用除语言以外的其他各种沟通方式来传递信息的一种沟通方式。尽管语言是人们主要的沟通工具,但是非语言行为往往也是非常重要的。根据国外心理学家对不同信息载体在传递信息中作用的研究,语言在传递全部信息中的作用只占7%左右,声音的作用也只占约38%,而非语言沟通所起的作用最大,占到了约55%。可见,非语言沟通在整个沟通活动中所起的作用甚至比语言沟通更为重要。正如语言学家戴维·阿伯克龙比(David Abercrombie)所说的:"我们用发音器官说话,但我们用整个身体交谈。"

从广义上讲,非语言沟通包括肢体语言沟通、音调语言和环境语言沟通等形式。

① 肢体语言沟通就是利用身体特征或身体动作来传递信息。人们既可以采用身体动作,如面部表情、眼神等来传递信息,也可以利用自身的身体特点,如体形、姿势、气味、体重和肤色等,甚至是个人的服饰和打扮来沟通信息。

② 音调语言是指人们所发出的有声、但又无固定语义的辅助性语言,如音质、音调、音量和语速,以及诸如停顿、叹息或嘟囔的声音。音调语言虽然有声音,但却是非语言的。人们通过借助一定的音调语言来实现信息传递与交流的目的。

③ 环境语言就是通过环境因素来实现信息的传递与交流。这里所指的环境因素首先包括自然环境,如办公场所、房间布置、色彩搭配、光线和噪声等,也包括空间环境,如座位布置和空间距离等,同时还包括时间环境,如准时、迟到或早到等。所有这些因素都可以作为传递沟通信息的工具。

这里我们主要介绍第一种非语言沟通,即肢体语言沟通。

4.2 肢体语言

4.2.1 肢体语言的种类

肢体语言是人们日常沟通中最常用的一种形式,学会观察和利用肢体语言实现有效的沟通是商务人员必须掌握的基本技能。肢体语言是与民族或文化相关联的。每一个民族或每一种文化的某种肢体语言所表达的意思都是约定俗成的,违反了惯例就会引起误解。肢体语言既可以是有意识的,也可以是无意识的,但是不管是有意识的还是无意识的,都能传递某种信息。肢体语言既可以单独使用,代替语言,也可以与语言同时使用,相互补充或强调语言所传递的信息。肢体语言既可以是先天既有的,也可以是后天养成的。最常用的肢体语言形式有面部表情、身体姿势和手势等。

1. 面部表情

美国心理学家登布在其《推销员如何了解顾客心理》一文中说:"假如顾客的眼睛朝下看,脸转向一边,表示你被拒绝了;假如他的嘴唇放松,笑容自然,下颚向前,则可能会考虑你的提议;假如他对你的眼睛注视几秒钟,嘴角以至鼻翼部位都显出微笑,笑得很轻松,而且很热情,这项买卖就做成了。"由此可见面部表情在传情达意方面有着重要的作用。

面部表情是通过面部各个器官——眼、眉、口、舌等的变化来表达情意,是非语言沟通形式中最重要、使用最频繁、表现力最强的形式。无论是眼睛、嘴巴和眉毛等面部器官都能准确地传递人们的感情、想法和目的。人的面部表情能够表达喜欢、愤怒、悲伤、快乐、惊讶、恐惧和厌恶等多种复杂的情感。"人体动作学(kinesics)"创立者雷·伯德惠斯特尔(Ray Birdwhistell)估计人们每天要做出和识别大约 25 万种不同的面部表情,在当面交流中语言部分所占比例不到 35%,超过 65% 都是非语言形式。所以,从人们眉毛的扬起或紧皱、瞳孔的变化、鼻子的张合、嘴唇的绷紧或放松、牙齿的合上或紧咬等变化中就可以揣摩对方所表达的真实意思。法国著名作家罗曼·罗兰说:"面部表情是多少世纪培养成功的'语言',是比用嘴讲的语言更复杂到千百倍的'语言'。"

心理学家发现,人类至少有 6 种与生俱来的原始面部表情:喜悦、悲伤、厌恶、愤怒、惊讶、恐惧。正常人在 2 岁之前,就已经能够用脸部表情来表达这些原始情绪,即使一个小孩又盲又哑,仍然会有这些情绪表情。人们"看脸色"的能力也是自幼养成的,一般人在四五岁时,就能辨认别人 50% 的面部表情,到了 6 岁左右,看脸色的正确度就达到了 75%。古人云:"人们休问荣枯事,但看容颜便得知。"

人类的面部表情还具有一致性。1957 年,美国心理学家艾斯曼做了一个心理学实验。在这个实验中,他从美国、日本、巴西、阿根廷、智利五个国家选择了受试者,让这些受试者辨认分别表现喜悦、厌恶、惊奇、悲哀、愤怒和恐惧六种情绪的照片。结果,绝大多数的辨认趋向一致。实验结果证明,人类的面部表情有较为一致的表达方式,面部表情可以说是一种"世界语"。

但是正确地解读人们的面部表情并不容易,这是一个复杂的过程,因为面部表情既能传达多种情感,同时也能轻易隐藏情感。某些社会文化往往教育人们不要轻易表达情感,某些人很会修饰,善于控制自己的表情,喜怒不形于色,以致别人很难揣测他们真实的想法。下面分别从眼神、笑容和眉与嘴几个方面来分析。

（1）眼神

眼睛是心灵的窗户，是人体传递信息最有效的器官，而且能表达最细微、最精妙的差异，显示出人类最明显、最准确的交际信号。眼神也是表现情感的最显著、最难掩饰的部分。言语、动作和态度都是可以伪装和掩饰的，而眼神是无法伪装的。人们深层心理中的欲望和感情，首先就会反映在眼神上。据研究，在人的视觉、听觉、味觉、嗅觉和触觉感受中，唯独视觉感受最为敏感，人由视觉感受的信息占总信息的83%。在汉语中用来描述眉目表情的成语就有几十个，如眉飞色舞、眉目传情、暗送秋波、眉开眼笑、瞠目结舌、怒目而视……这些成语都是通过眼语来反映人们的喜、怒、哀、乐等情感的，人的七情六欲都能从眼睛这个神秘的器官内显现出来。

眼神交流的方式主要由视线交流的长度、方向和瞳孔的变化三部分组成。

视线交流的长度是指说话时视线接触的停留时间。一般来说，除关系特别密切的以外，视线交流的长度为1～2秒。与人交谈时，对方视线接触你的脸部的时间应占全部时间的30%～60%，超过这一平均值的人，可认为对其谈话者本人比对谈话内容更感兴趣；而低于这一平均值的人，则表示对谈话内容和谈话者本人都不太感兴趣。不难想象，如果谈话时心不在焉、东张西望或只是由于紧张、羞怯不敢正视对方，目光注视的时间不到谈话的1/3，这样的谈话，必然难以被人接受和信任。但不同国家、民族对视线交流及其长度的认识是不同的。在中东一些地区，相互凝视为正常的交往方式。而在澳大利亚的土著文化中，避免眼睛接触是相互尊重的表示。对此，在从事跨文化商务沟通时要特别注意。

视线交流的方向表示不同的含义：说话人的视线向下（俯视），一般表示爱护、宽容，也可以表示轻视；视线平行接触（正视），表示平等，也可以表示欣赏；视线向上（仰视），表示景仰、期待；视线侧面接触（斜视），表示厌恶、轻视等。

> **延伸阅读**
>
> **青眼和白眼**
>
> 在古汉语中，有"青眼"、"青睐"、"白眼"等说法，其实说的就是视线交流的方向，"青眼"、"青睐"即正眼相看的意思，"白眼"当然就是斜视之意。魏晋时期著名文学家阮籍年轻时是个性情中人，爱憎分明，对喜欢的人报以青睐，对不喜欢的人则白眼相加。因此史称阮籍"善做青白眼"。对此，鲁迅在《魏晋风度及文章与药及酒之关系》的演讲中调侃到"阮年轻时，对于访他的人有加以青眼和白眼的分别。白眼大概是全然看不见眸子的，恐怕要练习很久才能够。青眼我会装，白眼我却装不好。"

瞳孔的变化是指视线接触物体时瞳孔的放大与缩小。瞳孔的变化是非意志所能控制的。心理学家往往用瞳孔变化大小的规律，来测定一个人对不同事物的兴趣、爱好、动机等。兴奋时，人的瞳孔会扩张到平常的4倍大。所谓"脉脉含情"、"神采奕奕"、"炯炯有神"等都多与瞳孔的变化有关；而当痛苦、厌恶时，瞳孔就会缩小，眼神就会黯然无光。据说，古时候的珠宝商人已注意到这种现象，他们能窥视顾客的瞳孔变化而猜测对方是否对珠宝感兴趣，从而决定是抬高价钱还是降价。

眼神的功能可以归纳如下：

① 专注功能。反映一个人的注意程度和感兴趣程度。因此进行商务沟通时,要特别注意交流对象的眼神变化,当我们在向交流对象介绍某项业务或产品时,对方眼神无光,可能说明对方对我们的业务、产品没兴趣或者对我们的介绍方式不感兴趣。此时就要做及时的调整,重新激发对方的兴趣。

② 说服功能。在劝说过程中,为了使被劝者感到真诚可信,必须与对方保持较密切的视线接触。

③ 亲和功能。与尽可能多的人保持友善的视线接触,是一个人建立良好人际关系的必要前提。我们很多人际关系的建立,正是从眼神交流开始的。

④ 暗示功能。在商务谈判和重要会议的场合,有些意思不方便明确表达出来,相互之间用眼神来暗示。

⑤ 表达情感功能。人的眼神可以很准确地表现出喜悦、厌恶、愤怒、悲伤、嫉妒等感情。在进行商务沟通时,我们一定要高度关注交流对象眼神中的情感表现,并及时调整自己的交流内容和方式。同时,在用语言传递信息时,我们的眼神所表现出的感情内涵一定要与之密切配合。

⑥ 表示地位与能力功能。人的眼神可以表现出他的社会地位、在工作单位的地位以及其领导能力。地位高的人、自信的人往往目光坚定有力,反之则往往目光黯淡、散乱。街头卜卦算命者之所以常常能令接受服务的人信服,就是因为他们通过对对方眼神的探究进行推测。

(2) 笑容

笑容是最复杂的肢体语言之一,没有人能说得清人类有多少种笑容,每一种笑容又具体代表什么样的含义,我们经常用微笑、大笑、狂笑、狞笑、奸笑、苦笑、傻笑、不怀好意的笑、尴尬的笑、勉强的笑、抿着嘴的笑、皮笑肉不笑和灿烂的笑容等词来形容不同人在不同场合的笑容,可见笑容所传达的感情和态度的复杂性。

笑容也是所有肢体语言中受主观意识控制最弱的一种形式。笑容是识别和窥探一个人内心世界非常有效的手段,也是最直观、最有感染力的肢体语言。

在众多面部表情中,微笑是最美丽的。一个友好真诚的微笑可以赋予人好感,沟通人们的心灵,架起友谊的桥梁,消除陌生或紧张所带来的沟通障碍,让人感受到微笑者所展现的对他人的尊重与信任。微笑也显示一个人的自信心,表明他希望能够通过良好的沟通达到预定目标的决心。所以,善于沟通的人在人际交往中首先就会面带笑容。

微笑是有规范的,一般要注意四个结合:

① 口眼结合。要口到、眼到、神色到,笑眼传神,微笑才能扣人心弦。

② 笑与神、情、气质相结合。这里讲的"神",就是要笑得有情入神,笑出自己的神情、神色、神态,做到情绪饱满,神采奕奕;"情",就是要笑出感情,笑得亲切、甜美,反映美好的心灵;"气质"就是要笑出谦逊、稳重、大方、得体的良好气质。

③ 笑与语言相结合。语言和微笑都是传播信息的重要符号,只有注意微笑与美好语言相结合,声情并茂,相得益彰,微笑方能发挥出它应有的特殊功能。

④ 笑与仪表、举止相结合。以笑助姿、以笑促姿,形成完整、统一、和谐的美。

尽管微笑有其独特的魅力和作用,但若不是发自内心的真诚的微笑,那将是对微笑的亵渎。有礼貌的微笑应是自然的坦诚,内心真实情感的表露。否则强颜欢笑,假意奉承,那样的"微笑"则可能演变为"皮笑肉不笑"、"苦笑"。比如,拉起嘴角一端微笑,使人感到虚伪;

吸着鼻子冷笑,使人感到阴沉;捂着嘴笑,给人以不自然之感。这些都是失礼之举。

延伸阅读

"微笑"的故事

小故事1:我是一名环游世界的旅行者,当我第一次到达美丽的非洲平原时,我被它独特的热带风景所吸引,美丽的热带雨林,奔跑的羚羊与公牛群,还有看起来离我们很"近"的金黄的太阳。在我陶醉于美好风景的时候,心里还是不免有一丝担心:听说当地有一些古老的部落,至今还保持着食人的传统。但我是一名旅行者,好奇心驱使我想深入了解当地部落的人文风情。在我的恳求下,一位当地友人答应了我的请求,但他再三嘱咐我,无论当地土著人对我作出何种吓人的动作我都不能表现出恐慌,一定要保持微笑。当我来到神秘的原始部落,最开始土著人们一拥而上,用矛头指着我并作出各种威胁的动作及吓人的声响,我很紧张,额头上冒出冷汗,可是我谨记友人的话语,始终保持着微笑。终于,土著民们扔下了手中的武器,摊开了他们的手心,对我示以同样的微笑……

小故事2:飞机起飞前,一位乘客请空姐给他倒一杯水吃药,空姐很有礼貌地说:"先生,为了您的安全,请稍等片刻,等飞机进入平衡飞行后,我会立刻把水给您送过来,好吗?"

15分钟后,飞机早已进入平衡飞行状态。突然,乘客服务铃急促地响了起来,空姐猛然意识到:糟了,由于太忙,她忘记给那位乘客倒水了。当空姐来到客舱,看见按响服务铃的果然是刚才那位乘客,她小心翼翼地把水送到那位乘客眼前,微笑着说:"先生,实在对不起,由于我的疏忽,延误了您吃药的时间,我感到非常抱歉。"这位乘客抬起左手,指着手表说道:"怎么回事,有你这样服务的吗?你看看,都过了多久了?"空姐手里端着水,心里感到很委屈,但是,无论她怎么解释,这位挑剔的乘客都不肯原谅她的疏忽。

在接下来的飞行途中,为了弥补自己的过失,每次去客舱给乘客服务时,空姐都会特意走到那位乘客面前,面带微笑地询问他是否需要水,或者别的什么帮助,然而,那位乘客余怒未消,摆出不合作的样子,并不理会空姐。

临到目的地前,那位乘客要求空姐把留言本给他送过去。很显然,他要投诉这名空姐。此时,空姐心里很委屈,但是仍然不失职业道德,显得非常有礼貌,而且面带微笑地说道:"先生,请允许我再次向您表示真诚的歉意,无论您提出什么意见,我都会欣然接受您的批评!"那位乘客脸色一紧,嘴巴准备说什么,可是没有开口,他接过留言本,开始在本子上写了起来。

等到飞机安全降落,所有的乘客陆续离开后,空姐本以为这下完了,没想到,等她打开留言本,却惊奇地发现,那位乘客在本子上写下的并不是投诉信,相反,这是一封热情洋溢的表扬信。

是什么使得这位挑剔的乘客最终放弃了投诉呢?在信中,空姐读到这样一句话:"在整个过程中,你表现出的真诚的歉意,特别是你的12次微笑深深打动了我,使我最终决定将投诉信写成表扬信!你的服务质量很高,下次如果有机会,我还将乘坐你们的这趟航班。"

（3）眉与嘴

眉毛也可以反映许多情绪。当人们表示感兴趣或疑问时,眉毛会上挑,即所谓的"喜上眉梢";当人们赞同、兴奋、激动时,眉毛会迅速地上下跳动;处于惊恐或惊喜中的人,眉毛会上扬;而处于愤怒、不满或气恼中的人,眉毛会倒竖,即"剑眉倒竖";当窘迫、讨厌、痛苦、无奈和思索的时候,往往会皱眉;表示询问或疑问时,眉毛会向上挑起。人们常常认为没有眉毛的脸十分可怕,因为它给人一种毫无表情的感觉。

嘴巴的动作也能从各个方面反映人的内心。嘴巴紧闭而且不敢与他人目光相接触,可能心中藏有秘密,此时不愿透露;嘴巴不自觉地张着,并呈倦怠状,说明他可能对自己和对自己所处的环境感到厌倦;咬嘴唇,表示内疚;当对对方的谈话感兴趣时,嘴角会稍稍往后拉或向上拉。值得注意的是,在以英语为官方语言的国家,用手遮住嘴,有说谎之嫌。

嘴部动作常常是同笑容、皱眉等其他面部表情联系在一起的。事实上人的面部表情是一个统一的整体,是不能分开的,例如,一个人不能紧闭嘴唇微笑。

在表达"喜、怒、哀、惧、爱、厌、勇、怯"等种种情绪时,面部表情是整体的,脸、嘴、眼等的动作是和谐的,不能单独隔离开来。在非言语交流手段中,面部表情具有较大的共性。

2. 身体姿势

身体姿势是指整个身体躯干的姿态。如坐姿、站姿和身体接触等。不同的姿态传递人们内心不同的心理信息。人们内心的心理活动也会以姿态语言有意无意地流露出来。所以,从一定意义上说,姿态是人们心理活动的晴雨表。

（1）坐姿

不同的坐姿所表达的含义是不同的。如身体靠在沙发背上,两手置于沙发扶手上,两脚自然落地、叉开,表示谈话轻松、自如和自信;身体稍微前倾,两脚并拢,两手放于膝上,侧身倾听,说明很尊重对方;身坐椅子前沿,身子向前,头微微倾斜,表示对交谈内容非常感兴趣、喜悦和重视;要是坐在椅子上交谈,微微欠身,表示谦恭有礼;身体后仰,甚至转来转去,则是一种轻视、怠慢和失礼的行为;身体侧转于一方,就表示嫌弃与轻蔑;身体背朝谈话者则表示不予理睬的态度。架腿而坐,表示拒绝对方并保护自己的势力范围;而不断地变换架腿的姿势,是情绪不稳定或焦躁、不耐烦的表现;在讨论中,将小腿下半截放在另一条腿的上膝部,往往会被人理解为辩论或竞争性的姿势;女性交叉上臂并架腿而坐,有时会给人以心情不愉快甚至是生气的感觉。坐着的时候无意识地抖动小腿或脚后跟,或用脚尖拍打地板,表示焦躁、不安、不耐烦或为了摆脱某种紧张感。

此外,坐姿的深浅也透露不同的信息。采取浅坐姿势的人表明其内心一定程度的紧张不安,显示出一种屈居劣势的心态,无意中表现出一种服从对方的心理。采取深坐姿势的人会稳坐在椅子上,同时伸出脚,显得很悠闲,在精神上占有优势,表明他希望居高临下。

因为坐姿会在不经意中透露人的精神状态、心理信息和对交谈的态度,因此在与人交往中采取何种坐姿也要结合不同的场合。

谈判、会谈时,场合一般比较严肃,适合正襟危坐,但不要过于僵硬。要求上体正直,端坐于椅子中部,注意不要使全身的重量只落于臀部,双手放在桌上、腿上均可。双脚以标准坐姿摆放。

倾听他人教导、知识、传授、指点时,对方是长者、尊者、贵客,坐姿除了要端正外,还应坐在坐椅、沙发的前半部或边缘,身体稍向前倾,表现出一种谦虚、迎合、重视对方的态度。

在比较轻松、随便的非正式场合,可以坐得轻松、自然一些。全身肌肉可以放松,可不时变换坐姿,以适当休息。

(2) 站姿

站姿是所有姿态(如走姿、坐姿、握手等)的基础,其他姿态都是在站姿的基础上演变而来的。只有在正确规范的站姿基础上,才能展现出更多的动态美,更好地展现个人气质与风度。

从整体上看,良好的站姿首先要站正、站直。从正面看,身体重心应在两腿中间,向上穿过脊柱和头顶,防止左偏或右偏。从侧面看,脚后跟、小腿肚、臀部、肩部和头部应在一条直线上。这样的站姿会给人以挺拔高挑的美感,给他人留下良好的印象。站立时挺胸、收腹、略微收臀、两眼平视,精神饱满,面带笑容,给人以一种自信的感觉。笔直站立,上身微前倾,头微低,目视对方,表示谦恭有礼,愿意听取对方的意见。双方交谈时站立的方向应该是正面朝对方,以表示尊重。

正确的站姿能给人以舒展挺拔、充满自信的感觉,而错误的站姿却给人以懒散无礼、不尊重他人、缺乏教养的印象。诸如:歪头、垂头、仰头、探脖、斜看、耸肩、弓背、收腹挺胸、两腿交叉站立、两腿分开太远、两手叉腰,或把双手插入口袋,或把双手握在背后,依靠物体歪斜站立等,这些在正式的商务交往中就会显得不够稳重,会给对方一种轻佻的感觉。

3. 身体接触

身体接触是人类一种重要的非语言沟通方式,其形式多样,既富有强烈的感情色彩,也具有鲜明的文化特色。主要形式有握手、拥抱和其他的身体触摸。

(1) 握手

握手是最常见的触觉手段。无论高级官员还是一般市民,见面时都会握手。相传在刀耕火种的年代,人们经常持有石头或棍棒等武器,陌生者相遇,双方为了表示没有敌意,便放下手中的武器,并伸出手掌,让对方抚摸掌心。久而久之,这种习惯便逐渐演变为今日的握手礼节。当今,握手已成为世界上最为普遍的一种礼节,其应用的范围远远超过了鞠躬、拥抱、接吻等。根据握手的力量、姿势和时间的长短,可以传递出不同的信息。一般来说,主人、身份高者、女性、年长者先伸手,客人、身份低者、男性、年少者后伸手。在握手时,用力过大、软弱无力、用指尖和手掌握手、戴着手套握手都是不礼貌的。

延伸阅读

泰国的握手

一个欧洲商人初次到一个泰国朋友家里做客,到了泰国朋友家,他与男女主人分别握手后,与朋友家中的泰国佣人也握了手。但出乎这位欧洲商人意外的是,这位女佣人泪流满面,跑回自己的房间哭了一夜。

之后,这位欧洲商人了解到,在泰国,欧洲商人属于社会地位高的群体,佣人属于社会地位低的群体。在泰国,社会地位悬殊的人之间是不握手的。欧洲商人不了解这一文化背景而与之握手,被认为这是在嘲笑、侮辱她。

---

(2) 拥抱

除了握手,在西方国家,见面、久别重逢时拥抱、接吻也都是非常自然的身体接触手段。足球运动员在进球后会相互热烈拥抱表示祝贺。

(3) 其他身体的触摸

不同的民族和文化确定了不同的接触方式,如印度人见面合掌,毛里求斯人见面时行碰鼻礼。佛教徒认为只有活佛才能摸头,因为只有活佛才能行摸顶礼,如果俗人去摸头部,则视为一种亵渎。中国人不能容忍陌生人去触摸其脸,这种行为不仅粗鲁而且成了一种挑逗。阿拉伯人、南欧和西欧人、犹太人及拉丁语系的人属于触摸文化,美国人、北欧人及东方人属于非触摸文化。不同的文化和宗教决定了不同的接触方式,而这些看似简单的接触则在交际中传递着信息,因此对触摸行为的正确了解直接决定了交际的成功。

4. 手势

手是人体上最富灵性的器官,如果说"眼睛是心灵的窗户",那么手就是心灵的触角,是人的第二双眼睛。手势在传递信息,表达意图和情感方面发挥着重要作用。

手的"词汇"量是十分丰富的。据语言专家统计,表示手势的动词有近二百个。"双手紧绞在一起",显示的意义是精神紧张。用手指或笔敲打桌面,或在纸上涂画,显示不耐烦、无兴趣。搓手,显示的意义是有所期待,跃跃欲试,也可表示着急或寒冷。摊开双手,表示真诚和坦直。用手支着头,显示的意义是不耐烦、厌倦。用手托摸下巴,说明老练、机智。吸烟者用手不停地磕烟灰,表明内心有冲突和不安。突然用手把没吸完的烟掐灭,表明在紧张地思考问题等。又如招手致意、挥手告别、握手友好、摆手回绝、合手祈祷、拍手称快、拱手答谢(相让)、抚手示爱、指手示怒、颤手示怕、捧手示敬、举手表示赞同、垂手表示听命等。可见,丰富的手势语在人们交往间是不可缺少的。

在社会交往中,手势有着不可低估的作用,生动形象的有声语言再配合准确、精彩的手势动作,必然能使交往更富有感染力、说服力和影响力。

在生活中常见的手势有以下几种:

(1) 引领的手势

在各种交往场合都离不开引领动作,例如请客人进门、请客人坐下、为客人开门等,都需要运用手与臂的协调动作。同时,由于这是一种礼仪,还必须注入真情实感,调动全身活力,使心与形体形成高度统一。引领动作主要有以下几个表现形式:

① 横摆式。以右手为例:将五指伸直并拢,手心不要凹陷,手与地面呈45度角,手心斜向上方。腕关节微屈,腕关节要低于肘关节。做动作时,手从腹前抬起,至横膈膜处,然后,以肘关节为轴向右摆动,到身体右侧稍前的地方停住。同时,双脚形成右丁字步,左手下垂,目视来宾,面带微笑。这是在门的入口处常用的让礼的姿势。

② 曲臂式。当一只手拿着东西、扶着电梯门或房门,同时要做出"请"的手势时,可采用曲臂手势。以右手为例:五指伸直并拢,从身体的侧前方,向上抬起,至上臂离开身体的高度,然后以肘关节为轴,手臂由体侧向体前摆动,摆到手与身体相距约20厘米处停止,面向右侧,目视来宾。

③ 斜下式。请来宾入座时,手势要斜向下方。首先用双手将椅子向后拉开,然后,一只手曲臂由前抬起,再以肘关节为轴,前臂由上向下摆动,使手臂向下成一斜线,并微笑点头示意来宾。

(2) "OK"的手势

拇指和食指合成一个圆圈,其余三指自然伸张。这种手势在西方某些国家比较常见,但应注意在不同国家其语义有所不同。如:美国表示"赞扬"、"允许"、"了不起"、"顺利"、"好";在法国表示"零"或"无";在印度表示"正确";在中国表示"零"或"三"两个数字;在日本、缅甸、韩国则表示"金钱";在巴西则是"引诱女人"或"侮辱男人"之意;在地中海的一些国家则是"孔"或"洞"的意思,常用此来暗示、影射同性恋。

(3) 伸大拇指的手势

大拇指向上,在说英语的国家多表示"OK"之意或是打车之意;若用力挺直,则含有骂人之意;若大拇指向下,多表示坏、下等人之意。在中国,伸出大拇指这一动作基本上是向上伸表示赞同、一流、好之意,向下伸表示蔑视、不好之意。

(4) "V"字型的手势

伸出食指和中指,掌心向外,其语义主要表示胜利(英文 Victory 的第一个字母),掌心向内,在西欧表示侮辱、下贱之意。这种手势还时常表示"二"这个数字。

(5) 伸出食指的手势

在我国以及亚洲一些国家表示"一"、"一个"、"一次"等;在法国、缅甸等国家则表示"请求"、"拜托"之意。在使用这一手势时,一定要注意不要用手指指人,更不能在面对面时用手指着对方的面部和鼻子,这是一种不礼貌的动作,且容易激怒对方。

(6) 捻指作响的手势

就是用拇指和食指弹出声响,其语义或表示高兴或表示赞同,或是无聊之举,有轻浮之感。应尽量少用或不用这一手势,因为其声响有时会令他人反感或觉得没有教养,尤其是不能对异性运用此手势,这是带有挑衅、轻浮之举。

手势也会因文化而异,如美国人、英国人面对开过来的车时,右手竖起大拇指向右肩晃动,表示要求搭便车。在其他时候,竖起大拇指,可表示友好、赞赏。但这一手势在澳大利亚和新西兰,则被认为是淫荡之举。此外,不同民族手势的使用频率也不一样,美国人、北欧人对手势的使用比较节制,而中东、南欧和南美人使用得比较多。西欧有一句谚语:"意大利人的双臂如果被截掉,他们宁可不说话",说的就是这种情况。美国心理学家麦克·阿尔基对各国手势语的使用进行了调查,结果发现,在 1 个小时的说话中,意大利人做手势 80 次,法国人 120 次,墨西哥人 180 次,而芬兰只有 1 次。

课堂练习 1

两人一组,其中一人以非语言形式向对方介绍自己,双方都不准说话,整个过程全用动作完成,可以使用手势、目光、表情等非语言手段进行沟通。2 分钟后双方互换角色。然后请大家通过口头沟通的方式,验证刚才的非语言沟通是否准确。

1. 你读懂了多少对方用肢体语言表达的内容?
2. 我们在运用非语言沟通时存在哪些障碍?

4.2.2 肢体语言的使用

1. 用肢体语言表明人们的态度和反应

肢体语言可以代替有声语言。我们现在使用的大多数非语言沟通形式经过人类社会历史文化的积淀而不断地传递、演化,已经自成体系,一定程度上具有替代有声语言的功能。许多用有声语言所不能传递的信息,通过非语言沟通却可以有效地传递。而且,非语言沟通作为一种特定的形象语言,它可以产生有声语言所不能达到的交际效果。在日常工作中,我们也多在自觉或不自觉地使用各种非语言沟通来代替有声语言,传递和交流信息,既省去不少口舌,又能达到"只可意会,不可言传"的效果。

肢体语言可以强化效果。非语言沟通不仅可以在特定的情况下替代有声语言,发挥信息载体的作用,而且在许多场合,还能强化有声语言信息的传递效果。

肢体语言可以体现真相。肢体语言作为非语言沟通的一种形式,能够提供比语言更丰富和更准确的信息。因为语言是经过思考和选择,有意识地表达出来的,属于理性的层面,经过理性加工所表达出来的语言会把所要表达的大部分甚至绝大部分信息隐藏起来。而非语言符号的沟通在很大程度上是无意识的,所载荷的信息往往都在交际主体不知不觉中显现出来,一般是交际主体内心情感的自然流露,与经过人们的思维精心构织的有声语言相比,非语言沟通更具有显现性。非语言沟通在交际过程中可控性较小,因而也能更真实地反映人们的真实情感和态度。正因为非语言沟通具有这个特点,所以,非语言沟通所传递的信息往往可以印证有声语言所传递信息的真实与否。因此,有些人经常出现"口是心非"的情形,实际上所讲的都是假话。因此,正确判断一个人的真实思想和心理活动,要通过观察他的肢体语言,而不是有声语言。因为有声语言往往会掩盖真实情况。

因此,当与一些人沟通时,他们通过口头或书面语言提供的信息中可能并没有表露个人的倾向,而其非语言形式如肢体语言则可能显露其个人倾向,就像很多人是通过手势和面部表情来表露其感受一样。善于观察和诠释这些肢体语言是一项重要的沟通技能。

延伸阅读

肢体语言与情报人员

第二次世界大战期间,据一位服役于德国情报局的人讲,他当时抓获了许多美国的情报人员,依据的线索是:这些人在用餐时,没有严格地训练成欧洲人吃东西用叉子的方法;另外,他们在就座的时候两脚交叉的姿势是美国式的而不是欧洲式的。

肢体语言可以表达情感。非语言行为还起着表达感情和情绪的作用,例如,相互握手表示着良好人际关系的建立,父母抚摸小孩子的脑袋表示爱抚;夫妻、恋人、朋友间的拥抱表示着相互的爱恋和亲密。

2. 根据肢体语言判断对方态度的困难之处

尽管非语言形式往往传递了比语言形式更丰富、更准确的信息,但是正确诠释和解读非语言信息并非易事,因为不是每个人都符合常规模式。有时,肢体语言可以证实所说的话,比如在交谈时,你说的话赢得了对方的微笑和开放的姿势,这说明对方已与你达成共识,但也可能传递出其他信息,即他已经听到了相关内容,并同意付诸行动。如果他看起来很严肃且不苟言笑,那么这意味着什么?他是否会真的按他所说的去做,还是礼貌性的承诺?他的肢体语言是否显示了他真实的感受?对于这些,只有让时间来回答了。还有,你的客户打哈欠,你会思考到底他是觉得无聊还是疲倦;同事们都在笑,你会怀疑他们是不是在笑你;你的上司皱眉是表示不赞成还是全神贯注呢?一般大多数的非语言行为都可能有多种合理的解释,你很难在所有的情况下都能作出正确的判断。

另外在诠释和解读肢体语言时,我们还要意识到文化差异的存在。一些国家的人们可能会避免通过其姿势来提供有关他们感受的信号,因为他们所受的教育告诫他们表露自己的感受是不礼貌的,但在有些地区却相反。

3. 运用肢体语言表示同意或不同意

运用肢体语言表示同意或不同意最常见和最简单的就是点头和摇头。通常点头表示同意、赞成、鼓励、理解、承认,摇头表示否认、反对、不以为然。当然在这一点上同样存在不同文化的差异。在保加利亚、土耳其、伊朗和印度的部分地区,人们就用摆头或摇头表示肯定。

另外,恰当的目光接触,微笑,放松的姿势,身体略向前倾都可能表明认同对方的观点,愿意听对方叙说。相反缺乏目光接触,缺少微笑都可能表明对对方观点的不认同和不感兴趣。

以肢体语言来表示同意或不同意相对于有声语言要更含蓄、更丰富,可以收到不一样的效果。比如,倾听顾客的陈述时,有时以肢体语言来替代赞同与否的简单化表示,效果也许会更好:以"点头"、"微笑"表示赞同,这就不仅是简单的肯定,还是对陈述者的一种鼓励;用"沉默"与"摆头"来表示不赞同,则会挫伤顾客陈述的积极性,从而影响真实信息的获取。

课堂练习2

你的老板对员工说他很欢迎任何能够帮助公司进步的建议。你记住了他的话,并且真的和他预约了会面的时间,准备谈谈自己的看法。你刚开始陈述自己的建议,老板就一动不动地盯着你看,双臂在胸前交叉,下巴肌肉收缩、眉头紧缩。你刚讲完他就迫不及待地站了起来,随便握了一下你的手,毫无表情地说了句:"谢谢你的建议。"

思考和讨论语言行为和非语言行为在传递信息方面的特点和作用。

4.2.3 肢体语言的国际差异

有一些非语言行为是世界通用的,比如表达喜怒哀乐的面部表情基本上在各种文化中是被认同的,但是还有许多非语言行为存在国际文化差异,对于同样的动作、手势、表情、眼神,在不同的文化背景下,人们会有完全不同的理解。例如,美国人用大拇指和食指做成一个圆圈来表示OK,很好,很棒。然而这一手势在其他文化中可能表示完全不同的意义。在一位西方商人和日本商人谈判结束之后,在签订合同时向对方作了一个"OK"手势后,却发现日本商人的态度突然变了。因为在西方人看来,"OK"表示"很高兴我们谈成了这笔交易",但日本人却理解为"他在向我提出要钱的暗示"。因为在日本,"OK"手势就像硬币形状一样,表示"钱"的意思。法国人理解"OK"手势为"零",或"毫无价值";在德国和巴西等国表示作风不检点,因而这一手势非常粗鲁甚至是侮辱性的;在意大利南部的有些地区表示笨蛋;而在保加利亚和比利时,这种手势意味着"你是个不入流的人"。

延伸阅读

"OK"惹的祸

20世纪50年代,理查德·尼克松在当选为美国总统之前,曾经访问过拉美诸国,其本意是美好的,他希望能够通过此次访问缓和美国与拉美国家之间的紧张关系。当他走出机舱时,便向当地等候的人群做出一个美国式的"OK"手势以示友好。

> 结果,让他万万没有想到的是,下面的人们对他嘘声一片。尼克松不知道拉美地区与美国的肢体语言在某些地方有着天壤之别。在当地人眼中,"OK"的手势代表的意思是"你就是一堆狗屎。"

在不同文化背景下对非语言行为的理解差异是普遍存在的。例如,日本人的见面礼是恭敬的鞠躬而不是传统的握手,而中东人首选的可能会互吻面颊。

眼神交流在交际中的功能同样受到文化的影响。中国人看陌生异性时一般避免长时间的凝视以免引起不必要的误会。而法国人则有一种鉴赏似的注视,这种眼光传达了一个信号:虽然我不认识你,但我从心底里欣赏你的美。所以法国男子在公共场合对女士的凝视是人们公认的一种文化准则。中国人在交谈时,双方不一定要不时地直视对方,有时还有意地回避不断的目光接触,以表示谦卑或尊敬。日本人也同样认为,眼帘低垂是一种尊重。许多亚洲女性和非裔美国人在倾听时也不是目光直接注视。而美国人和加拿大人认为,目光接触是兴趣和信任的表示,因此交谈时应该直视对方表示自己坦荡荡,如果缺乏目光接触则意味着没有兴趣或不信任。但是法国人和巴西人典型的持续面部凝视在美国人看来通常是一种挑衅。

对于身体接触,美国人经常互拍后背或以手搭肩来表示友好,但此种行为则无法被避免身体接触的日本人所认同。日本售货员会把零钱放到塑料盘子里以免与顾客身体接触。

世界上不同国家的人们在相互接触时的距离上存在差异。大多数西方人不喜欢距离讲话者太近,他们喜欢所谓的自我空间。如果有人侵犯了他们的空间,他们就会作出糟糕的反应,并采取防御性姿势。

在多数西方文化中,讨论甚至由下属汇报工作时,通常是下属坐着、上级站着,但在大多数东方文化中,则通常是上司坐着而下属站着,因为西方人感觉站着更能控制局面。事实上,站立似乎是西方人社会交往的一种习惯,他们通常站着开会、站着接待,聚会时站着交谈。

一项长达15年的对17种不同文化的谈判方式的研究表明,日本谈判者在谈判中的攻击性最少,他们通常使用礼貌的谈话方式,不经常使用"不"和"你",也不经常保持更多的沉默。法国人谈判的风格最具攻击性,包括使用较多的威胁和警告、打断对方、面部注视,经常使用"不"和"你"。巴西人也同样具有攻击性,与谈判伙伴有更多的身体接触。德国人、英国人和美国人则介于上述二者之间。

有时在谈判中使用非语言行为会避免在多文化背景下因口头沟通而产生的许多问题,从而使谈判进程更加顺利。不过,非语言行为的差异常常是十分微妙和难以辨认的,制约非语言行为的规则大多因文化而异,这不仅使交流变得非常困难,而且也难以准确。

延伸阅读

餐 桌 文 化

在中国餐桌上招待客人的时候,催促客人吃菜和帮别人夹菜是很热情的表达方式。但是在美国,招待客人从来都是主人和客人各有一套餐具,而且在客人需要佐料但离佐料却很远的时候,主人就会通过身边的人把佐料传递过去,自己的身体从来不越过别人的食物。

4.2.4 积极的肢体语言

肢体语言是千变万化和丰富多彩的,对于什么样的肢体语言是积极的,也无法一概而论。但是一般而言,下面一些行为举止总是透露积极的信息:

(1) 灿烂的微笑

微笑可以最直接地展示你的热情开朗,微笑会产生一种类似于化学能量的良好感觉,使人感到亲近和放松。

(2) 前倾的上身

身子前倾表示你跟对方距离很近,并且表明你正在听对方讲话,对其很感兴趣。从对方的心理判断来讲,这是你对他的一种恭维,他会很愿意继续与你交谈,因为他感觉到了你的兴趣和热情。

(3) 互动的眼神

这尤其适用于西方人,他们相信直视讲话者是诚实和真诚的标志。

(4) 点头

表示你在专注地听对方说话,并能理解他所说的内容。

(5) 张开的双臂

张开双臂表明你是热情友好的,并愿意与人接触。在与人交谈时,张开的双臂让他人感觉到你在积极地听他讲话。

4.2.5 消极的肢体语言

就像积极的肢体语言一样,消极的肢体语言也无法一一列举,下面只是简单举一些例子:

① 缺乏目光接触。记住,在认为看着讲话人是不礼貌的国家,这是很正常的。然而,在认为目光接触是礼貌的国家中,没有注视讲话人的眼睛可能意味着这个人不同意讲话人的观点。

② 缺少微笑。这也暗示着不同意。

③ 弯腰驼背。这表明他们不够放松,也暗示着不同意。

④ 交叉双臂。这很明显地表示对讲话人的反对。

⑤ 表现紧张。这表明他们感到不舒服,很可能代表他们不喜欢听对方的话。

⑥ 身体转离讲话者。这充分表明他们不赞成讲话人的提议。

在实际的商务沟通中,人们所表现出来的肢体语言往往是综合的、整体的姿态语言。在人们的信息交流中,采取积极姿态还是消极姿态,对信息交流的内容、形式、深度和广度都有着重要影响。一个人步履有力、目光有神、面部表情自然放松、衣着得体大方,就会给人积极向上的印象。一个人步履迟滞、目光无神、面部表情呆滞、身体紧张不舒展,往往会给人以消极的印象。在前面我们也提到了不良的坐姿和站姿,这些都属于消极的肢体语言。

一个人到底采取积极姿态还是消极姿态,在很大程度上是可以由自己把握的。中国有句古话:"相由心生",就是这个意思。同时我们还需要特别注意的是,个人有意无意营造出来的形象,与别人对这种形象的反应是相互作用的。一个人的姿态语言越好,别人对他的反应就越积极,越倾向于肯定、赞誉,这样就激发他的姿态语言展示得更好。那么,他的姿态语言和周围环境就形成了一种良性互动的关系。相反,一个人的姿态语言越趋向于负面,别人对他的反应就越消极,越倾向于批评、否定,这样就可能越是刺激他的姿态语言向更消极的方向发展。那么他的姿态语言和周围环境就形成了一种恶性循环的关系。俗语说:"他人是自己的镜子。"一个人在实际交流中,一旦发现周围环境对自己不利,众人对自己多作出负面评价时,一定要反躬自问,看看自己是否有问题。

> **延伸阅读**
>
> **最快的面试**
>
> 某公司招聘文员,三位毕业生同时前去应聘。面试前,他们坐在会客室等候。当总经理经过会客室时,看到了这样的情形:两位同学坐在沙发上:一位翘起"二郎腿",而且两腿还不停地抖动;另一位身子松懈地斜靠在沙发一角,两手还攥紧手指"咯咯"作响;只有一位同学端坐在椅子上。总经理非常客气地对坐在沙发上的两位同学说:"对不起,你们二位的面试已经结束了。"两位同学面面相觑,不知何故。

4.3 非语言沟通及工作环境

4.3.1 积极肢体语言的价值

在工作环境下,每个人都是该组织成员之一,个人的行为举止不再单纯属于个人,在一定程度上会体现组织的形象,因此对同事、来访者都必然会带来影响。谁都喜欢与热情友好、有礼貌、尊重人、体谅人、衣着得体、干净整洁、积极向上的人打交道,谁都不喜欢与傲慢无礼、举止粗俗、表情冷淡、衣着邋遢、消极悲观的人打交道。积极的肢体语言会产生正面的影响,对行为人和他所代表的组织都会产生意想不到的价值。

如果来访者到一个公司,看到接待员表现很愉快、很友善,这位接待员会使来访者对该公司留下很好的最初印象。

如果接待员和电梯操作工的表现都是热情而有礼貌的,这些也都会使来访者对该公司留下很好的印象。

最后,来访者在与该公司的员工或领导的沟通中,如果受到的是积极的关注和热情的接待,那么来访者会对该公司的良好印象和评价得到确实的加强。

积极的行为举止或肢体语言可以为公司创造价值,这也正是为什么公司有必要对员工加以培训指导,使他们在工作岗位上能始终展现该组织最佳的一面。因为作为顾客,一般都喜欢与关注自己的组织打交道,而不喜欢与冷待自己的组织打交道。

> **延伸阅读**
>
> **礼仪小故事**
>
> 小故事1:北京的金凤呈祥面包店的收银台放着一张卡片,在顾客结账时都可以看到,上面写着:收银员如果没有给顾客提供购物小票,或者在服务时没有报以微笑,顾客可以拨打以下电话,获得一张面值50元的提货单。

> 小故事2：美国希尔顿饭店创建于1919年，在90多年的时间里，从一家饭店增加到100多家，遍及世界各地，成为世界上规模最大、最负盛名的饭店之一。希尔顿饭店之所以能发展迅速，很重要的一个原因就是创造了"宾至如归"的文化氛围，注重企业员工礼仪的培养，并通过员工的"微笑服务"体现出来。希尔顿总公司董事长唐纳·希尔顿著有《宾至如归》一书，成为每个希尔顿员工的"圣经"。唐纳·希尔顿每天都至少要到一家希尔顿饭店了解服务情况，他对各级员工(从普通服务员到总经理)问得最多的一句话就是："你今天对客人微笑了没有？"他说："请你们想一想，如果宾馆里只有第一流的设备而没有第一流服务员的微笑，那些客人会认为我们给他们提供了他们最需要的东西了吗？如果缺少服务员的美好微笑，就像花园里失去了春天的阳光和微风。假如我是客人，我宁愿住进只有残旧地毯，却处处见到微笑的宾馆，也不愿走近一个只有一流设备而不见微笑的地方……"

4.3.2 消极肢体语言的影响

与积极的肢体语言相反，消极的行为举止带来的不仅是对行为人本身负面的评价，同时也会对周围同事产生不好的影响，对来访者及顾客也会带来对行为人所代表的组织负面的评价。

如果来访者到一个公司，看到的是一名对其工作并不感兴趣的接待员，他对公司的最初印象就是来自这位对工作不感兴趣的人，因此该公司给他留下很不好的第一印象。

如果接待员对眼前的来访者不仅不理不睬，而且兴致盎然地和别人打电话聊天，这种无礼的行为会强化来访者对该公司的不良印象。

当来访者已经过接待处，可能需要坐电梯去某个楼层，如果电梯有操作工，那么他的举止和外表也会影响来访者对该公司的看法。如果电梯操作工正在抽烟或者看报纸而对来访者不理不睬，这会进一步强化来访者对该公司不好的印象。

最后，来访者来到他要见的人跟前。如果这个人只顾抽烟，或者不断地接打电话，或者即使没有电话干扰，时不时地总有员工进来办事，这些都是来访者不想看到的，都会导致来访者对该公司负面的印象和评价。

正因为一个消极的身体姿势会增强或者延续你的消极态度，其他人也会因此而认为你是一个忧心忡忡、戒备心重或者凡事都置身事外的人。所以，你应该常常练习和使用积极、开放的身体姿势。这样不仅有助于提升自信心，而且还会让其他人对你的印象大为改观。

> **延伸阅读**
>
> ### 礼仪小故事[①]
>
> 小故事1：吴先生的离去
>
> 吴先生到某市参加产品交易会，刚到该市，吴先生准备入住一家临近交易会场所的酒店。在与该酒店前台两名服务员办理住宿手续的过程中，两名服务员时常会旁若无人地聊两句，其中一名一直坐着，头也不抬地为吴先生开具相关住宿票据，另一名则靠在柜台边，不时地对着墙面的大理石整理自己的妆容。对此吴先生极为不满，最终离开了这家酒店。

---

① 杜明汉.商务礼仪[M].高等教育出版社. 2010:37-39.

小故事2:一次失败的谈判

小段是某公司营销部职员,在一次与客户谈判中,因中途返回取遗漏的资料而迟到进入会谈。小段入座时,椅子发出很大声响,影响了谈判的正常进行。接着,在听取对方意见时又长时间低头翻阅手中资料,不去看对方的产品演示。谈判进行一小时后,小段开始不耐烦地用手握住下巴,跷起二郎腿不停地抖动,引起与会人员的极度反感。结果谈判以失败告终。

关键词和术语

非语言沟通　肢体语言　面部表情　眼神交流　身体姿势　身体接触　手势语

习 题

一、单项选择题

1. 当一位母亲严厉斥责她的孩子,而又面带微笑时,孩子将会(　　)。
   A. 相信语言信息　　　　　　B. 相信肢体语言信息
   C. 同时相信两种信息　　　　D. 两种信息都不相信
   E. 变得迷惑不解

2. 下面哪些举动能使你给人留下更好的印象(　　)。
   A. 谈话中不使用手势　　　　B. 避免视线接触
   C. 表情严肃　　　　　　　　D. 交叉双臂
   E. 以上都不是

3. 如果你坐在下列位置1的时候,另外一个人坐在哪个位置能够最充分显示出合作的姿态,并最有利于非语言沟通(　　)。

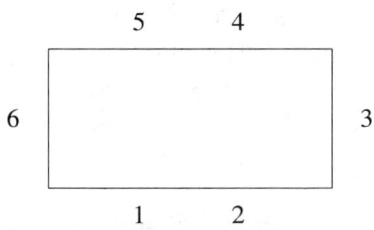

   A. 2　　　B. 3　　　C. 4　　　D. 5　　　E. 6

4. 下面对肢体语言描述不正确的是(　　)。
   A. 言语、动作、态度、眼神都是可以伪装和掩饰的
   B. 眉毛是一个传达感情状态的关键线索之一
   C. 人类的面部表情具有一致性
   D. 大多数肢体语言交流是无意识行动的结果,因而是个人心理活动的最真实流露

5. 据学者统计,高达93%的沟通是非语言沟通,其中(　　)是通过面部表情、形体姿态和手势传递的,38%是通过音调传递的。

A. 55%　　　　B. 45%　　　　C. 65%　　　　D. 35%

二、案例分析题

困惑的女秘书①

一个夏日的早晨，一家IT公司年轻的经理张先生烦躁地坐在汽车里面，看着堵在一起的长长的车流。政府为了解决市民居住的问题，几年前开发了这个庞大的居住小区，但由于规划没有配套，偌大的小区成了"睡城"，市民工作、购物、办事都要到小区之外，而要命的是小区的出入通道又非常少，每天早晚都会经历长达数小时的拥堵。更让他心烦的是随着网络泡沫的破灭，原本蒸蒸日上的公司业务也每况愈下，往日的网络宠儿正逐渐成为市场的弃儿。与新婚妻子的关系也是他头疼的一个问题。一直在IT行业摸爬滚打的张先生已经习惯了一切以工作为中心，不太重视生活细节，而学习艺术出身的妻子则十分讲究生活质量和生活细节。就在早晨张先生刚刚与妻子因为一点生活小事发生了争吵，令他恼火的是直到现在他也不明白发生争吵的原因是什么。到公司时，张先生已经迟到了很久，这令一向严格要求自己和员工的他感到非常沮丧。

张先生的秘书李小姐是最早来公司的员工之一，为公司的正常运转始终努力地工作着。在IT行业一片萧条、裁员不断的时候，李小姐为企业、老板和员工的前途，也为自己的前途捏着一把汗。这段时间，李小姐待人接物尤其谨慎。

当张先生走进办公室时，李小姐一如既往地向他问候早安。但令她没有想到的是张先生居然对她的问候没有理睬，这是从来没有过的事情！整整一天，李小姐都在惴惴不安地猜测自己做错了什么事情，公司里面是否会爆发什么风暴，自己又将如何向家人解释可能发生的一切。

问题：

1. 你认为李小姐的担心是一场误会还是完全有必要的？
2. 你认为产生这种情况的主要原因是什么？
3. 此案例反映了非语言沟通的哪些特点？
4. 本案例对你有哪些启发？

---

① 杨一波. 商务礼仪与商务沟通[M]. 北京理工大学出版社，2009.

第 5 章 群体沟通

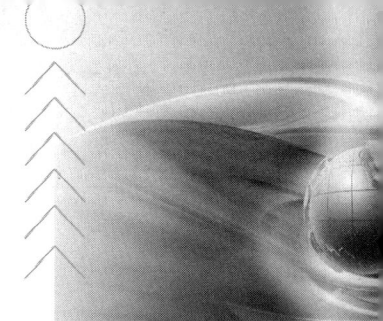

学习内容

1. 群体沟通的性质
2. 群体沟通的机理
3. 积极的沟通风格
4. 会议

学习目标

1. 了解影响群体沟通的因素
2. 理解群体沟通的机理
3. 学习积极的沟通风格
4. 掌握如何组织有效的会议

前面所介绍的沟通主要是个体之间的活动,这种沟通只是沟通的一个方面。群体沟通可能在出现人类之后就出现了。原始人狩猎时估计也要商量怎么围捕猎物,哪些人把守关口,哪些人上山驱赶野兽。随着人类社会的发展,出现了更大更复杂的群体。在当今社会,世界各地每天都在召开着成千上万的会议,然而只有少数会议是有效的,而大多数会议是浪费时间和金钱。或许你就有在会议上浪费时间的经历,你无法理解为什么频频召开这种无聊低效的会议。其实问题在于参加会议的人,而不是会议本身。

本章将着重考察群体沟通的性质与机理,解释为什么会有无效的会议,并且掌握积极的沟通风格,从而使你能成为更有效的会议领导者或参与者。

5.1 群体沟通的性质

5.1.1 群体沟通介绍

群体沟通(communication in groups)指的是在群体内两个或多个成员为了完成特定的任务,在特定环境中进行的相互沟通信息的过程。

1. 群体的定义

群体(group)是相对于个体而言的,是指两个或两个以上的个体,为了达到特定的目标,以一定的方式联系在一起进行活动的人群。一般来说,群体具有这样一些特点:成员有共同的目标和共同的价值观,成员对群体有认同感和归属感,群体内存在特定结构。

2. 正式和非正式群体

一个组织需要完成某项特定的工作，或者要实现某种特定的目标，两个或者更多的个体之间形成社交活动，进而形成对于有关个体的态度、信念、感情，发展成为群体。根据群体是由组织官方成立还是自发形成，可以分为正式群体和非正式群体。

（1）正式群体

正式群体（formal group）是指根据组织正式规定而形成的群体。人们为完成具体的任务、达到特定的目的而聚集在一起，这种群体有统一的规章制度和组织纪律，成员相对固定，有明确的职责分工，有清晰的权利和义务。正式群体一般有明确的议程，群体成员只有在会议主席邀请之下才会发表意见，最后对所发生的事情会作记录。这种群体能够完成个体无法完成的复杂工作，解决需要多种信息和想法的复杂问题，执行具体任务等。如：工厂的车间、部门、科室等都是正式群体。

（2）非正式群体

非正式群体（informal group）是人们在活动中自发形成的，由于共同的兴趣或友谊而聚集在一起，未经任何权力机构承认或批准而形成的群体。非正式群体的存在是基于人们社会交往的需要，依照好恶感、心理相容与不相容等情感性关系而出现的群体。这种群体一般没有正式的结构，没有定员编制，没有固定的条文规范和确定的形式。非正式群体的成员可以随心所欲地就多个议题发表看法，也不对发生的事情作记录。例如同院的伙伴、工厂或学校中存在的一些"小集团"、"小圈子"都属于非正式群体。

课堂练习 1

想想你属于哪些正式群体？属于哪些非正式群体？形成非正式群体的原因有哪些？

3. 个体沟通和群体沟通之间的差异

群体沟通与个体沟通相比，存在一些不同的特点：

（1）涉及人数不同

个体沟通是一对一的沟通想法或观点的行为。每个想法都是个体单独形成，没有与其他成员的合作，在这种情况下需要一定的策略来完成他（她）的目标。群体沟通则是群体成员在一起讨论某个问题。这个群体可大可小，对于成员数量并没有限制，可以是几个人，也可以是成千上万人，是一种多对多的沟通行为。

（2）信息流不同

参与个体沟通的双方之间的信息流动是连续的，根据对方反应存在连续的反馈机制，因此可以更好地了解彼此的想法和意见。相比之下，群体沟通时信息分布在群体成员之间，通过群体成员的有效互动，逐步形成创新性的理念。群体沟通的过程本质上就是为了特定目的进行集体创作、产生各种想法，然后再将各种想法统一成一种声音。例如，一个电视节目的创作团队，在最终呈献给观众之前，必须对剧本内容的取舍达成一致意见。

（3）沟通方式不同

个体沟通是一个个体选择如何去展示自己，包括说话方式、声调、使用的文字或者其他沟通技巧。群体沟通依赖于成员对于该群体目标和文化的理解，所有或大部分的成员都有机会表达他们的想法和观点，每一个成员的参与都是有必要和有意义的，这样可以实现相互理解,使整个群体受益。群体沟通不仅仅要表达自己,还希望影响群体,希望更多的成员支持自己,而不是站在自己的对立面。

4. 群体决策的优点和缺点

决策是在一定历史阶段产生并发展起来的,随着环境的变化,决策也呈现出一些新的特点,其中最典型的就是群体决策受到重视并获得迅速发展。群体决策是为了充分发挥集体的智慧,由多人参与共同分析并制定决策的整体过程。

(1) 群体决策的优点

群体决策的优点主要如下:

① 容易产生更好的决策。俗话说:"三个臭皮匠,胜过一个诸葛亮"。具有良好交流风气的群体比个体独自工作能提出更多更好的建议。群体在决策阶段可以获取更多信息、知识和经验,这种增加的资源使得群体更容易形成正确的结论,做出正确的决策。另外,群体会通过"头脑风暴法"来鼓励个人思考提出建议,人为地增加方案和想法的数量,特别是新颖的、充满想象力和创造性的建议。在把对问题的各种看法集中起来时,就更容易得到高质量的决策。

② 可以接受风险更大的决策。人们在群体决策中往往表现得更加大胆,可以接受风险更高的决策。这是因为人们感到决策责任是由全体成员分担的,而不只是个人承担;并且群体以某种方式给风险赋予"勇敢"、"有魄力"的含义,而害怕风险则被认为是胆小鬼、保守派,通常大家都不愿意做后者。

③ 对所做决策的接受度更高。当人们参与了决策制定过程,人们可以了解决策的性质、背景和需要,因此更能理解为什么这项决策是必要的,特别是自己参与做出的决策,自然非常支持,也会更热情地鼓励他人接受决策,执行起来阻力也更小。群体承诺,意味着每个人都参与了决策,往往能激发群体成员强烈的团队精神。

延伸阅读

头脑风暴法[①]

头脑风暴法又称智力激励法、BS法、自由思考法,是由美国创造学家 A·F·奥斯本于1939年首次提出、1953年正式发表的一种激发性思维的方法。此法经各国创造学研究者的实践和发展,至今已经形成了一个发明技法群,深受众多企业和组织的青睐。

参加头脑风暴法会议的人数一般为5~10人,最好由不同专业或不同岗位者组成。会议时间控制在1小时左右;主持人只主持会议,对设想不作评论,记录员认真将与会者每一设想都完整地记录下来。

头脑风暴法的原则

① 自由畅谈。参加者不应该受任何条条框框限制,大胆地展开想象,尽可能地标新立异。

② 延迟评判。当场不对任何设想作出肯定或否定的评价。

---

① 改编自《头脑风暴法》。
http://baike.baidu.com/view/47029.htm
http://wiki.mbalib.com/wiki/Special:Search?search=
http://en.wikipedia.org/wiki/Brainstorming

③ 禁止批评。每个人绝对不得对别人的设想提出批评意见,发言人的自我批评也在禁止之列。

④ 追求数量。头脑风暴的目标是获得尽可能多的设想,设想越多,其中的创造性设想就可能越多。

头脑风暴法的一般步骤
① 所有的人无拘无束提意见,越多越好,越多越受欢迎。
② 通过头脑风暴产生点子,把它公布出来,供大家参考,让大家受启发。
③ 鼓励结合他人的想法提出新的构想。
④ 与会者不分职位高低,都是团队成员,平等议事。
⑤ 不允许在点子汇集阶段评价某个点子的好坏,也不许反驳别人的意见。

实践经验表明,大家在无拘无束、相互激荡的情形下汇集的点子往往比一般方法所汇集的点子多70%。头脑风暴法可以排除折中方案,对所讨论问题通过客观、连续的分析,找到一组切实可行的方案,因而头脑风暴法在军事决策和民用决策中得出了较广泛的应用。

当然,头脑风暴法实施的成本(时间、费用等)是很高的,另外,头脑风暴法要求参与者有较好的素质。这些因素会影响头脑风暴法实施的效果。

电子头脑风暴

这是一种电脑版本的头脑风暴技术,一般电子会议系统都支持,也可以通过基于浏览器的系统或使用专门软件来实现。当参与者自己输入新想法后,其他人马上就可以看得见,结果以匿名随机的方式展示出来。相比之下,电子头脑风暴不用等待自己的发言机会,一有想法马上就可以输入共享,并且完全匿名,不必担心别人对自己想法作出怎样的评价。《麻省斯隆管理评论》研究表明"对于一个四个人的群体,电子头脑风暴可以提高生产率25%~50%,对于12个人的群体,可以提高生产率近200%。"

(2) 群体决策的缺点

事物的两面性决定了群体决策在具有很多优势的同时,必然存在一些缺点。当然缺点的多少取决于群体的具体情况,比如是否具有良好的交流气氛,是否具备有效的领导者等。群体在决策时必须认识到可能存在下列的缺点:

① 费时费力。群体决策的一个明显的弊端就是协同工作的高成本。群体决策有多个人参加,意见自然也会多种多样。群体决策一般要花去较多的时间去统一认识,所以会使决策的时间延长;在特别紧急的关头,可能会由此而贻误良机。制定日程、安排会议、协调项目的各个部分等,都会花费大量的时间和精力。

② 群体分化。如果某些群体成员的意见未被采纳,则可能会对形成的决策产生抵触情绪,不配合完成工作,团队精神可能会被削弱,造成群体分化,从而极大地降低群体效率。

③ 群体压力。同其他的社会结构一样,群体也会产生巨大的压力,要求大家遵守已经广为接受的行为方式。这些巨大压力使得群体中的个人不会提出相反或是不被大家接受的意见,"从众心理"会让人同意一个平庸的决定,结果群体做出的决策可能比任何一个成员单独做出的决定更糟,产生群体思维问题。

④ 责任模糊。群体决策没有明确的负责人,容易造成无人对决策后果负责的局面。也可能由于决策责任不清,群体做出一些风险过大的决策。

⑤ 个人利益。一个群体要做到齐心协力是有难度的,再加上人性的自私,所以不排除在群体决策中有人把个人利益放在首位,例如有些成员想免费搭便车,不想尽自己的力量;有些成员有着不可告人的目的——比如说想控制群体或是想对其他人发号施令。

延伸阅读

群 体 思 维①

群体决策可能出现的一个问题是群体思维(Groupthink),是指一个群体在决策过程中,由于成员倾向使自己的观点与群体一致,因此令整个群体缺乏不同的思考角度,不能进行客观分析评价。群体思维削弱了群体的批判精神和创造力,会严重损害群体绩效。比如,在群体就某一提议发表意见时,有时会出现长时间集体沉默的状态,没有人发表见解,而后人们又会一致通过。通常是组织内那些拥有权威、说话自信、喜欢发表意见的主要成员的想法更容易被接受,但其实大多数人可能并不赞成这一提议。在这种情形下做出的群体决策往往都是不合理的甚至失败的决策。

最初的群体思维理论是由 Janis 于 1972 年通过对一些解决问题、执行任务的小群体行为的观察,提出了一系列的假设,并将这些假设综合后称之为群体思维。随后,Janis 运用群体思维概念解释了一些美国历史上失败的高层政治和军事决策事件,例如 20 世纪 60 年代的越南战争,尼克松的水门事件等。

群体思维现象有多种症状表现:

群体成员把他们所作出假设的任何反对意见合理化。不管事实与他们的基本假设的冲突多么强烈,成员的行为都是继续强化这种假设。

群体成员对于那些时不时怀疑群体共同观点的人或怀疑大家信奉的论据的人施加直接压力。

那些持有怀疑或不同看法的人,往往通过保持沉默,甚至降低自己看法的重要性,来尽力避免与群体观点不一致。好像存在一种无疑议错觉,如果某个人保持沉默,大家往往认为他表示赞成。甚至缺席者就被看作赞成者。

预防或减少群体思维,首先领导者应该努力做到公正无私,培养一种让大家畅所欲言的气氛,避免过早对某种方案表示偏好;群体成员对不同意见要给以足够的关注;可以指定一位成员,或者邀请局外人参与,专门对其他人的论点提出质疑,对其他人的逻辑提出挑战,并提供一系列建设性批评意见;在最终决定前作一暂停,给成员最后一次机会来确定并说出自己的保留意见等。

 课堂练习 2

你是否有在群体决策中被迫同意某一方案的经历?或者保持沉默,尽力避免与群体观点不一致?你这么做的原因是什么?

---

① 改编自《群体思维》。http://wiki.mbalib.com/wiki/Groupthink

5.1.2 影响群体沟通的因素

1. 群体形成的原因

人们为什么要形成群体工作？因为这是一种以最小成本实现最好结果的方法，其原因可能包括以下几点：

（1）做出更好的决策

群体做出的决策往往比个体独自做出的更好。由于在群体中，个体可以接触到其他成员提供的信息，充分利用每个成员的知识和经验，激发更多的想法。更充分的信息使群体做出的决策往往更加准确和有效。

（2）更高的生产率

群体成员与其他人一起工作，往往比单独工作时更积极主动和有精力，生产率更高，具有不同特长的人可以发挥各自的作用。因此，他们能找到更有效率的方法。

（3）更高的支持率

群体的存在能增强组织的民主气氛，促进员工参与决策过程。相比而言，群体决策含有较少的个人敌意和侵略性，因此决策结果更容易被成员接受，因为群体成员都有成就感，同时也都愿意帮助别人。

（4）更高的员工士气

在群体中，个体的工作热情更加高涨，群体荣誉也成为激励因素之一，工作士气会上升，群体成功时会有更强的成就感和认同感，使人们更加努力地工作。

（5）更小的决策风险

群体成员共同制定决策，使相应的责任被分散了，因而每个人承担的风险更小。

尽管现在非常流行群体决策，但是也有一些公司对此并不认可，他们认为群体决策非常耗时、成本更高，可能被个别人操控，阻止员工承担责任，同时还可能产生降低员工士气和生产率的问题。

2. 群体的影响因素

一个群体在形成时，有些因素就确定下来。在群体存在的时间内，这些因素往往很难改变，也就是说，这些因素对于群体来说是不可控的，这些因素对于群体内发生的一切都将产生影响。例如，为了进行某项工作组成了一个群体，其中的个体对于整个群体如何构成基本上是没有话语权的，对于要进行的工作以及工作的外部环境也是无法能控制的。这些因素主要包括以下几类：

（1）群体规模

我们已经知道，群体越大，群体成员越多，可利用的信息、技能、背景和经验就越多样化；同时，群体越大，个体参与的机会就越少。因此，必须在可利用的知识经验的广度和有利于个体参与之间对规模进行权衡。一般来说，少于 5 个人可能会发生 3∶1 或 2∶2 的分化，在经验多样化和智力刺激方面缺少足以产生良好结果的广度。超过 10 人时，面对面的接触开始发生困难；超过 15 人时则可能使相互谈话完全停止，相互影响及由此带来的创造性被窒息。因而群体合适的规模大概是 5～7 人之间，这种群体能够提供足够多样化的才能和个性，能够富有想象力地解决问题，同时仍可以让人们充分表达想法。

（2）成员的个性和目标

当一个群体形成时,不同的成员会把自己个人的目标,把不同的态度、信念和价值观带入群体。在有效的群体中,全体成员都接受群体的目标,并为取得这一共同目标而工作。群体成员准备在多大程度上对自己的态度、信念和价值观作出妥协,放弃个人目标以支持群体目标,将影响群体参与和相互作用的程度和风格,并最终影响群体生产率和成员的满意度。

(3) 成员原有的身份和角色

当一群人组成一个群体时,他们可能都作为平等的成员,但不可避免的是,每个人都有一个以前的身份,相互之间都有以前建立的关系或友谊。比如某些到场的人在群体之外就互相认识,或者是朋友、上下级。以前沟通的质量和范围将影响他们在群体内的行为方式。

(4) 环境因素

座位安排会影响到群体的表现。成员间距离的接近能增加相互影响,相互间距离很远的大房间会降低凝聚力。把领导者或主席与其他人分开的座位安排会妨碍有效互动,并助长领导者独断专行的领导风格。群体成员更可能与那些坐在附近的人结成小团体,而与桌子另一边的人发生冲突。对此有所了解的领导者在实际安排座位时,就让潜在的对手坐在桌子的同一边而不是对着坐。

会议地点的安排也很有学问。如果会议在管理者的办公室举行,事先存在的地位关系就可能被加强,而在中立的地方举行的会议可以减少这些关系的影响,并使每个人感到他们可保持自我。

现场的设施如灯光、椅子和桌子等东西有时相当重要。在缺少这些东西时,分享各种设施,甚至分享困难,能有助于群体保持一致,"我们都在同一条船上"的想法有助于提高凝聚力。

(5) 群体在组织中或者社会上的地位

群体在组织或社会中的地位会影响它的生产率、凝聚力和士气。没有人愿意属于一个被其他人视为不重要的群体或参加这样的会议。群体对所在组织的影响程度、重要程度、合作程度,都将影响群体的行为和个体成员对群体的态度。

(6) 组织对群体的期望

许多组织希望群体按照某种特定的方式运行,比如组织对举行会议的方式、工作方法、报告和协调都有一套规范。即使群体觉得在某些情况下这些规范并不恰当,但常常不可避免地要遵守这些规范和期望。

(7) 群体的任务

群体任务通常包括分享信息和想法、说服他人采取行动、集思广益解决问题、选择最好的方案并计划行动。其中分享信息的会议通常较大,有较严格的控制,而解决问题的会议要有较高程度的互动,要花比较多的时间。因此,不同的任务要求人们扮演不同的角色。一个常犯的错误是在一个会议上混淆多种不同的任务,会使参会者感到困惑,一会儿希望他们无拘无束地提出想法和交换意见,一会儿又严格限制相互沟通。任务的性质、难易程度、完成时间,都会影响群体成员的态度、工作方式、领导风格等。

3. 群体成员的参与水平

群体成员参与水平是指成员在群体中参与讨论问题、分析决策、完成任务等工作中的参与程度。

群体成员的参与水平越高,越能有效地提高群体的生产率。成员可以感受到领导者的信任,体验出自己的利益与组织发展密切相关,进而产生强烈的责任感;参与管理为成员提供了一个受到别人重视的机会,从而带来一种成就感;成员参与商讨和自己有关的问题,因而受到更多的激励,可以提高工作动机,特别是当他们的一些重要的个人需求得到满足的时候;成员参与可以增强组织内的沟通与协调,服务于整体的任务目标;在员工参与管理的过程中通常包含了对他们的解决问题和沟通能力的训练,能力的提高使得他们在工作中取得更好的成绩。

一般来讲,群体成员参与水平的高低受到如下因素的制约:

(1) 群体规模

群体规模可能直接影响到成员的参与水平,一般来说,群体规模越大,成员参与的机会就越少,成员间的互动也越少。

(2) 可用时间

可用时间是群体在完成任务、做出决策时可以利用的时间。成员参与可能会占用比较多的时间。因此在时间比较紧张的情况下,领导者可能会采取效率更高的方法来实现目的,从而减少成员的参与。

(3) 授权

授权是指提供给群体成员足够的用以决策的权力。这样的权力是多种多样的,例如,工作方法、分派任务、服务客户、选拔员工等。授予员工的权力可以有很大的变化,从简单地让他们为管理者决策提供一定的信息,到员工们集体联合起来做决策,到员工自己做决策。

(4) 信息

信息对做出正确有效的决策来说是至关重要的。组织应该保证参与管理的员工能够获得必要的信息,这些信息包括运作过程和结果中的数据、业务计划、竞争状况、工作方法、组织发展的观念等。

(5) 知识和技能

参与管理的员工,必须具有做出好的决策所需要的知识储备。组织应提供培训和发展计划,以提升员工的知识和技能。

(6) 报酬

报酬能有力地吸引员工参与管理,这包括提供给员工内在的报酬,如自我价值与自我实现的情感,也包括一些外在的报酬,如工资、晋升等。

在成员参与的过程中,这些因素同时发生作用。如果成员具有决策权力,但缺乏必要的信息和知识技能,那么也无法做出好的决策。如果决策权、信息、知识技能都具备了,但并不将参与管理与报酬联系在一起,成员就会失去参与管理的动机与热情。各种条件都具备了,但是群体规模太大,或者时间有限,没有机会发言,也不可能达到参与的目的。

提高群体成员的参与水平在商业社会中的例子就是"雇员参与计划",这一术语首次出现在1979年福特公司与汽车工人联合会签订的一份协议中,标志着管理思想发展到一个新的阶段。近年来,雇员参与在企业管理实践中的应用越来越普遍,很多企业都仿效福特公司,实施了员工参与计划。

> **延伸阅读**
>
> ### 福特汽车公司[①]
>
> 亨利·福特二世对于职工问题十分重视,他启用贝克当总经理,来改变公司雇员消极怠工的局面。首先贝克以友好的态度来与职工建立联系,也善意批评他们不应该消极怠工,并积极耐心地着手解决存在的问题,还和工会主席一道制定了一项《雇员参与计划》,在各车间成立由工人组成的"解决问题小组"。
>
> 工人们有了发言权,不但解决了他们生活方面的问题,更重要的是对工厂的整个生产工作起到了积极的推动作用。兰吉尔载重汽车和布朗Ⅱ型轿车的空前成功就是其中突出的例子。投产前,公司大胆打破了那种"工人只能按图施工"的常规,而是把设计方案摆出来,请工人们"评头论足",提出意见。
>
> 工人们提出的各种合理化建议达 749 次,经研究,采纳了其中 542 项,其中有两项意见的效果非常显著。在以前装配车架和车身时,工人得站在一个槽沟里,手拿沉重的扳手,低着头把螺栓拧上螺母。由于工作十分吃力,因而往往干得马马虎虎,影响了汽车质量。工人格莱姆说:"为什么不能把螺母先装在车架上,让工人站在地上就能拧螺母呢?"这个建议被采纳,既减轻了劳动强度,又使质量和效率大为提高。另一位工人建议,在把车身放到底盘上去时,可使装配线先暂停片刻,这样既可以使车身和底盘两部分的工作容易做好,又能避免发生意外伤害。此建议被采纳后果然达到了预期效果。
>
> 正因为如此,他们自豪地说:"我们的兰吉尔载重汽车和布朗Ⅱ型轿车的质量可以和日本任何一种汽车一比高低了!"福特一辆车的生产成本减少了 195 美元,大大缩短了与日本的差距,而这一切的改变就在于公司上下能够相互沟通。
>
> "雇员参与计划"改变了过去内部管理层、工人和职员之间相互敌对的态度。领导者关心职工,也因此引发了职工对企业的"知遇之恩",从而努力工作促进企业发展。公司赋予了职工参与决策的权力,将所有能够下放到基层的管理权限全部下放,那种命令式的家长作风被完全排除,职工的独立性和自主性得到了尊重和发挥,积极性也随之高涨,为企业带来了巨大效益。

5.2 群体沟通的机理

5.2.1 群体的有效性

1. 影响群体有效性的因素

群体有效性是指群体目标和组织目标的完成情况,以及群体成员的满意度。影响到群体有效性的因素错综复杂,互相制约,一般来说,可以归纳为两个方面:一方面是群体不可控因素,即在群体存在期间很难去改变的因素,包括群体规模、成员的个性及身份和角色;环境因素、群体在组织中的地位;任务的性质、难易程度、可用的时间等,也就是前文所涉及的影

[①] 改编自:《福特汽车公司的人员管理》。http://blog.renren.com/share/308822760/1604153445

响群体的因素。另一方面是群体可控因素,包括领导风格、任务对群体的激励、成员之间的关系及成员行为、成员参与的方式和程度、凝聚力等。

不可控因素对于群体内发生的一切都会产生影响,包括成员参与程度和相互之间的交流、激励模式、领导风格、成员之间的关系等,换句话说,不可控因素影响着可控因素。由于可控因素的可改变性、可操作性,这些因素的改变又对群体有效性产生直接影响,在较短的时间内影响企业的业绩,因而对内部因素的研究就有着非常重要的现实意义(见图5-1)。

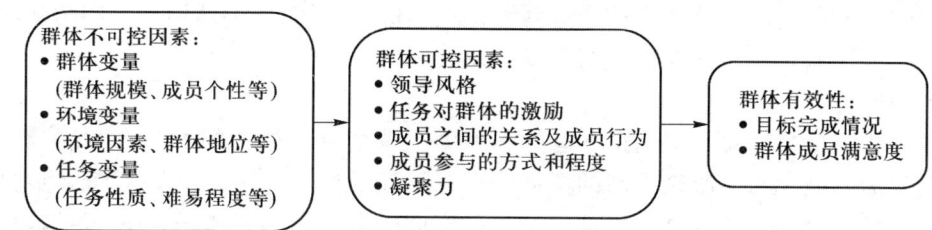

图 5-1　影响群体有效性的因素

（1）领导风格

一个群体的领导者可能是由外部指定的,也可能在群体内部形成,但无论什么情况,领导者都要知道,不同的领导风格对群体的生产率和士气有着很大的影响,可能直接影响到群体有效性。

常见的领导风格主要有三种:民主型、专制型、放任型。每种领导风格可能导致成员的不同的行为方式,带来不同的结果。

① 民主型的领导风格。领导者把权力交给群体,组织成员讨论决策,让他们决定活动方针、工作方法和达到目标的步骤,并给予必要的引导,鼓励他们表达意见,公正地表扬和批评,关心、尊重成员。成员由于得到信任,并且亲自参与决策,所以生产率往往相当高。

② 专制型的领导风格。领导者一人掌握权力,进行决策,制定政策,下达任务,指定合作者,监督下属工作,根据自己的好恶进行表扬和批评,与下属保持一定的距离,没有感情交流。

③ 放任型的领导风格。领导者放弃权力,只负责布置任务,不参与群体成员的活动,也不进行协调、监督、检查、评价,不做积极指示。由于缺乏管理,任务几乎不可能完成。群体成员只关心自己的目标,而不关心群体目标的实现。

（2）群体对任务的激励

为了确保任务的完成,群体需要对成员给予有效的激励,这些激励可能是物质的、外在的,比如报酬、福利,也可能是精神层面的,比如荣誉、自我价值的实现。由于成员个性、背景各不相同,没有一种方法是万能的,因此领导者应该结合具体情况,针对不同的成员,采取不同的激励方法。

（3）成员间的关系及成员行为

群体成员在实现群体目标的过程中,成员之间会出现各种问题。群体活动过程或群体动力涉及诸如士气、气氛、影响、参与、冲突、领导、斗争、竞争、协调等问题。群体活动过程有时是影响群体有效性的主要原因,因此特别值得关注。

群体成员的行为可以分为两大类——执行任务和维持有效的群体。那些提出观点和想法、寻求信息、征求意见等都属于前者,而鼓励和称赞他人、建立标准、服从和表达群体感受则属于后者,有些行为则兼具两种功能,如评价、诊断、调解等。

(4) 成员参与的方式和程度

我们知道,群体规模和可利用时间能极大地影响成员的参与程度。如果群体想更进一步地发挥集体智慧,对问题进行更深入的讨论,就必须有所有成员间的互动,而不仅仅局限于领导者和成员之间。群体互动模式可以是以领导者为中心的高度集中式的,也可以是所有成员之间多方向互动的分散式的。这两种方式无所谓好坏,它们适用于不同的环境,比如大型会议上往往通过主席来严格控制会场讨论。

(5) 凝聚力

凝聚力是一个群体对其成员所具有的吸引力。一个有凝聚力的群体,其成员和群体相互间有更强的忠诚观念。凝聚力高的群体成员一般喜欢相互交往,关心其他群体成员,有问题时互相帮助。尽管这样的群体标准或规范可能更严格,但与那些凝聚力较低的群体相比,其成员感到更能够公开表示不同意见,更加快乐,并且能够更加高效地工作。

2. 影响群体凝聚力的因素

凝聚力是指群体成员感到他们是群体的一部分,并且愿意继续留在这个群体中的程度。凝聚力是循环性的,一个群体一旦具有凝聚力,就能得到许多它所想要的结果,而这又转而使凝聚力得到加强,从而使群体更加有效。群体凝聚力的高低主要受到以下因素的影响:

(1) 成员的一致性

这里的一致性是指群体成员的共同性或相似性。如果群体成员有共同的目标、共同的需要、共同的兴趣爱好,则成员之间的行为表现容易达成一致,群体的凝聚力就更强。应该说,群体成员的一致性是凝聚力的基础,而这种一致性又取决于群体规范的特殊性和标准化程度。

(2) 群体规模

群体规模的大小也是影响群体凝聚力的一个重要因素。群体规模过大,成员之间相互接触的机会则会减少,彼此之间的关系也会比较淡薄,容易造成意见分歧,从而降低群体的凝聚力。若群体规模过小,群体力量不足,又会影响任务的完成。因此,群体的规模,应既能保证群体的工作机能,又能维持群体的凝聚力。一般说,群体规模以7人左右为宜。当人数增加时,凝聚力开始下降。

(3) 进入群体的难度

进入群体的条件不同,有些比较松散,很容易加入,而有些则对进入的条件有些严格的限制。越难进入的群体,成员的优越感和自豪感会越强,因而群体的凝聚力往往也越强。

(4) 群体的领导方式

群体的领导者不同的领导方式会对群体凝聚力产生不同的影响。心理学家勒温(K. Lewin)、利皮特(R. Lippitt)和怀特(R. K. White)等人经过试验发现,采用"民主型"领导方式的小组比采用"专制型"和"放任型"领导方式的小组成员之间更友爱,思想更活跃,态度更积极,群体凝聚力更高。

(5) 群体成员需求的满足

任何一个人参加一个群体,总希望群体能满足其一定的需求,既包括物质上的需求,也包括精神上的需求。群体满足个人需求程度越高,对成员的吸引力就越强,成员就越有归属感。

(6) 群体内部的奖励方式

群体内部的奖励方式对群体成员会产生不同的心理影响,进而影响到群体的凝聚力。只强调个人成功,对个人给予奖励,势必造成群体成员之间的矛盾。研究证明,个人和群体相结合的奖励方式才能增强成员的集体意识和工作责任,进而提高群体的凝聚力。

(7) 外部的竞争和威胁

外部压力也是影响群体凝聚力的一个重要因素。研究证明,当群体遭到外部压力时,群体成员会放弃前嫌,紧密地团结起来一起抵抗外来威胁,从而有利于增强群体成员的团结精神,提高群体的凝聚力。

延伸阅读

唐僧是一个好领导

作为阿里巴巴掌门人的马云,对硬件、软件之类的电脑知识不大精通。他推崇的管理偶像是看似无为却能掌控三位高徒的唐僧。"唐僧是一个好领导,他知道孙悟空要管紧,所以要会念紧箍咒;猪八戒小毛病多,但不会犯大错,偶尔批评批评就可以;沙僧则需要经常鼓励一番。这样,一个明星团队就形成了。"马云认为一个明星团队的价值要大于一个明星领袖。

---

3. 群体发展五阶段模型

你可能觉得,建立一个群体就是简单地选择一些朋友一起工作。然而,当你们一起完成特定的工作任务时,你们之间的关系变得更职业化。在成为一个有效的群体之前,群体发展可能会经历一系列的阶段。

心理学家塔克曼(Bruce W. Tuckman)和詹森(Mary A. Jenson)提出,群体建立后,一般会经过形成、动荡、规范、执行、体整/中止五个阶段,这就是所谓的群体发展五阶段模型。它可以被用来辨识团队构建与发展的关键性因素,并对团队的发展阶段给以解释。

(1) 形成阶段(forming stage)

这一阶段中通过测试确定群体的导向。测试的目的是为了辨识群体的人际边界和任务边界,评估人际技能。通过测试,建立起群体成员的相互关系、成员与领导之间的关系,以及各项群体标准等。在第一阶段,群体在目的、结构、领导方面存在着很多的不确定性。领导风格是指挥式的,要积极与成员分享团队发展阶段的概念,避免一些成员想一下子突破第一阶段直接进入最后阶段的尝试。当群体成员把自己视为群体的一分子考虑问题时,这一阶段就结束了。

(2) 动荡阶段(storming stage)

在第二阶段里,成员们都明确了自己的角色和责任,制定出彼此互动的规则。在这个阶段常常会形成各种观念激烈冲突动荡的局面。一个好的领导应该能限制冲突、控制动荡并提出解决方案。组成群体的个体类型越复杂,动荡阶段就越长。大多数群体在经过动荡期后,就会显现其凝聚力,群体内部出现了比较明朗的领导层级,群体成员在发展方向上也达成了共识。

(3) 规范阶段(norming stage)

随着规则、价值、方法等的建立,一切趋于平静,群体便进入了规范阶段。群体会周期性地检查日程,以便提醒成员工作并完成任务。个体会调整自己的行为,以使得群体发展更加自然流畅,因为他们不愿动摇来之不易的友情以及齐心合力的目标。正式领导变得不再必要,取而代之的是参与式领导,群体出现更大的自治性。密切的群内关系进一步发展,成员彼此合作、信息共享,内聚力增强。当群体结构比较稳定,群体成员对那些正确的成员行为达成共识时,这阶段就结束了。

(4) 执行阶段(performing stage)

这个阶段中团队角色更为灵活和功能化,群体的结构发挥着最大作用,群体运作如一个整体,工作高效顺利地完成,没有任何冲突,不需要外部监督,群体更加具有生产力。团队成员对于任务层面的工作职责有清晰的理解,即便在没有监督的情况下自己也能做出决策。人际结构成为执行任务的有力支撑,信息完全自由流动,任务在规定期限前完成。当然并不是所有的群体都能达到这个阶段,很多问题可能导致群体失败,比如目标不明确、需求不匹配、角色不明确、毫无意义的流程、领导糟糕、反团队文化、缺乏反馈等。

(5) 休整(dorming stage)/ 中止阶段(adjourning stage)

一旦达到执行阶段,还存在一种风险,群体可能失去目标,逐步滑坡到一种舒适自满、充满优越感的休整阶段。群体成员对过去所取得的成就感到满足,总想把挑战留给"别人",满足于平凡的表现。

中止阶段则存在于临时群体,比如临时委员会、特别行动小组或其他类似的群体,它们是为了完成某种具体任务而建立的。在中止阶段,因为任务完成,群体面临解散,未来的不确定性开始回升,群体关注的头等大事不再是提高工作业绩,而是如何做好善后工作。

群体发展五阶段模型的优点是为群体的发展提供了阶段指导,但同时存在其局限性,比如该模型是用来描述小型群体的,忽视了不同机构的背景、成员角色特征;当群体从一个阶段跨向另一个阶段的时候,有可能会发生交叠;现实中的群体发展轨迹也不一定像模型描述的那样是线性的,而有可能是循环式的,偶尔一些群体还会倒退回先前的发展阶段。

4. 贝尔宾的团队角色理论

英国的贝尔宾(Dr. Meredith Belbin)博士在1981年出版了一本书《团队管理:他们为什么成功或失败》,在这本书中他提出了一套团队角色模型,以后进一步完善,形成了贝尔宾团队角色理论(Belbin Team Roles)。其基本思想是:高效的团队工作有赖于团队成员的默契协作,成员必须清楚其他人所扮演的角色,了解如何相互弥补不足,发挥优势。成功的团队协作可以提高生产力,鼓舞士气,激励创新。利用个人的行为优势创造一个和谐的团队,可以极大地提升团队和个人绩效。没有完美的个人,但只要适当地拥有如下九种团队角色,就可以打造完美的团队。这九种团队角色分别为:

① 智多星 PL(plant)。有创造力、有想象力、善于打破常规、解决困难问题。可接受的弱点:忽略小节,不善与普通人交往。在团队中的作用:提供建议,提出批评并有助于引出相反意见。

② 监督员 ME(monitor evaluator)。冷静、有战略眼光、有判断力、看事情全面、善于做出判断。可接受的弱点:缺乏推动和鼓舞他人的能力,过于挑剔。在团队中的作用:分析问题和情景;对繁杂的材料予以简化,并澄清模糊不清的问题;对他人的判断和作用做出评价。

③ 协调者 CO(Co-ordinator)。成熟、自信、可信赖、好主席、能明确目标、能促进决策。

不一定是最聪明的人。可接受的弱点：喜欢指挥别人。在团队中的作用：时刻想着团队的大目标，明确团队的目标和方向；选择需要决策的问题，并明确它们的先后顺序；帮助确定团队中的角色分工、责任和工作界限；总结团队的感受和成就，综合团队的建议。

④ 外交家 RI（resource investigator）。性格外向、热情、健谈、探索机会。可接受的弱点：过于乐观，一时充满热情，很快又失去兴趣。在团队中的作用：提出建议，并引入外部信息；接触持有其他观点的个体或群体；参加具有磋商性质的活动。

⑤ 执行者 IMP（implementer）。守纪律、可信赖、保守、高效、把想法变为行动。可接受的弱点：有些固执。在团队中的作用：考虑什么是行得通的，什么是行不通的；把谈话与建议转换为实际步骤；可靠地执行一个既定的计划。

⑥ 完善者 CF（completer finisher）。吃苦耐劳、尽职尽责、严肃、善于发现错误、守时。可接受的弱点：有时过度忧虑、不愿授权予他人。在团队中的作用：强调任务的目标要求和活动日程表；在方案中寻找并指出错误、遗漏和被忽视的内容；刺激其他人参加活动，并促使团队成员产生时间紧迫的感觉。

⑦ 凝聚者 TW（team worker）。爱社交、温和、善解人意、乐于助人、倾听、营造力、避免不合。可接受的弱点：在棘手环境下优柔寡断。在团队中的作用：给予他人以支持，并帮助别人；打破讨论中的沉默；采取行动扭转或克服团队中的分歧。

⑧ 推进者 SH（shaper）。有活力、外向、易激动、爱挑战、爱施压、困难面前寻找各种办法。可接受的弱点：容易发脾气。在团队中的作用：寻找和发现团队讨论中可能的方案；使团队内的任务和目标成形；推动团队达成一致意见，并朝向决策行动。

⑨ 专家 SP（specialist）。诚实、自我做起、专注、能在急需时带来知识和技能。可接受的弱点：专业领域比较狭窄。在团队中的作用：根据自己的专业领域提供建议。

很少有人只有一种特性，大多数人都是同时具有多种特性，但一般在两到三种特性方面表现突出。

5.2.2 成功会议沟通的要素

会议是群体沟通的重要方式，也是现代商务活动中一个主要的交流意见的场所，人们通过会议传递各种信息，解决问题。尽管现代科技让人们之间的沟通越来越便捷，但会议这种最直接、最直观的群体沟通方式，是其他任何方式难以替代的，因为它最符合人类交流的基本习惯。

事实上很多机构在频繁召开会议，却不能达到目的，反而使问题更加复杂琐碎。正如一位专家所说，每天在全国各地召开的成千上万的会议，只有 1/10 在有效地工作。跑题、缺乏详细的议程、拖延时间被认为是会议沟通中最常见的三个问题。因此，提高会议管理技巧，是获得成功的群体沟通的有效途径。

1. 为会议设定目标

群体面临的问题错综复杂，召开会议的目的也多种多样。会议目标的确定，能帮助会议组织更好地确定会议的规模、等级、参加人员、召开方式等。没有目标就盲目地召开会议，会造成群体资源的极大浪费。概括起来，会议目标大致分为下述几类：① 传递信息，组织培训。② 收集意见，分析讨论问题，形成决策。③ 调节争议，说服对方，解决问题。④ 激发新的创意或观点。

无论会议的目标是什么，要确保目标是清晰的，而这个目标也清晰地传达给了与会人员。尽管有的会议带有多种目标,但理想的情况应该是集中在一个或者两个问题上。这意味着要强调列在会议议程里的信息,提醒与会者注意会议的目标,促使会议的讨论更集中。

2. 制定恰当的议程

会议成败的关键在很大程度上取决于与会者的准备情况。一份有效的议程,应该明确会议的目标,清楚地列明在会议上要讨论的问题及先后顺序。提前将会议议程分发给与会者,可以让他们有足够的时间准备所需的材料,提前考虑将要讨论的问题。

3. 确保合适的人员在场

组织者在确定了会议目标之后,就应当确定与会人员的人数和基本范围。根据会议的目标,结合成本,考虑会议的最佳人数应该是多少,哪些人是必须参加的,哪些人是可来可不来的,哪些人是难以请到的。

参加会议的人数在很大程度上是由会议目标决定的,如表5-1所示。如果会议目标是激励性的,比如销售人员庆典,那么参与人数不应该被限制,销售人员都可以参加。如果会议目标是解决问题或者制定决策,参与人数最好是5人或5人以下,与会人员应该由决策人员和拥有制定决策所需相关信息的人员,以及负责实施决策的人员和决策受益组织的代表组成。如果参加会议的人数过多,只会产生过多的意见和争议,让会议时间拖得更长,无助于问题的解决和最终目标的实现。但是,要切记邀请所有重要的决策者,否则将达不到最终的决策目的。

表5-1 会议目标和与会人员数量①

目标	理想人数
集中解决问题	5人或5人以下
明确问题	10人或10人以下
信息回顾和演示	30人或30人以下
激励性会议	不限

4. 会议主席的技巧

会议主席负责主持会议,明确会议目标,维持会议的秩序。会议主席的角色应该是一个引导者、协调者,负责鼓励不同的与会者发表自己的看法,打断过长的发言,发现讨论的内容跑题之后要及时制止,在会议上尽可能保持公正,避免过早地表露自己对不同方案的倾向性,绝对不能和与会者争论,语言恰当,不应该使用针对个人的有伤害性的词语。

5. 使用有效的肢体语言

会议上成员之间的有效沟通需要充分地使用积极的肢体语言和其他非语言沟通手段,和他人保持恰当的目光接触,别人发言时用点头表示肯定和回应,保持微笑和开放的身体姿态;避免交叉双臂、皱眉、发呆等传递消极信号的动作行为。

6. 群体成员之间的有效互动

作为与会者之一,应该就相关议题积极发表自己的观点,分享自己的信息,切忌垄断话语权或纯粹为了表现自己而发言,要与其他与会者形成良好的互动。运用倾听技巧和观察力增强成员之间的互动,调整自己的行为举止以帮助群体达到目标。

要保证会议当中个体之间的有效互动,应该做到以下几点:

---

① 玛丽·埃伦·伽菲. 商务沟通:过程与结果[M]. 兰天译. 东北财经大学出版社,2009:42-43.

① 会前有所准备,带上会议议程和有关材料,理清自己的思路和想法,准备发言;
② 以积极的态度参加会议,保持声音欢快,发言要给人充满活力的感觉;
③ 认真倾听别人的讲话,关注发言中的信息,并将这些信息与会议目标相联系,不要打断别人发言,显示出对别人的尊重;
④ 体现出自己良好的修养,不要抢着发言,有问题要举手示意,当他人对你言辞不当时,不要表现出愤怒;
⑤ 开会时集中精力,不要把心思放在电子邮件或者手机上;
⑥ 在会议中表达你的观点,不要通过会议后的"补充报告"来批评或评价他人。

7. 将会议信息提前分发给与会者

准备会议一定要提供必要的相关信息,对会议的背景、目标、议题作出说明,这样能够帮助与会者了解正在讨论的事情,避免误解的产生。值得注意的是,这些信息最好提前分发给与会人员,而不是等到会议召开时才提供。会议议程、相关报告和材料最晚应在开会前两天分发下去,以便与会人员提前阅读。为了保持会议的连续性,你可能还要提供上一次的会议记录。

5.3 积极的沟通风格

参加会议的人员包括会议主席和其他与会者。为了保证会议目标的实现,会议主席和与会者都应该采取积极有效的沟通模式,确保信息的顺畅流动和群体目标的实现。

5.3.1 会议主席的风格

1. 会议主席的职责

一般来说,作为会议的主席,需要主持会议、维持秩序、推动群体卓有成效地工作。会议主席有以下职责:

① 主持会议。在会议开始前,主席应该明确本次会议的目标,介绍会议议题,明确讨论范围。当人们了解一项工作后,多数人会做得更好,并能够积极协助决策。

② 维持会议秩序。主席应该明确会议的规则,确保以良好的秩序围绕主题展开讨论,偶尔指导、协调、督促、激励和总结。

③ 促进讨论。在大多数时间内,主席应当以恰当的方式鼓励与会者积极发言。提问不但有助于激励与会者,也是控制讨论的手段,比如可以打断滔滔不绝的讲话者,鼓励未发言者发表意见。

④ 应对"秘密议程"。会议主席应该努力保持讨论集中在会议主题上,避免演变成与会者之间的个人冲突。妥善处理群体成员的秘密议程,否则,个人情绪和人际关系会转移大家的注意力。

⑤ 作出决策。根据群体的结构和讨论问题的性质,主席确定恰当的决策方法,引出解决问题的最佳方案。会议目标达到后就可以结束会议。

2. 一个有效的会议主席的技巧和行为

① 确定会议讨论的主题。
② 明确讨论的范围。

③ 确保与会者不跑题,并且每次只有一个人发言,必要时可以打断讨论。
④ 尽可能公正,绝对不能和与会者争论。
⑤ 确保其他成员能理解会议进展的情况。

5.3.2 其他与会者的风格

1. 各种与会者的职责

与会者是指参与会议的成员。很多时候,有些人往往被想当然地忽略掉了,其实他们才是至关重要的。他们参与讨论、发表意见、参与行动,是整个组织的命脉。

作为与会者,需要做好以下工作:

① 事先准备。提前阅读相关的会议材料,熟悉会议程序,了解会议主题,因为成员拥有的信息质量决定着会议的质量。
② 积极的态度。树立对会议的积极态度,敞开思想,尊重他人,认真听取别人的意见。
③ 积极发言。根据自己掌握的资料和信息,积极参与,围绕议题发言和讨论,要对会议有所贡献,帮助群体达到目标。
④ 行使决策权。以严谨有序的方式行使决策权。与会者不仅要自己发言、听取他人想法,还要对最终的决议进行表决,行使决策权。

2. 有效与会者的特点

① 熟悉议程,充分准备,明确自己的责任。
② 积极参与讨论,发言体现逻辑思维和分析能力,清晰扼要,不偏离会议主题。
③ 以开放的心态,认真倾听别人发言,给予他人发表意见的机会,有能力和意愿适应别人的语言。
④ 认识到交互作用过程是双向的,要灵活和宽容。
⑤ 注意沟通障碍的存在,并努力克服它们。
⑥ 具有恰当的时间意识,考虑会议的安排和地点,在恰当的时间发言。
⑦ 具有合作的愿望,以实现群体目标。

3. 有效与会者的心态

与会者参加会议,可能会展示出不同的风格。但一个有效的与会者,应该具有以下心态:

① 支持的心态。不论是自己发言还是听取别人的意见,始终以群体目标为重,当群体目标与个人目标发生冲突时,能够放弃个人利益。
② 开放的心态。认真听取别人的想法和意见,积极从中获得有利于实现群体目标的信息,即使别人对自己的评价是负面的,也以平和的心态对待,理解对方针对的是你的观点而不是你个人。
③ 参与的心态。积极发言,分享自己的想法和观点,积极从别人的发言中汲取灵感,激发更具创造力的想法,而不是沉默寡言,或者冷眼旁观。

课堂练习 3

回忆一下你最近参加的一次会议,对于会议主席、你自己和其他与会者的表现做一下评价。哪些行为是有效的会议行为?哪些行为是无效的?

5.3.3 决策的方法

群体作出决策的方式极大地影响着群体士气和行为,对于决策的执行效果也有着直接的影响。不同的决策方法各有所长,无所谓好坏,但群体成员对决策方法应该事先达成一致意见。不管什么情况,群体成员应该清楚最终达成的决议,并且会议主席要确保将决议记录在案,因为这是后续行动的基础。

1. 权威决策

权威决策(decision by authority)即处于权威位置的人作出决策或对决策进行变更,如由主席或者领导者决定,其特点是快速高效。当整个团队不能共同达成决策或时间有限时,这个方法很有效,但是有的成员可能没有表态或不赞成,会影响到下一步决议的执行。

2. 多数决策

多数决策(decision by majority)也称为投票决策,当多数成员同意提案时,领导体现民主原则,可以采取多数决策的方式,票多者获胜。例如在十人组成的群体中进行表决,只要六人支持某种观点,即多数通过,一般认为这是一种比较公平的方法。当时间有限,而决策结果不会对反对者造成消极影响时,可以采取多数决策的方式。

多数决策形成决议相对迅速高效,允许多数人对问题发表自己的意见,并且保证大多数人获胜。但多数决策容易导致输赢之争,输方难以尽职尽责和全力投入,并且在小集团范围内的投票会促成人们分派,这样的竞争会影响决议的质量和执行。

3. 共识决策

共识决策(decision by consensus)提供了一种反映所有成员想法的全面的解决方案,团队成员互相沟通、说服对方,并协商达成一个大家都满意的解决方案。共识决策适用于所有成员都不同程度地支持某项提议,且每个成员均有否决权的情况。如联合国安理会在一些重大问题上,只要有一个常任理事国投了反对票,就不能执行。如果决策不那么重要、决策时间有限、团队成员不具备决策所需的足够技巧,则不适用这种决策方法。

共识决策能保证每个成员都有机会发表自己的见解,所有问题和想法都得到公开辩论,能提高成员实施决策的积极性,体现平等原则,并且经过深思熟虑反复讨论,往往产生高质量的决议。但是共识决策也具有一些缺点:需要大量的沟通、耐心的聆听,并理解别人的观点;为确保所有成员都有机会发表意见,必须进行有效的推动,但这相当艰苦;达成一致需要很长时间,甚至具有很大的挑战性。

4. 无异议决策

无异议决策(decision by unanimity)指的是所有成员都表达了自己的观点并最终取得一致意见,对于某一项决策都完全赞同,这种情况比较少见。无异议决策适用于非常重要的提案,要求所有成员都要达到完全一致的情况,这是为了集体的利益,而牺牲个人的想法。当一项决策不是对每个成员都至关重要时,没有必要作出无异议决策。

无异议决策能确保团队所有人都认为所达成的决议是最佳的,确保群体成员公开支持决议,将意见不合和冲突降到最低。但是,由于人和人的想法不可能完全相同,达成无异议决策极其耗时,甚至根本无法形成决议。

5.4 组织会议

5.4.1 会议议程

1. 议程的定义、结构和内容

大多数组织为了解决问题、作出决策,都需要从相关部门选举代表,组成特定的委员会,召开会议进行讨论。根据会议的目标,就可以确定会议的议程。议程列出将在会上讨论的各种事项以及讨论的次序。

会议议程一般需要列明公司名称、会议的名称、会议时间和地点、与会人员。作为一般原则,例行的项目放在议程开始,例如缺席人员致歉、确认上次的会议记录,然后是上次会议以来的进展情况,接着是需要讨论的新问题并作出决策,最后是讨论其他事项和商定下次会议的安排。如果议程中包括一些非常简短或紧急的项目时,先安排它们,余下的会议时间专注于比较费时的事项。

现在,我们举一个例子,说明正式会议事项的常见顺序,如图5-2所示。

Global Electronics 公司 2012 年度财务会议
会议议程
(2012 年 8 月 7 日在八楼第三会议室召开)

1. 缺席人员致歉。
2. 对上次会议记录的确认。
3. 上次会议记录引出的问题。
4. 财务委员会报告。
5. 财务主管报告。
6. 关于公司新预算草案的讨论。
7. 其他事项。
8. 下次会议的安排(日期、时间、地点)。

图 5-2　会议议程示例

2. 安排议程的注意事项

① 对议题的安排应认真考虑,以保证最好的逻辑顺序。议程中的每个项目应用数字排序。如果出于某种原因需要变动项目,在会议开始时主席应说明理由。

② 安排议程要考虑在有限的时间内可达到什么目标。议程不要安排得太紧,讨论的问题不宜太多,否则可能会造成会议超时、仓促决策或者不能做出决策,反而降低了效率。

③ 讨论上次会议的问题时,引用该次会议的日期和会议记录的编号是一个好习惯。这种方法有助于新成员了解以前的情况。

④ 将参考资料作为重要的支持性文件,可附在相关项目后面,也可以列一个简短的清单放在议程后面。

⑤ 议程最后要确定下次会议的日期、时间和地点。

3. "秘密议程"的概念

在有效的群体中,全体成员都接受群体的目标,并为达到这一共同目标而工作。然而,有些人来到群体时,都带着自己的目标,有时被称为"秘密议程"。

① 想引起别人(或许是某个上级)的注意。
② 保护自己所代表的群体的利益。
③ 利用会议贬低对手。
④ 掩盖过去的错误或表现出的无能。
⑤ 结成特别同盟。
⑥ 把会议作为个人消遣或追求个人成就的舞台。

5.4.2 有效地组织会议

1. 规划会议并安排会场

规划会议是指会议前期的一系列策划准备,包括确定会议日期、地点、会场布局、会期、预算等。对于工作会议来说,安排在上午往往比午后效果更好。选择和确定会议地点和场地需要考虑成本、距离以及适应会议的目标。对于大型会议,会议室的数量、停车场、餐饮、视听设备、复印,甚至卫生间都是需要考虑的因素,最好能提前进行一次实地考察。

2. 准备会议材料

为了顺利地召开会议,组织者在会前应该根据会议目标确定会议议程,并收集和整理与议题相关的信息,有必要的话应装订成册。如果内容太多,可以以要点摘录的形式准备会议文件。注意应该在会前将会议议程和整理好的文件分发给与会者,以便大家对将要讨论的问题事先有所准备,一到会场就可以直接讨论并表决。这样可以大大缩短会议的时间,提高会议的效率。

3. 邀请与会者

针对不同类型和目的的会议,采用不同的原则邀请与会者。参加会议的人员可以分为两类,一类是必须参加的,比如会议的决策者、对决策产生重要影响的人员、执行决策人员,沟通信息会议中发言人和沟通对象;另一类是随意参加的,可以根据自己的兴趣决定是否到场。参加会议的人数也不是多多益善,人数过多会给会议控制带来问题。

延伸阅读

乔布斯对"开会"的看法[①]

苹果公司鼓励大家思考,但凡事要简。这也就是说,如果你感觉要像在其他大公司学到的那样说话或行事,那最好是在自己家里这样做。会议规模就是一个好范例。一次,TBWA\Chiat\Day 公司作为苹果的广告代理,我们就必须在每隔一周的周一与乔布斯开会。在通常情况下,这些会议都没有正式议程。我们会向乔布斯汇报工作进展情况,他则向我们分享听到的新闻。

这些会议的被邀请者均寥寥无几。在广告代理方面,包括了创意人员、客户总监和

---

① 摘编自:Segall K. Insanely Simple: The Obsession That Drives Apple's Success[M]. Portfolio, 2012.

> 媒体总监。苹果公司方面出席会议的是乔布斯、高级营销副总裁菲尔·席勒(Phil Schiller)、产品设计的高级副总裁乔纳森·艾夫(Jony Ive)、营销传播副总裁艾伦·奥立佛(Allen Olivo)和创意总监浅井弘纪(Hiroki Asai),并按规定邀请了数位特邀嘉宾。
>
> 　　在一次会议中,苹果公司方面突然出现了一名我不太熟悉的女性,我已经想不起她的名字,因为她再没有出现在我们的世界中。为了把这个故事讲完整,让我们称她为"洛丽"。当洛丽选定座位坐下之后,乔布斯悄然走进了会议室。因为乔布斯善于交际,因此我们先聊了几分钟,然后会议正式开始。乔布斯用眼睛环顾了一下会议室,然后说:"在我们开始之前,让我先向你们提供一些新消息。首先,我们谈谈 iMac……"突然他停了下来。他的眼睛盯在了会议室中以前从未出现的一个人身上。盯着洛丽,乔布斯问:"你是谁?"
>
> 　　洛丽首先感到有点惊愕,然后平静地回答她被邀请参加会议,是因为她参与了我们讨论的一些营销项目。乔布斯当然也听说过此事,但是他回答说:"我认为我们不需要你参加这个会议。谢谢。"随后,就像这件事没有发生过一样,乔布斯又开始了他的会议讲话。可怜的洛丽只能拿起物品,从凳子上起身悄然离开会议室。
>
> 　　乔布斯一直在积极地反抗他认为代表着大公司想法的任何行为——即便是苹果公司已经成为了一家大公司多年。他清楚地知道,最聪明的人和最具有创造性的一小部分团队,让苹果公司实现了如此炫目的辉煌,而其他不打算对此进行改变。当他组织召开会议时,他希望参与会议的每个人都积极参与讨论,他不需要听众。
>
> 　　乔布斯说:"许多业务都遵循着一个错误的理论:项目越重要,参与该项目的人就必须越多。"

4. 会议的正式规则

无论是何种会议,都有一些关于细节的规则,包括发言顺序、提出新的议题、投票等。超过 20 人的大型会议,通常采用正规方法根据议程安排会议议题、控制和引导会议。这类的正式程序是为了帮助维持会议秩序,否则会议可能变成一场混乱不堪的闹剧。

5. 会场布置

会场环境要考虑温度、桌椅舒适度、灯光与通风设备等;会场布局需要根据会议目的、性质和与会者人数来选择适当的桌椅排列方式。

常见的会场布局如图 5-3 所示。

现代的会议往往需要使用一系列辅助设备,如多媒体电脑、投影机、影碟机、录像机、视频展示台、电动屏幕等,一些大型会议室还配备了同声传译系统、电子表决系统、大屏幕投影、多画面切换系统等,还有有线无线麦克、音响系统、灯效控制系统,会议记录用的摄影、摄像、速录、录音设备等,有些可能很复杂,需要专业人员来控制。在会议开始之前,对所有的设备应该提前调试,确保能够正常运作,并且数量要足够。除此之外,还应该准备一些备用设备,以应对突发状况。

6. 进行详细的会议记录

会议记录用来概括会议所讨论的要点,并被存档以供今后参考。会议记录明确记载将要采取行动的计划,完成行动计划的时间进度,以及相关人员应该承担的责任,也是后续跟踪、检查进度、监督成效的依据,对于执行会议的决策,甚至对下次会议的召开都有着密切的关系。

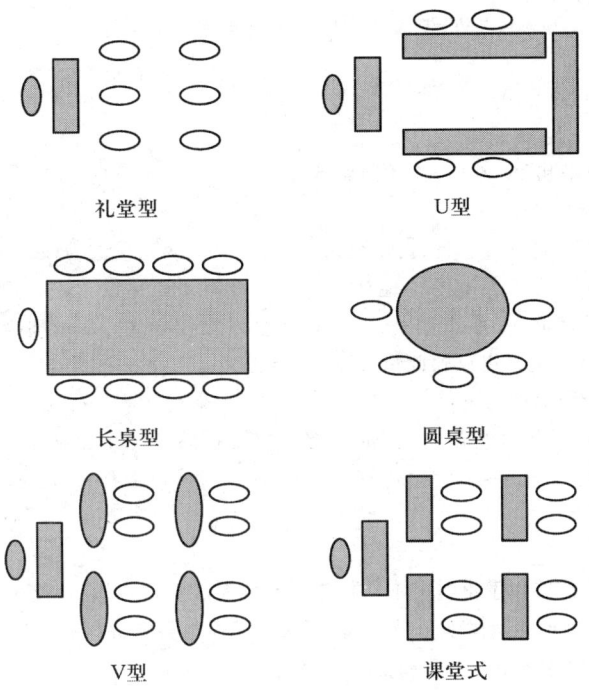

图 5-3 常见的会场布局

会议记录通常遵循一个标准格式,并且只是在会议议程上添加一份简明报告,提供有关事项的细节,并附带有关发生事情的简要记录。会议记录需要列明会议名称、公司名称、参加会议的人员、会议的时间和地点;缺席人员名单;对上次会议记录认同或者更改;对新议题讨论过程和决策,决策采用的方法,比如是投票还是共识决策;不同成员的意见;下次会议的时间和地点等(参见图 5-4)。通常,会议记录的任务由会议秘书担任,可以采用笔记方式记录,也可采用电脑直接记录,或同时采用录音、拍照或摄像方式。

7. 时间控制及结束会议

你肯定也经历过那种让人头疼的会议,本来很简单的事情,结果一拖再拖,一两个小时过去了,还在喋喋不休。很显然,这不是有效的会议。这种会议的问题可能在于会议主席对于时间控制存在问题,在会议开始前首先应该制定基本的规则,为与会者建立一个需要遵循的会议行为标准,从而提高会议效率。比如规定每个人发言的时间限制,时间一到就要结束发言;别人发言时不要打断,有意见等别人说完再提;讨论内容不要偏离主题等。

8. 电话会议和视频会议

目前,信息技术的发展已经使得人们可以足不出户就能一起召开会议。电话会议通过电话线路实现多方同时通话,视频会议则采用视频信号连接两个或者更多的不同地点的会场,交流时相互可见,而不必把他们召集到一起。视频会议和电话会议的最重要的优势就是成本低廉,并且可能在很短时间内就能举行一次会议。但是这种会议气氛往往不如现场会议,成员之间沟通的机会也相对较少。

> **KoKi 公司健康与安全委员会会议记录**
> （2008 年 8 月 7 日在委员会会议室举行）
>
> 　　与会人员：D. Cheu 女士，Y. Dong 小姐，J. Jie 先生，H. Lee 先生，X. Lei 女士，R. Leng 小姐，Z. Ming 先生，K. Wong 先生。
> 　　1. 来自 T. Tang 小姐和 Y. Zie 先生的缺席致歉
> 　　2. 对上次会议记录的确认
> 　　上次会议于 2008 年 7 月 6 日举行，会议记录已提交。Wong 先生认为该记录有失准确。根据第四项记录，委员会支持任命一名新督察员。他认为委员会没有对此建议达成共识。Jie 先生同意上述说法，并补充说这件事应由 Dong 小姐来调查，并在这次会议上作报告。Dong 小姐表示认同。其他与会者表示同意，并就更改会议记录以反映此情况达成一致意见。
> 　　3. 由上次会议记录引出的问题
> 　　Dong 小姐在报告中称，她已调查了再任命一名新督察员的必要性。她已向总经理咨询过，并且研究了现任督察员的工作量。他们都认为另任命一位督察员对公司是有利的。接下来，该建议得到委员会的支持。
> 　　4. 消防演练
> 　　Jie 先生就上次消防演练作了报告。工厂在三分钟内完成人员疏散，速度之快是前所未有的，对此他十分高兴。Leng 小姐则抱怨消防演习带来的扰乱，但其他与会者提醒她举行演习是一项法定义务，并且万一发生火灾就显出这种演练的重要意义了。
> 　　5. 急救证书
> 　　Lei 女士报告称最近已经有四名员工被授予急救证书，至此公司每个部门持有急救证书的员工数目都已超过最低限度要求。委员会主席为此向 Lei 女士表示祝贺，同时建议将该消息传达给公司的公关部，看是否能够用它来为公司做宣传。
> 　　6. 无烟政策的强制实施
> 　　Cheu 女士报告了近期公司楼宇内强制禁烟所引发的问题。委员会主席解释说这是公司的政策，员工必须遵守。他要求由 Cheu 女士、Lei 女士及 Jie 先生组成一个小组，举行会议并就违背该项政策者应采取的制裁措施提出建议，并在下次委员会会议上报告进展情况。
> 　　7. 工业伤害
> 　　Leng 小姐汇报，自上次会议以来没有出现工伤事故。
> 　　8. 其他事项
> 　　Jie 先生询问有关改进洗手间设施方面取得的进展。委员会主席表示他将向建筑工人询问新的洗手间何时竣工，并向下次会议报告。
> 　　9. 下次会议的日期及时间
> 　　会议同意下次会议定在 2008 年 9 月 8 日下午 4 点召开。

图 5-4　KoKi 公司健康与安全委员会会议记录①

　　如果视频会议是位于不同的地区，那么在筹备会议时要考虑时区问题，你的白天可能是对方的晚上；另外要注意不同文化的差异，是否是对方的宗教假日等，是否需要翻译，由于视频会议可以相互看到，也有必要考虑着装礼仪。

---

① 改编自：剑桥大学国际考试部. 商务沟通方法与技能[M]. 张灿鹏编译. 中国财政经济出版社，2011：90-91.

关键词和术语

群体　群体沟通　正式群体　非正式群体　群体决策　群体有效性　权威决策　多数决策　共识决策　无异议决策　议程　秘密议程　会议记录

习　题

一、单项选择题

1. 非正式群体建立的标准是(　　)。
   A. 个人兴趣　　　　　B. 公司规定　　　　　C. 领导要求　　　　　D. 群体议程
2. 群体决策的优点是(　　)。
   A. 能让所有成员都很高兴　　　　　　B. 能做出更好的决策
   C. 决策责任明确　　　　　　　　　　D. 自己在群体中可以更加低调
3. 理想的群体规模为(　　)。
   A. 3人　　　　　　　B. 5～7人　　　　　C. 10～20人　　　　　D. 多多益善
4. 群体发展五阶段模型的顺序是(　　)。
   A. 形成、动荡、执行、规范、中止　　　B. 动荡、形成、规范、执行、中止
   C. 形成、动荡、规范、执行、中止　　　D. 动荡、规范、形成、执行、中止
5. 下列有利于会议有效沟通的是(　　)。
   A. 趁别人发言时抓紧时间阅读议程
   B. 对别人发言不感兴趣时,拿出笔记本电脑处理一下邮件,提高工作效率
   C. 不同意他人意见时用皱眉、厌恶的表情表示自己的想法
   D. 积极发言和倾听他人意见
6. 会议主席在会议上应该(　　)。
   A. 保持自己的绝对权威
   B. 随时打断自己不喜欢听的发言,发表自己的看法
   C. 引导发言,控制会议按议程进行
   D. 加入对立争吵的一方
7. 群体决策中效率最高的是(　　)。
   A. 权威决策　　　　　B. 多数决策　　　　　C. 共识决策　　　　　D. 无异议决策

二、案例分析题

KK公司准备在办公楼内召开一次本公司的新产品上市前的研讨会。参加人员包括公司总经理、副总经理以及研发、营销、财务等部门的代表。总经理让秘书部门负责安排,会上要放映资料电影,进行产品操作演示,而公司没有放映机。租借放映机的任务交给了总经理秘书刘小姐。会议召开的时间是8月9日上午10时整,而资料放映的时间是10时15分。刘小姐打电话给租聘公司,要求租聘公司在9日上午9时45分必须准时把放映机送到公司的会议厅。

9日上午,秘书们正在紧张地做着最后的准备工作。刘小姐一看表,呀,已经9时50分了,放映机还没有送到。刘小姐马上打电话去问,对方回答机器已送出。眼看着时间快到

了,刘小姐心急如焚……

问题:

1. 如何才能组织有效的会议?
2. 对于这样的会议,请你拟定一个会议议程。
3. 召开这样的会议前,在准备会议所需资源方面应该注意些什么?
4. 假如你是刘小姐,面对这种情况,应该如何处理?

第 6 章 书面沟通

学习内容

1. 有效的商务文档
2. 书面商务沟通的类型

学习目标

1. 了解书面文档的优缺点
2. 了解书面文档的主要类型
3. 掌握不同商务文档的主要特点和使用情况

　　书面沟通是一种传统的沟通形式,古来就有"鸿雁传书"的典故,"八百里加急"快马公文的故事。随着现代通信技术的不断发展,电话、网络等通讯工具的普及,生活节奏不断加快,人们对于书面沟通越来越"荒废"了。但是在商务活动中,函电、合约、商业票据等都需要以书面形式沟通,这是不可或缺的。

　　所谓书面沟通,就是指利用书面文字、图形等信息载体,在人们之间进行信息传递和交流的沟通方式。书面沟通在表达思想、传递想法、交流情感、布置任务、履行合约等各方面都具有其他沟通方式所不能替代的重要功能。

6.1 有效的商务文档

6.1.1 书面沟通

1. 书面文档及其优缺点

　　在商务活动中,往往涉及很多种书面文档,比如从最初的询价函、报价函,到双方商定的合约,后期的运输、结算,都离不开书面文档。即使在公司内部,备忘录、通知、报告等也往往以书面形式出现。书面文档是实现组织目标、与顾客建立良好业务关系、实现外部沟通的重要途径。可以说,离开书面文档,商务活动都无法开展。

　　与其他沟通形式相比,书面文档具有以下优点:

　　① 书面文档可以长期保存,沟通信息不容易受到其他"噪音"干扰,可以作为法律上的证据。通常书面文档的发送者和接收者都有记录,如果一方对信息的内容存有疑义,都可以在事后查证,对于复杂重要的沟通来讲,这是非常重要的。

　　② 书面文档易于复制,可以将信息传递到更远的空间距离。通过邮寄、快递等形式,书

面文档信息可以被送到不同的地方和不同的接收者手中。

③ 书面文档适合陈述事实、表达意见、传递困难或复杂的信息,在发送前可以进行认真仔细的计划和文字推敲。

同时,书面文档也有一些缺点:

① 读者被动接受信息,缺乏交互性。与口头沟通相比,书面文档条理更加严谨,但是缺乏信息反馈机制,信息发送者无法确保信息传递给预期的接收者,也无法知道对方对信息的理解是否是发送者原来的本意,可能需要花费很长的时间才能得到结果。

② 针对书面文档的不同载体,信息传递速度可能差别很大。纸质书面文档的传递需要人工寄送,耗时较长,传递速度相对较慢,还可能出现丢失等意外现象。传真、电子邮件等载体基本上达到实时性,非常迅速,大大改善了书面文档的传递速度。但对于电子文档是否具有纸质文档同等的法律效力,不同国家可能存在不同的法律规定。

③ 书面文档缺乏热情和个性,无法使用非语言沟通技巧辅助交流。

2. 撰写书面商务文档前的准备

由于商务文档以书面形式存在,是一种商务活动的重要档案和证据。"工欲善其事,必先利其器",在开始撰写商务文档前,需要事先进行一系列的准备工作,明确写作的目的、调查研究、搜集整理相关材料。

明确写作目的。写作开始之前,必须很清楚自己为什么要撰写商务文档,对于写作文档希望传递的信息必须非常明确。例如,如果顾客来信投诉,要求赔偿,而你认为责任不在你们公司,无法满足顾客要求,那么你写信的目的就是在尽可能不损害双方关系的基础上拒绝对方。

进行必要的研究。回顾一些商务文档写作的背景,比如写信的话可以翻阅一下先前的信函往来。花一些时间了解你的读者,是什么类型的读者?他们在你的文档中希望得到什么信息?根据不同情况,选用恰当的书面沟通形式。

搜集相关资料。"巧妇难为无米之炊",没有材料,即使你水平再高,也是无法写出书面文档的。沟通者搜集的材料是形成其观点的基础,又是表达其想法的工具。比如撰写一个书面报告,你的资料来源可以包括朋友、同事、图书馆、数据库、顾客和供应商、行业协会、会议和展览,获取资料的方式可以通过事实研究、面谈、问卷调查、观察记录或者其他。

组织文档。组织就是全篇各部分的组织安排和布局方式的总体设想,旨在合理运用材料,传递沟通信息,构成一个逻辑条理的有机整体。根据人的记忆规律,人们往往容易记住文章的开头和结尾部分。因此,有效的信息组织应该将重点放在文档的开头和结尾。

整理材料。前期收集的材料往往是杂乱无章的,需要经过筛选、删减、合并,按照一定的逻辑组织起来,合理运用,才能形成一篇有效的书面文档。

3. 撰写书面商务文档的注意事项

不同的公司和机构,不同的商务文档,往往具有不同的格式和布局,因此在撰写时需要注意,遵从商业惯例,给读者传递一种积极的公司形象。

(1) 排版风格

很多公司和机构都为员工提供标准的排版和设计指南,或者在字处理软件中提供模板和宏,以帮助他们为书面文档选择正确的结构和布局,而这种结构和布局对于这家公司来说是非常典型的,也就是该公司的"排版风格"。

这种排版风格通常很有帮助,公司和机构可以确保所有的员工都在以统一的样式提供文件,有利于保持公司统一的对外形象。有时你可能觉得想对公司排版风格做一些修改,以适合个人需要,在这种情况下你应先征得同意,因为设置排版风格的目的就在于防止员工"各行其是"的做法。

(2)职业形象

作为商务活动中书面沟通的主要载体,商务文档的外观形式、内容组织、语言文字处处都体现出该公司或者机构的对外形象。

首先是信封和信纸的质量、颜色、设计,这是留给读者的"第一印象"。其次,干净整洁的外观也是非常重要的。此外,页边距、行间距、段落、字体都要经过精心设计,给人赏心悦目的视觉效果。第一印象的作用相当大,一封精心设计的商务文档可以带来巨大的经济效益和良好的社会效果;反之,则会破坏公司形象,甚至带来经济损失。因此,撰写商务文档时一定要熟悉商业惯例,符合职业规范,充分彰显积极正面的职业形象。

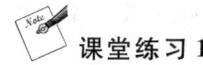

课堂练习 1

你所在的组织是否存在一个排版风格?你们部门是否遵从这一风格?这个排版风格给人的印象是怎样的?

6.1.2 内部和外部的书面沟通

根据沟通对象的不同,书面沟通可以分为内部书面沟通和外部书面沟通。

1. 内部书面沟通

内部书面沟通,是指组织内部人们相互之间的书面形式的沟通。在公司企业日常管理中,涉及制定规章制度、编制各种计划、发放各种通知等,不同部门的员工需要互相沟通,通常会用备忘录。事实上,很多员工可能没机会撰写正式的商业信函,但是一定有机会撰写内部的备忘录。

大体来说,内部书面沟通包括三个方向的沟通:

① 上级与下级的书面沟通。包括向员工发布指令,告诉员工该做什么;或者向下级传递信息,包括产品信息、安全法规,还包括薪酬、休假等福利信息。

② 同级员工之间的互相沟通。包括在同一部门和不同部门的相同级别的员工之间的相互信息沟通。

③ 下级向上级汇报的沟通。包括完成上级下达的任务之后的情况汇报,对某个问题进行调查研究的结果汇报等。

2. 外部书面沟通

外部书面沟通是公司机构与外部利益相关者之间的书面沟通。这些利益相关者包括公司的供应商、客户、银行、政府、竞争者等。比如公司对外发布财务报告、对外信函的联系、签订合约等。这些书面沟通是企业与外部环境信息交流的重要桥梁与纽带。

6.2 书面商务沟通的类型

6.2.1 备忘录

备忘录(memorandum)一词来源于拉丁文 memorare,字面意思就是"一件要记住的事情"。当然,现在备忘录也在发挥着"备忘"的作用,但已不限于此,备忘录已经成为组织内部进行日常信息沟通的一种主要方式。

备忘录可以手写,也可以打印,或者用电子形式传送。备忘录没有信件的隐秘性强,因为它们是公开的,并且发布的方式是非正式的。在有些组织里,电子邮件、博客和其他的电子媒介已经在很大程度上取代了纸面的备忘录。

1. 备忘录的性质

备忘录是一种常见的内部书面沟通的形式,通常比较简短,只针对一两个问题,可以通过公司内部邮寄系统或电子邮件系统发送。

备忘录一般会注明组织的名字,并有备忘录(Memorandum 或 Memo)字样如图 6-1 所示。

Global Electronics

Memo

收 件 人 To   :Roger Myer,David French
发件人 From   :Rebecca Smith
主题 Subject   :新产品鉴定会
日期 Date   :July 11,2012

本月的新产品鉴定会将于7月15日上午9点在第三会议室召开。如不能参加,请与我联系。谢谢!

图 6-1 备忘录示例

2. 备忘录的目的
① 向收件人索要自己所需要的各种信息。
② 给收件人提供对方需要的信息。
③ 给收件人提供文档、合约或者其他材料。
④ 向收件人报告各种交易情况。

3. 备忘录的组成部分。
① 收件人。收件人可以有一个或多个,列在 To:栏目中。如果人数太多,可以在 To:后面写明 See Distribution,在备忘录的最下方再列出完整的名单。
② 发件人。列在 From:栏目中,也就是备忘录的写作者。
③ 主题。主题行概括备忘录的主要内容,要求简短精练,可以让收件人在最短的时间内了解备忘录的主要内容,也便于备忘录的归类存档。

④ 日期。备忘录中的日期是不可缺少的部分,所有的商务文档都必须有日期,这是至关重要的。注意月份应该完整地拼写出来,而不应该使用缩写。

⑤ 机构名称。有些比较大的公司,由于有多个分公司和很多不同的部门,可能要求备忘录中包括发件人和收件人所属的部门、电话、电子邮件地址等。

⑥ 正文。备忘录中不使用称谓和结束语,使用基本的礼貌用语即可。排版风格因公司而异。一般备忘录的语言更加精炼直接,没有客套话,直奔主题。

⑦ 签字、附件、抄送等。大部分备忘录不需要签字,比较长的备忘录除外,但一般也只是签写名字的首字母,而不需要签全名。如果是电子邮件形式发送,惯例是在邮件末尾打上你的名字。如果有附件、抄送等,也需要在备忘录中列明。

4. 备忘录的写作风格

备忘录的写作风格没有一定之规,往往因人而异,因公司而异,但一般取决于写作内容的性质、发件人和收件人的关系、收件人的个性和职位等因素。

如果是一个公司高层写给全体员工的指示,语言往往比较严谨,而同一个办公室同事之间可能用词就非常随便。一般下级写给上级的备忘录,语言更加礼貌客气,比如对于回复的期限不应直接限定,而应该以更加委婉的方式提出;上级写给下级的备忘录可能更随意。换句话说,如果你收到一个上司给你像聊天口吻的备忘录,你仿效他的风格回复给他,可能结果是你不想看到的。

课堂练习 2

由于有些员工习惯在办公室使用电脑时喝咖啡和吃零食,最近已经导致三次电脑故障。作为公司信息服务部的主管,请你起草一封备忘录给所有员工,减少类似事故发生。

6.2.2 报告(Report)

报告是一种常见的书面沟通形式。报告撰写人根据特定的主题和要求,搜集整理材料,开展调查研究,并撰写报告,向特定受众传递书面信息。商务报告的目的和内容的范围十分广泛,有时候你需要严格遵循规则,有时候你又可以自行决定组织和形式。

1. 报告的性质

① 报告是一种以清晰、逻辑而简洁的方式涵盖特定主题的正式书面沟通形式。

② 通常为内部使用。

③ 根据某人或某个群体要求的内容,收集和研究相关材料,并作为书面文件提交。

④ 报告通常成为决策的依据。

2. 报告的用途

① 记录组织中的事件和活动。这类报告属于信息性报告,主要是提供数据、事实、反馈以及其他信息,没有分析或建议。

② 提交调查研究的结果,建议后续行动。根据调查研究的结果,为内部或者外部的受众提供精心组织的说服意见。

③ 评估政策变化的可能性。这是分析性报告,其中既提供信息,又提供分析,也可以包括建议。

3．报告的结构

（1）扉页

扉页是读者阅读报告时首先接触到的内容，因此值得花精力设计它的布局。扉页应该回答下列问题：报告的主题是什么？要求提交报告的人或团体是谁？写作人是谁？写作人所代表的机构？报告完成的日期？

尽管标题应该很短，一眼就可以看完，但是也应该很具体。标题在一页中应该左右居中。如果标题超过两行或更多，应注意把重要的词放在一起，不能把它们分排在两行。

（2）目录

目录可以方便查找，使那些只对报告部分内容感兴趣的人可以有选择地阅读。目录应该清楚地体现出报告的逻辑结构，标题和小标题都很简明扼要，并与正文中使用的一致。读者花几分钟看看目录，有助于很快地理解报告内容。目录中还应该包括页号，因此应在所有的页码都确定以后再做目录。大部分的字处理软件都包括制作目录的功能。

（3）执行摘要

执行摘要是完整报告的一个缩微版，概括了报告的目的、主要结论和建议。它的作用在于很快地使读者对主要内容有个大概了解。摘要的使用很普遍，十分简短的报告除外。

在没有摘要时，通常把结论和建议放在前面，而不像平时一样放在后面，来代替摘要的作用。这两种方式都会有助于读者在阅读报告前先有一个总体印象。

（4）授权调查范围

这部分是写报告的原因，可以看作报告的引言，比如可能是根据某委员会决议形成的指示。在商业报告中授权和指示通常一起以摘要的形式出现，标题叫做"授权调查范围"，也可能用一些更通俗的名称，如报告目的、目标等。

（5）过程

在报告中，应该具体说明调查是如何进行的，获得了哪些数据，以什么方式获得的等细节内容。

（6）调查结果

通过调查研究，发现的事实性的数据结果。比如调查者想了解小孩子喜欢什么口味的冰淇淋，调查了30个孩子后，结果发现60%的小孩喜欢香草味的，25%喜欢草莓味的，15%喜欢巧克力味的。

（7）结论

结论是对于调查结果的解释和推论。如果调查者在研究颜色对小孩选择冰淇淋的影响，就可以得出结论，小孩喜欢香草味的冰淇淋可能是因为孩子们更喜欢淡黄色和白色，因此他们觉得香草味的更好吃。

（8）建议

建议则是对下一步组织应该采取的行动提出自己的看法。比如上个例子，就可以建议公司多生产香草味的冰淇淋。

（9）附录

如果统计数据过多，或者引用材料篇幅过长，可能影响主要内容的连贯性，在有碍行文流畅性的情况下，都应该使用附录。主文档中应清楚地说明附录中的信息所起的作用，而不能仅仅说"见附录一"。装裱好的照片、地图或其他扁平的样品可以放入封底的口袋内。

4. 报告数据收集方法

为了撰写报告，解决问题，往往需要收集前期的资料。根据数据资料是否特意为本次调研问题而取得，可以分为二手数据和原始数据。

（1）二手数据

二手数据（Secondary data），又称次级数据，是指调查者为其他目的收集、整理的各种数据资料。尽管二手数据不能提供特定调研问题所需的全部答案，但二手数据可以帮助我们明确研究问题，检验某些假设，为选择研究方法和数据提供思路。

二手资料主要来源于研究对象内部和外部两方面。内部资料主要是由所调查公司企业内部产生的，如公司年报、内部出版物、会计记录、统计数据、进货统计、销售报告、合同签订执行情况、消费者意见反馈、以前的调查报告等。外部资料多指来自被调查公司企业以外的信息资料，主要包括以下几个方面：

① 政府机构及管理部门的有关方针、政策、法令、年鉴、统计公报。

② 行业协会提供的有关行业销售、经营、发展趋势等信息资料。

③ 国内外各种信息机构，如国家经济信息中心提供的各类统计资料。

④ 各种组织的官方网站，往往包含很多及时更新的关于该组织的信息数据。

⑤ 互联网提供的各种数据。除了可以通过搜索引擎直接搜索之外，很多专业的数据库服务公司提供电子形式的数据信息，非常方便检索使用。

⑥ 各种大众传播媒介，如电视、广播、报刊、杂志及文献资料。

⑦ 各种类型的图书馆，是各种文献资料集中的地方，可以获得关于某个特定主题的信息资料。

⑧ 其他来源的信息资料。

二手资料比较容易得到，相对来说成本较低，能够节省时间和金钱。有些二手数据，例如国家统计局普查结果所提供的数据，是不可能由任何一个调查公司按原始数据去收集的。尽管二手数据对调研是很有帮助的，但在使用二手数据时应当谨慎，因为二手数据是为其他目的，不是为当前问题而收集的，收集数据的目的、性质和方法不一定适合当前的情况，或者二手数据与研究主题相关，但是已经过时，因此，二手数据的相关性、准确性和时效性可能都不够理想，研究者只能去收集原始数据。

（2）原始数据

原始数据（Primary data）也称为一手数据，是指为了解决特定的调研问题，通过访谈、问卷调查、观察记录、实验等方式第一次获得的信息。

访谈法是研究者与被访者进行口头交谈，通过一系列的问答，了解和收集有关数据资料的一种研究方法。访谈更容易激发被访者的响应，整个过程也更令人愉快，不过非常耗时，而且不是所有的人都可以访问到，因此可以选择一些有代表性的被访者作为访谈对象。

问卷法是研究者使用统一的、严格设计的调查问卷，通过网络、电话或纸张形式进行大面积发放，然后把问卷回收，收集相关数据资料的一种研究方法。其特点是标准化程度比较高，避免了研究的盲目性和主观性，而且能在较短时间内收集到大量的资料，也便于定量分析，是一种常用的收集资料的方法。

观察法是研究者通过感官或一定的仪器设备，有目的、有计划地在自然状态下观察而获得数据资料的一种方法。在观察的同时要进行记录,这样收集数据的效果是比较好的,尽管需要投入更大的时间和精力。

实验法是通过改变一个或多个变量,研究这种改变对于某个变量的影响。理想的实验是除了要调整的变量以外,应控制其他所有变量保持不变。比如研究广告费用变化对于销售额的影响。

焦点小组则是选择 6~20 个有代表性的人员,在一个主持人的引导下,对调研问题进行讨论,可以视为一种一对多的用户访谈形式,适合了解多数人对于调研问题的意见和看法,也能突出不一致的观点。

原始数据针对性更强,可以回答二手数据不能回答的具体问题,更加及时和可信,并且原始数据是公司自己收集的,便于保密。原始数据的缺点是收集成本比较高,因此只有在二手数据缺乏,或者不适用的情况下,才去收集原始数据。

6.2.3 通知

通知是用来告知员工需要关注的事项。如果已经用其他沟通形式向员工传递了信息,可以用通知作为补充和辅助。通知应该用来提供那些可能影响到所有人的信息,而不应该用来批评或者评论个体,不应该冒犯个人。通知具有时效性,所以应该有人负责清除那些过期的通知。

另外需要注意的是,通知所要传递的信息有可能无法到达受众。**无论多么显眼突出,通知仍然可能被忽略**。通知示例见图 6-2。

通　　知

公司的全体员工:

　　为保障全体员工的合法权益,公司要求所有人员必须参加社会保险。凡未办理参保手续的员工,请于 8 月 31 日前到公司人力资源部办理参保手续。

公司人力资源部
2012 年 7 月 15 日

图 6-2　通知示例

6.2.4 商务信函

商务信函是企业与外部联系的重要方式,是现代商务活动中使用频繁、不可或缺的沟通工具。信函通常更适合于正式的书面沟通场合;信函的语言文字往往经过仔细斟酌,可以传递写信人的情感;并且一旦双方发生争议,信函是一种永久的书面记录,可以作为法律上的证据。

1. 商务信函的目的

一是提供或寻求信息。很多信函都属于这一类别,比如向供应商的询价、要求供应商提供有关产品和服务的细节、对客户的报价、给客户的广告或推销信等。

二是确保完成任务。这类信函包括确认供应商已经发货,或者确认会议的安排等。

三是维持或增进与顾客和供应商之间的良好关系。这类包括建立业务关系、祝贺、致谢等信函。

2. 有效商务信函的特点

(1) 语言简洁明了

商务信函应使用简短的句子和段落,不必像社交信函一样客套寒暄,也不能像备忘录那样的直接简单。商务信函的语言要求简明扼要,避免使用生僻过时的词语和过于复杂的句式,切忌拖泥带水,过分修饰。记住写信的目的是为了让读者收到并理解你所要传递的信息。另外应该注意,仔细分段可以使信函更清楚、易读和更具吸引力。一事一段是一个好的做法。

(2) 表达具体

商务信函所采用的语言表述对于读者而言应该是很具体的,不应该使用笼统模糊的形容词。例如,"我们的刹车可以在很短的距离内把车停住"。"我们的气动刹车可以把一辆时速100公里的1.5吨重的轿车在37米之内停住"。相比之下,第二种表达提供的信息更加具体明确,读者不会有任何不清楚的地方。

(3) 准确和完整

商务人士都比较繁忙,每天要阅读大量的信函文件,很注重效率。如果你的信函表达不准确或不完整,对方可能误解你的意思,甚至根本不理解你要传递的信息,需要再向你写信确认,可能就会错失商机。因此,在写信时,注意所用的表达方式不应该有歧义。

(4) 礼貌而得体

商务信函中的礼貌,不仅仅是用一些礼貌用语,而是要体谅对方,多站在对方的角度上考虑问题,看到对方的处境,了解对方的困难。特别是在一些你不得不拒绝或否定对方的信函写作时,一定要注意措辞得体,不应该使用冒犯性的语言,不得贬低或者指责对方。

另外,及时回复收到的来信也是一种信函礼节,即使对信中的问题不能马上处理,也应该立刻写信告诉对方事情正在处理中,一旦有进展将及时通告对方。

3. 商务信函的布局和标点用法

(1) 商务信函的常见布局用法

尽管现在商务信函有越来越口语化、通俗化的趋向,但信函的布局仍然或多或少遵从习惯的格式。你可能有自己的偏好,但是使用成为惯例的布局是比较可取的。

传统上的商务信函格式有很多种,不过有些已经被淘汰了。现在常见的格式包括齐头式、半齐头式和半缩头式。

齐头式(见图6-3)。所有的内容都从最左边开始,上下只有一条竖线。看上去整齐、现代,是最常用的格式,但是看起来不对称,特别是在使用空白信纸时,寄信人的地址要放在信纸的左上角,显得更加向一边倾斜。

半齐头式(见图6-4)。日期和签名靠右放置,主题行居中,其他的内容都顶格从左边开始。段落也都采用齐头式。优点是页面看起来比较平衡。

半缩头式(见图6-5)。和半齐头式很像,但是每个段落采用首行缩进两字格的格式。

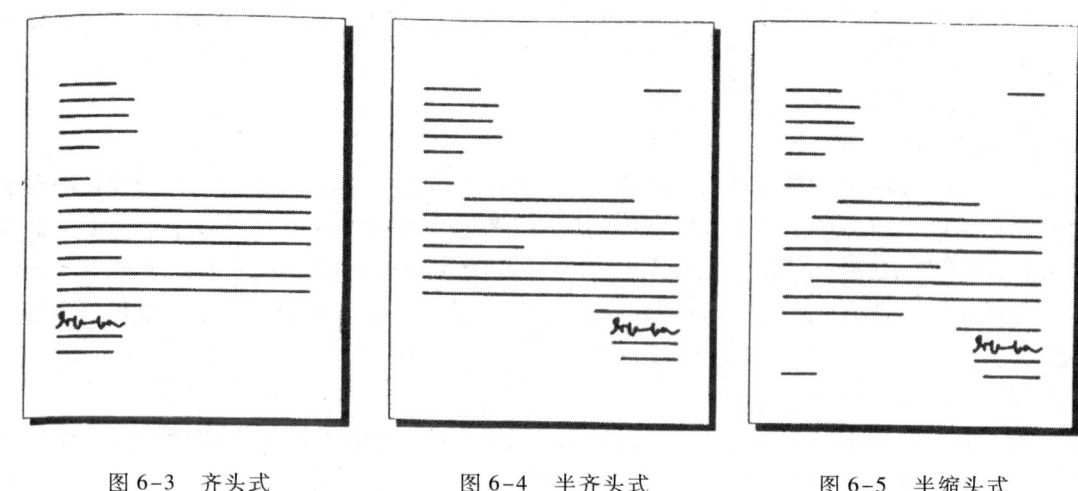

图 6-3　齐头式　　　　　图 6-4　半齐头式　　　　　图 6-5　半缩头式

有人喜欢齐头式，认为这种格式可以节省打字员的时间。在使用打字机的时代，这可能确实是一个理由，但是现在都是用计算机字处理软件来打印信函，效率可能不是主要原因。究竟使用哪种格式，取决于你所在的公司和机构的"排版风格"和你的个人偏好。和周围的同事保持一致是一个好主意。但是无论你采用哪一种，一封信函中不同段落应该保持一致性，例如，不能在某些段落采用齐头式，而在其他段落则采用别的格式。

课堂练习3
你们公司采用哪种格式？你喜欢哪种格式？哪种适合手写书信？

（2）商务信函的标点用法

省略标点符号是商务信函的一种趋势，适用于书信中除了正文以外的所有的内容。目前，这种更加方便的方式几乎到处都在采用。然而，使用时要注意一致性，在大写人名时特别要注意留出足够的空格，以免出现可笑的或令人无法理解的单词。

4．商务信函的主要组成部分

所有的商务信函必须符合排版风格，同时应该包含常见的组成部分，有些是必要项，有些是可选项。

（1）信头

信头通常在信纸上方，或者在信纸的右上角，一般包括公司的名称、地址、邮政编码、电话号码、传真号码、电子邮件地址等。一般来说，在商务信函中寄信人的姓名和地址都已印制好，往往采用很显眼的字体和颜色。现在，大部分的公司或机构在设计信笺和包装时也都采用徽标。徽标是一种视觉符号和识别记号，传递与其产品或服务直接相关的企业形象。

（2）存档号码

为了便于来往书信的存档和查阅，信函中需要注明存档号码。存档号通常在日期的上方位置或和日期平齐靠左边的位置，包括写信人的大写的姓名缩写、秘书的姓名缩写(有时用小写)、某一特定文件的编号。在所有的情况下,回信时存档号码都应加以引用。

例如:在信函中注明:"我方存档号:NJ/JM CF2"。

在回信时,由于来函有一个存档号,因此应该打上两个:

我方存档号:NJ/JM CF2(寄出的信)

你方存档号:LS/SJT(收到的信)

(3) 日期

日期通常放在信头下方,至少空一行的位置,理想的位置应靠信纸的右边(如果是齐头式,则应靠左边)。不同地区的日期习惯不同,如英国的习惯次序为日、月、年,美国的习惯次序则为月、日、年,中国则为年、月、日。为了避免产生歧义,都要求完整地拼写月份的单词,不用缩写。现在越来越多的人省略日子中的 th,st,nd,月和年之间的逗号也一样。

例如:

20th February,2012 或者 20 February 2012　(欧洲写法)

February 20th,2012 或者 February 20 2012　(美国写法)

(4) 信内地址

信内地址是指收信人的详细地址,要求和信封上的地址保持一致。信内地址通常放在日期的下方,至少空一行的位置。现在多采用省略标点的格式,如:

R A 琼斯先生

英国工程有限公司

万斯德科路 20-27 号

什波利

约克郡 SY3 1Q3

各国地址信息的顺序和布局都不一样,所以在回信时,要认真遵循对方公司信头中的格式和信息。商务信函中的收信人的姓名和地址不能省略,否则,存档的信件副本就毫无意义了。

(5) 称谓

商务信函的正式开头和结尾,有一些需要遵从的惯例。称谓相当于和对方打招呼,是商务信函中不可缺少的部分。称谓部分需要配合信内地址第一行的风格。如果第一行是某个人名,称谓就用 Dear Mr. Name 或者 Ms. Name;如果第一行是职务头衔,如 Director of Finance,称谓就应该用 Dear Director;如果第一行是部门或者公司,就用 Ladies and Gentlemen;如果不知道具体的收信人,就可以用 Dear Customer,或 Dear Alumnus;如果不知道对方是个人还是公司,可以用 To whom it may concern。

(6) 主题行

主题行是用非常简短的话来概述这封信的主要内容,以便收信人一眼就可以知道这封信是关于什么的,进而决定是否马上要处理。严格来说,每封商务信函应该只涉及一个主题。主题行应放在称谓和信的正文之间。

(7) 正文

信的正文就是你要传递的信息。所用的语言应该仔细编排,清楚简明,段落清晰,标点正确。段落划分应该完整,每段表达不同的内容,但是太多短小的段落会破坏信的整体外观。如果必要,可以使用小标题或以列表形式来辅助表达。

(8) 结束语

结束语位于正文下方空一行的位置。结束语有不同的措辞,但要和正文上方的称谓相呼应,根据写信人和收信人的不同关系,选择恰当的搭配。

下面是一些常见的称谓和结束语的搭配:

称谓	结束语
亲爱的先生 Dear Sir	
亲爱的先生们 Dear Sirs	
先生们 Gentlemen	您的忠实的 Yours faithfully
亲爱的女士 Dear Madam	
亲爱的女士们 Dear Madames	
亲爱的史密斯先生 Dear Mr Smith	
亲爱的琼斯女士 Dear Ms Jones	
亲爱的贝内特夫人 Dear Mrs Bennett	
亲爱的斯麦兹博士/医生 Dear Dr Smythe	您的真诚的 Yours sincerely
亲爱的莱昂内尔爵士 Dear Sir Lionel	
亲爱的朱莉亚夫人 Dear Lady Julia	
亲爱的简 Dear Jane	真诚的、最美好的祝愿、亲切问候、爱你的
亲爱的罗伯特 Dear Robert	Sincerely/Best Wishes/Kind Regards/Love

一般来说,采用什么样的称谓和结束语取决于写信人和收信人的关系,如果写信人和收信人还未见过面,还不知道收信人的名字,应该用第一类;如果双方知道对方的名字,即使双方还未谋面,可以用第二类搭配;如果双方已经非常熟悉,写信人可以选择他们认为最合适的用法。

(9) 签名

结束语下方应该空出三行用来签名,在签名位置的下方应该把签字人的名字和头衔打印出来,以防读者无法辨认签名。

(10) 附件

如果信中附上了一些物品、文件,那么应在信的页脚注明"附件",或者在正文中提及附件,注明"附件如文"。

(11) 说明

如果将来会有写信人之外的其他人来处理这封信件,应该清楚地说明。

商务信函示例见图 6-6。

```
Blyco Trading Group B.V.
Osterstra 2,7524 DZ Enschede
The Netherlands
Tel:53877432


June 25,2012


Messrs. J. Borwn & Co.
234 Eastcheap
London,EC3


尊敬的先生:


关于Rainbow 雨衣


感谢你方 6 月 25 日来信以及你方寄给我们的小册子。
我们很欣赏这些品质良好的雨衣,但遗憾的是你方价格似乎偏高。如接受你方报价,我们销售时只能获得很小的利润。
我们建议你方做些折让,即在你方报价基础上折让 8%,这将有助于把你们的商品介绍给我们的客户。
等待你方的回复。


您的真诚的


Vicent van Gogh
Marketing Manager
```

图 6-6 商务信函示例

5. 中文商务信函

中文商务信函的写作目的和英文信函相同,但是写作格式和基本规范有自己的特点。中文书信内容的结构,主要由称呼、启词、正文、酬应过渡、祝颂词、签署、日期七部分组成。

(1) 称呼

称呼是写信人对收信人的尊称,主要依据两者之间的关系而定,一般都用"敬语+称谓"的形式组成。如:"尊敬的王总经理"、"尊敬的董事长先生"等。与境外华文地区的人员往来还可加上"提称"如:"尊敬的王博士总经理海成先生台鉴"等。称呼一般顶格写,后面加冒号。

(2) 启词

启词是信文的起首语,可有多种表示法。如问候式的"您好"、"别来无恙";思怀式的"久不通信,甚为怀想"等;承前式的"上周曾发一传真件,今仍具函,为××事"、"贵公司×月×日赐函已悉"等。启词一般在称呼下面另起一行,前空两格。

(3) 正文

正文是书信的主体,写信人希望通过信函传递的主要信息,说明要进行的业务联系,如询问有关事宜,回答对方提出的问题,阐明自己的想法或看法,向对方提出要求等。正文要清楚、明了、简洁,并注意情感分寸。正文在启词下面另起一行,每个段落的首行均空两格。

(4) 酬应过渡

正文结束时,可写几句酬应性的话作为全文的过渡。如"我方相信,经过此次合作,双方的友谊将有进一步发展","再次表示衷心的感谢"等。

(5) 祝颂词

书信的最后,写祝颂词是惯例,如"诚祝生意兴隆"、"此致敬礼"、"敬祝健康"等。祝语一般分为两行书写,"此致"、"敬祝"可紧随正文,也可和正文间空一行。"敬礼"、"健康"则转行顶格书写。

(6) 签署

签署即写信人签名,一般位于祝颂词下方空一行的偏右下方位置。以单位名义发出的商业信函,签署时可写单位或具体部门名称,也可同时署写信人的姓名。重要的商业信函,为郑重起见,可加盖公章。

(7) 日期

写信日期一般写在署名的下一行或同一行偏右下方位置。商业信函的日期很重要,不可遗漏。

6.2.5 年报

1. 年报的定义和目的

年报(Annual Report)是公司每年出版一次的定期刊物,所以称为年度报告,简称年报。年报是公司向公众沟通信息的重要途径。公司发布年报的目的是为了向公众说明公司在其财政年度内的经营状况,充分披露有关风险。

2. 年报的使用者

年报的使用者一般是公司内部和外部的利益相关者。所谓利益相关者是指组织的外部环境中受组织决策和行动影响的,以及对公司生产经营活动能够产生重大影响的团体或个人。利益相关者可能是公司内部的,包括所有者和股东、管理人员、雇员,也可能是外部的,包括银行和其他债权人、供应商、购买者和顾客、广告商、工会、竞争对手、国家政府机构及地方行政机构、管制者、媒体、公众利益群体、政党和宗教群体以及军队等。

3. 英国公司年报的内容

根据英国 1985 年《公司法》的要求,英国公司必须提供其年度报告,其中包括年度账目、董事会报告和审计报告等。年度账目必须真实而公正地反映该公司在其财政年度结束时的业务状况。

英国公司的年报应该包括以下特定事项:

① 年度账目——利润表、资产负债表。

② 账目相关记录。

③ 董事会报告对公司整体经营情况进行讨论与分析,介绍公司投资情况,披露本次利

润分配预案。

④ 审计报告。

⑤ 任何与既定会计原则不符之处所有不符之处都需要列出,并说明原因。

⑥ 员工的平均人数和工资薪金水平,以及社会保障和养老金费用。

⑦ 董事详情。包括各位董事的名字、薪酬总额、为解除董事职务而支付的补偿金、发放的贷款、董事在公司任何交易中获得的物质利益等。

2011 年英国汇丰控股有限公司年度报告目录如图 6-7 所示。

英国汇丰控股有限公司
（HSBC Holdings plc）
2011 年年度报告

目　录

董事会报告
 概览：
  财务摘要 ·· 2
  集团董事长致辞 ·· 4
  集团总裁业务回顾 ··· 7
  主营业务 ·· 10
  业务模式及运营模式 ··· 10
  战略方向 ·· 11
  风险 ··· 12
  汇丰核心价值观 ·· 13
  关键绩效指标 ·· 13
 运营及财务回顾：
  财务总结 ·· 16
  全球业务 ·· 43
  产品和服务 ··· 44
  地域 ··· 59
  其他信息 ·· 94
  风险 ··· 98
  资本 ··· 211
 公司治理：
  公司治理报告 ·· 218
  董事及高级管理人员履历 ··· 218
  董事会 ·· 225

董事会专门委员会 ……………………………………………………………	230
内部控制 ……………………………………………………………………	240
持续经营为基础 ……………………………………………………………	243
员工 …………………………………………………………………………	243

董事的薪酬报告 …………………………………………………………… 256

财务报表及其他信息

董事会责任声明 ……………………………………………………………	275
独立审计报告 ………………………………………………………………	276
财务报表 ……………………………………………………………………	278
财务报表说明 ………………………………………………………………	291
股东信息 ……………………………………………………………………	414
关于前瞻性陈述的警示性声明 ……………………………………………	422
词汇 …………………………………………………………………………	423
索引 …………………………………………………………………………	432

图 6-7 英国汇丰控股有限公司 2011 年年度报告目录①

4. 中国上市公司年报的内容

根据中国证券监督管理委员会《公开发行证券的公司信息披露内容与格式准则第 2 号——年度报告的内容与格式》(2007 年修订)的要求,中国上市公司公布的年度报告应该包括以下内容:

① 重要提示及目录。公司应在文本扉页刊登如下(不限于)重要提示:本公司董事会、监事会及董事、监事、高级管理人员保证本报告所载资料不存在任何虚假记载、误导性陈述或者重大遗漏,并对其内容的真实性、准确性和完整性承担个别及连带责任。公司负责人、主管会计工作负责人及会计机构负责人(会计主管人员)应当声明:保证年度报告中财务报告的真实、完整。

② 公司基本情况简介。公司应该披露其法定中、英文名称及缩写、法定代表人、董事会秘书及其证券事务代表的姓名、联系方式、公司注册地址、办公地址、联系方式、公司选定的信息披露报纸名称、登载年度报告的网址、股票上市交易所、股票代码、其他有关资料;

③ 会计数据和业务数据摘要。公司应披露本年度实现的营业利润、利润总额、归属于上市公司股东的净利润、归属于上市公司股东的扣除非经常性损益后的净利润、经营活动产生的现金流量净额。

④ 股份变动及股东情况。公司应披露股份变动情况及股东和实际控制人情况。

⑤ 董事、监事、高级管理人员和员工情况。公司应披露董事、监事和高级管理人员的基本情况、主要工作经历、年度报酬情况、选举履任以及员工数量、构成等信息。

⑥ 公司治理结构。公司应对照中国证监会发布的有关上市公司治理的规范性文件,说明公司治理的实际状况。

---

① 译自 http://www.hsbc.com/1/content/assets/investor_relations/hsbc2011ara0.pdf

⑦ 股东大会情况简介。公司应介绍报告期内召开的年度股东大会和临时股东大会的有关情况,包括:会议届次、召开日期、会议决议刊登的信息披露报纸及披露日期。

⑧ 董事会报告。公司董事会报告中应当对财务报告与其他必要的统计数据以及报告期内发生或将要发生的重大事项进行讨论与分析。

⑨ 监事会报告。公司应披露报告期内监事会的工作情况,包括召开会议的次数,各次会议的议题等。

⑩ 重要事项。公司应披露重大诉讼、仲裁事项。包括发生在编制本年度中期报告之后的涉及公司的重大诉讼、仲裁事项,应陈述该事项的基本情况、涉及金额。

⑪ 财务报告。公司应披露审计报告正文、审计财务报表。

⑫ 备查文件目录。公司应当披露备查文件的目录。

2011 年中国银行年度报告目录如图 6-8 所示。

中国银行股份有限公司
A 股股票代码:601988
2011 年年度报告

目　录

重要提示	2
发展战略	4
财务摘要	5
荣誉与奖项	7
公司基本情况	8
董事长致辞	9
行长致辞	11
监事长致辞	13
管理层讨论与分析	14
综合财务回顾	14
业务回顾	33
风险管理	48
机构管理、人力资源开发与管理	57
社会责任	59
展望	60
股本变动和主要股东持股情况	61
董事、监事及高级管理人员情况	66
公司治理	76

董事会报告 ……………………………………………………………………	89
监事会报告 ……………………………………………………………………	95
重要事项 ………………………………………………………………………	99
董事、高级管理人员关于年度报告的确认意见 ……………………………	103
审计报告 ………………………………………………………………………	104
会计报表 ………………………………………………………………………	108
股东参考资料 …………………………………………………………………	301
组织架构 ………………………………………………………………………	304
机构名录 ………………………………………………………………………	305
释义 ……………………………………………………………………………	310

图 6-8　中国银行 2011 年年度报告目录[①]

5. 中国上市公司年报的披露方式

上市公司在披露年报之前都要与交易所预约披露时间,投资者可以在上海证券交易所首页的"年报预约查询"栏目、深圳证券交易所网站首页的"上市公司定期报告预约披露时间表"的栏目,通过这两个栏目,投资者可以在披露开始前,方便地查询哪一家上市公司会在哪一天披露年报。一般来说,只有少数公司会变动预约时间,如果出现变动,交易所网站会马上更新预约时间。

投资者可以通过上海证券交易所网站、深圳证券交易所网站或百度财经、和讯、新浪财经等股票门户网站阅读年报。这些网站会在每天收盘之后,刊登上市公司年报及其年报摘要,时效性最强。此外,上市公司还会在《上海证券报》《中国证券报》《证券时报》三家报刊中,选择一家或几家刊登上市公司年报摘要。但投资者要注意,通过报纸阅读年报信息,时效性会打折扣,当天晚上网上已经披露的年报,第二天才能见报。

6.2.6　传真和电子邮件

现代信息技术的发展,催生了更迅捷的书面沟通形式——传真和电子邮件,两者在商务活动中都得到了广泛应用。不管采用什么方式,都需要对其内容进行有效组织,确保信息准确有效地传递给接收者。尽管传真和电子邮件很流行,但是它们还不能完全代替商务信函。由于法律上的原因,在与公众联系时,信函仍十分必要。

1. 传真

传真是近几十年来最成功的发明之一。传真是一种将文字、图表、相片等记录在纸面上的静止图像变成电信号,经过通信线路传送到目的地,在接收端通过一系列逆变换过程,获得与发送原稿相似记录副本的通信方式。信息几分钟之内就可以送达收件人,迅捷的速度使得传真得到广泛应用,现在几乎所有的商业机构都有传真机。这一方式在很大程度上替代了邮寄信函,因为它具有以下优点:① 信息传递速度快,可以节省时间;② 成本相对较低;③ 对方能很快地做出反应。

同时,传真也具有一些缺点:① 采用热敏纸的传真无法长期保存,需要复印存档,造成资源浪费;② 传真件的法律效力在不同地区存在差异;③ 传真机只能传送黑白图像或

---

① 摘自上海证券交易所网站中国银行股份有限公司上市公司公告。

文字。

传真还可以作为电话的备份。在打电话时可以着重于达成协议,之后趁热打铁,马上发一封传真加以确认具体细节,例如:图表、数据表格、价格单、技术规格等。

传真需要在首页上加上特定的抬头,一般包括 Facsimile 或 Fax 字样;发送者的姓名、机构名称、传真号码;接收者的姓名、机构名称、传真号码;包括抬头页在内的总页数;标题行(参见图 6-9)。传真正文的写作取决于你希望通过传真传递的沟通形式,不论是备忘录、信函还是报告,只要遵照对应形式的写作原则即可。

```
FAX

To:        Otto Warner                    Fax Number:  1-866-258-0922
From:      Robert Devon, Product Manager  Date:        June 15, 2012
CC:        Sarah Yoo                      Pages:       1 including cover
Re:

☐Urgent  ☑For Review  ☑Please Comment  ☑Please Reply  ☐Please Recycle

Warner 先生,您好:

我们很高兴地通知您,CC1500 号订单项下的货物已经装上"伊丽莎白"号,
该轮将于明天驶往你港,装运单据随后寄上。

我们相信该批货物能够安全抵达。

敬祝
商祺

Robert Devon,产品经理
```

图 6-9 传真示例

另外一点值得注意的是,传真一旦发出,对方传真机边上任何人都可能看到,因此,敏感和机密信息都不应该通过传真发送。

尽管电子邮件已经相当普及,仍有一部分人不愿意每天坐在电脑前,对于他们来说,由于传真的快捷便利,传真机仍是无价之宝。

2. 电子邮件

电子邮件是一种更新的沟通方式,基于互联网络,成本低廉;几乎是实时传送,速度更快,无论是发送给一个人还是多个人,发送给隔壁办公室还是地球另一端,没有时间、成本上

的区别;通常电子邮件以纯文本形式发送,因此你不必关心排版布局、字体、边距等问题。此外,电子邮件可以以附件形式传送多种文档、图片,甚至色彩鲜艳的产品目录。

由于电子邮件的方便快捷和低廉的成本,几乎所有的公司机构都在使用,成为纸版信息的一个富有吸引力的替代品。很多人每天都收到成百上千封的邮件。但需要注意的是,商务电子邮件作为一种书面沟通的形式,仍然需要注意商务礼节,保持公司形象,避免过于随便的语言。电子邮件一旦发送,对方可能马上就收到了,所以应该在发送前认真检查,确保正确无误,避免冲动和草率发送邮件,导致遗憾或尴尬的事情就为时已晚了。

(1) 电子邮件的写作原则

一般来说,在写作电子邮件时应该注意以下几点:

① 电子邮件的标题要清晰明确、一目了然。邮件中的标题行看似微不足道,但它实际上是每封电子邮件中最重要的部分之一。邮件给对方的第一印象就是通过标题行来完成的。在垃圾邮件满天飞的今天,很多人是通过标题行来判断是否直接删除该邮件的,因此糟糕的标题行可能导致收件人不看邮件因而贻误商机。

② 电子邮件的正文写作应遵循 5C 原则,即准确(correctness)、简洁(conciseness)、完整(completeness)、清楚(clarity)、礼貌(courtesy)。

准确:电子邮件的语法、标点符号和拼写要做到准确无误,当邮件内容涉及数据或者具体的信息时,比如时间、地点、价格、货号等,尽可能做到精确。

简洁:电子邮件应以简明扼要为第一要务。尽量使用简单句子和简短词语,让读者容易理解,避免不必要的麻烦。

完整:电子邮件内容应力求具体、明确、完整,提供读者所需要的全部信息。

清楚:电子邮件的写作要做到层次清楚,条理清晰,使人一目了然。

礼貌:虽然多数公司在电子邮件中使用了不正式的语言,然而在初次建立商务关系或一些正式场合的邮件中,仍旧需要用较礼貌的用语。

(2) 电子邮件的优点和缺点

抛开传送电子邮件背后的技术细节不谈,像所有的普通邮件一样,电子邮件也是由两部分构成的,即收件人的电子邮件地址,以及信件的正文。与传统的通信方式相比,电子邮件具有以下优点:

① 方便快捷。电子邮件的诱人之处在于传递迅速,只要在电脑上点击"发送"键,电子邮件就被发出,只需几秒钟就可通过网络传送到接收人的电子邮箱中,比人工邮件快了许多。

② 成本低廉。使用电子邮件的成本主要来自互联网络接入和企业邮箱的相关费用,相比之下,安装和维护费用均比较低廉,并且随着网络技术的发展,这一成本还在不断下降。

③ 一对多交流。电子邮件可以进行一对多的邮件传递,同一邮件可以被同时发送给不同地方的很多人。

④ 快速反馈。电子邮件是网络系统中人与人之间的直接信息交流的系统,收到邮件后很快就可以回复,极大地满足了人与人之间沟通的需求。

⑤ 信息文字化,便于存档。电子邮件和普通信件以及传真的相同之处是信息的文字化,这样更加便于人们理解冗长、详细的信息,并能留下决策的书面记录。同时,与电话等口头沟通方式相比,表达得更从容充分,可以掩饰语言交流上的弱点。

⑥ 方便使用附件,内容丰富。电子邮件不只局限于文字的传递,还可以附带文件、图

片、电子表格、最新的产品目录、价格单或其他重要的信息。

另一方面,电子邮件也存在一些缺点:由于人们经常改变电子邮件地址而使重要的信息发送失败;减少了面对面和电话交谈,因而削弱了人际沟通技能;因语言使用不当而产生误会或误解;电子邮件数量增加导致对重要信息反馈的迟延;由于电子邮件地址的误读,易将信息发给错误的接收人。

6.2.7 单据和问卷

1. 单据

为了提高效率,对常规业务流程进行标准化和规范化,很多公司和机构都会设计多种不同的单据,比如交货通知单、发票、账单、求职表、申请表等(见图6-10、图6-11、图6-12)。单据提供了一种寻求特定信息的工具,通过它你可以得到所需要的信息,排除不需要的信息。

单据设计得不合理时,可能给使用者带来麻烦。比如太长的单据让人厌烦,错误的问题会让人莫名其妙,不合理的布局会让人不知如何下手等,结果都可能让设计者无法得到需要的信息,或者得到的是错误的信息。

因此在设计单据时应该注意以下几点:

① 布局应该简单明了,方便填写使用,明确你所需要的信息,为每个答案提供足够的空间

② 问题安排应该符合逻辑,避免自相矛盾的情况

③ 使用简单、清楚、直接的语言

④ 在最终定稿之前,选择一些和最终使用人群类似的人,提前进行测试,及时修改发现的问题

2. 问卷

问卷也是收集信息的一种重要方式。问卷又称调查表,是以问题的形式系统地记载调查内容的信息收集方法。设计问卷,是调查研究的关键。理想的问卷必须能将问题准确无误地传达给被调查者,同时使被调查者乐于回答。因此设计有效的问卷应当遵循以下原则:

① 问卷一开始应该说明你收集数据的用途。

② 整张问卷尽可能地短,太长的问卷会使受访者失去耐心。

③ 语言简单明了,说明问题即可,不使用复杂的专业术语。

④ 问题具体,避免模棱两可的说法。

⑤ 每个问题中仅涉及一个主题。

⑥ 将问题合理排序。

⑦ 使用平衡量表。

⑧ 不要求受访者提供复杂信息。

⑨ 避免偏见。

Delivery Note

Doc. Identifier:
DataGrid-12-DEN-nnnn
Date:22/02/2010

Recipient:	European Commission
Project Officer:	Dr Kyriakos BAXEVANIDIS
Delivery address:	Rue de la Loi,200
	(office:Av. de Beaulieu 29,1/010)
	1160 Bruxelles.BELGIQUE

Deliverable identifier

Title	Deliverable identifier
Quality Plan	D12.1

Deliverable contents

| Title | Document Identifier | Supporting materials | |
		Paper	Other(*)
Quality Plan	DataGrid-12-D12.1-0101-1-3	X	M and D
Risk Management	DataGrid-12-D12.1-0103-1-3	X	M and D
Templates	DataGrid-12-TEM-all.1-3..zip	X	M and D

Comments:The annex of the Quality Plan contains the document templates.

(*)C:Cartridge,D:Diskette,CD:Compact Disk. M:electronic mail

Sender:CERN		Recipient:European Commission
From:	Approved by:	Received by:
Name:Mr G.ZAQUINE	Name:Dr F.GAGLIARDI	Name:Dr K.BAXEVANIDIS
Date:	Date:	Date:
Signature:	Signature:	Signature:

图 6-10 交货通知单示例①

---

① 资料来源:http://img.docstoccdn.com/thumb/orig/26215839.png

Purchase Requisition Form

UNIVERSITY of GUELPH
Office of the CIO

Purchase Requisition Form
For Internal Use Only
version 1.10 - May 2008

Requisition by: _____ Date: _____ Extension: _____
Suggested Supplier: _____

Ship To: _____

Quantity	Part#	Product Description	Unit Price	Extended $

☐ Items are in US funds
☐ CIO Business Office–Do NOT ORDER. Items are already on order.

Subtotal:
GST Rate: 0.05 ☒ $0.00
PST Rate: 0.08 ☒ $0.00
Total: $0.00

Department: _____ Expense Code: _____
Description * : _____
* to appear in monthly report

Manager: _____ [Email to Manager]
CIO Business Office: _____ [Email to Business Office]

图 6-11 申请表示例①

---

① 资料来源：http://img.docstoccdn.com/thumb/orig/21783976.png

P.O.#	Sales Rep.Name	Ship Date	Ship Via	Terms	Due Date
O200612005	Sales1	11/17/2006	UPS	Net7	

Proudct ID	Description	Quantity	Unit Price	Line Total
P1003	Motorola E815	10	420.00	4,200.00
P1000	Nokia 3220	12	199.99	2,399.88
P1004	Non-taxable item	5	200.00	1,000.00
P1002	It is a service	3.2	255.52	817.66
P1006	Motorola V3 Razr Black	10	500.00	5,000.00

SUBTOTAL	13,417.54
PST 6.50%	807.14
GST 3.20%	397.36
SHIPPING & HANDLING	-
TOTAL	14,622.04
PAID	-
TOTAL DUE	14,622.04

THANK YOU FOR YOUR BUSINESS!

图 6-12　发票示例

关键词和术语

书面沟通　排版风格　内部书面沟通　外部书面沟通　备忘录　报告　二手数据　原始数据　通知　年报

习 题

一、单项选择题

1. 下列关于书面文档的表述中最准确的是(　　)。
   A. 可以体现非语言沟通技巧　　　　B. 可以长期保存,作为证据
   C. 不会影响到企业形象　　　　　　D. 适合传递简单的信息
2. 下列关于备忘录的表述中最恰当的(　　)。
   A. 一次只能发给一个人
   B. 可以当天发给同事,因此就不需要日期了
   C. 是一种常见的内部书面沟通的形式
   D. 模仿对方给你的备忘录的写作风格是好的作法
3. 写作调查报告前收集数据(　　)。
   A. 首选是收集原始数据
   B. 首先是收集二手数据,不合适的数据可以修改
   C. 调查问卷是一种适合所有情况的万能方法
   D. 二手数据不合适的情况下收集原始数据
4. 下列关于商务信函的表述中最恰当的是(　　)。
   A. 是一种正式的书面沟通形式
   B. 通常较短小,只针对一两个问题
   C. 根据特定的主题和要求,搜集整理材料,开展调查研究,并撰写
   D. 是公司每年出版一次的定期刊物
5. 设计单据应该注意(　　)。
   A. 问题应该尽可能地多,以便收集更多的信息
   B. 使用行话和专业术语,以显得更加专业
   C. 单据的布局无所谓,因为其中的问题才是关键
   D. 使用简单、清楚、直接的语言

二、案例分析题

小王在昌盛贸易公司信息技术部任职,尽管公司不大,但是由于业务需要经常上网,形形色色的电脑病毒让他不胜其扰。最近他在《软件世界》杂志上看到一种叫做"杀毒专家"的软件的广告,宣传杀毒效果非常好,就去附近的商店买了一套,兴冲冲地回到办公室,结果却失望地发现不能在办公室电脑上安装运行。由于包装已经打开,商店拒绝退还,告诉小王自行和软件厂商联系。

请你替小王起草一封信函,要求软件厂商更换软件,可以虚构必要的情节,注意信函的正确格式。

第 7 章 视图沟通

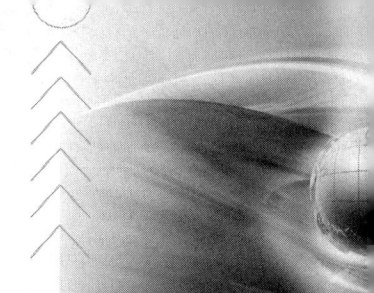

学习内容
1. 统计信息与视图沟通
2. 统计信息的展示
3. 非统计信息的展示

学习目标
1. 运用视图方法传递统计信息
2. 掌握统计信息的不同展示方法
3. 掌握使用非统计信息

在商务活动中，视图方法在书面沟通和辅助演讲方面有着很重要的作用。对书面文档来说，通过内容的设计和布局、图表的添加和使用，通常能够有助于受众对所传递信息的接收和理解，改善沟通的效果；演讲时使用视图方法，可以更加直观地展示信息，提高和维持听众的兴趣。因此，视图沟通是一个专业的商务沟通者必须具备的技能之一。

7.1 利用视图方法来传递统计信息

通过视图方法来传达信息的好处，在几百年前就被人们认识到了。早在1801年，现代图表之父威廉·普雷菲尔称："如果通过几百张图进行交流，我们在5分钟内就能从图表中获得所需的信息，而不需要一整天时间牢记在脑海中。"

7.1.1 统计信息的分类

数字对我们的生活来说是非常重要的，我们的年龄、身高、体重需要用数字来表示；我们的收入、购物离不开数字；国家有经济增长率、通货膨胀率的统计数字；公司机构大量的商务沟通都在传递信息、陈述事实，而这些信息和事实往往也以数字形式存在，比如利润、市场份额。这些按照某种统计方法收集到的关于某个主题的统计数据和资料即为统计信息。统计信息主要分为三类，他们分别是：

"历史"类——反映过去发生的事情。例如，通过研究公司的销售额数据，可以得出该公司在过去的销售情况变化，从而据此做公司下一步的战略规划。

"比较"类——用于比较不同事物或不同的时间段的事情。例如，通过比较某公司各个部门的经营损益表，可以看出各部门的盈利状况，找出公司的主要利润来源及公司经营业绩不善的部门。

"预测"类——预测未来可能发生的事情。通过考察公司过去的各项信息,如财务报表、销售状况表、公司人员信息等,可以合理制定公司的发展规划方案。如某公司在过去五年里销售额每年保持5%的增长率,那么可以合理预测公司下一年的销售增长率很可能也是5%。

通过合理使用统计信息,沟通者可以更加准确、更高效地传递信息,而接收者收到信息后,也更容易从中提炼出主要观点和想法。因此,统计信息必须准确、及时、清晰和完整地传递给接收者。

7.1.2 视图沟通的优点

通过视图沟通的运用,可以加强文字信息的沟通能力,在某些情况下,视觉沟通甚至比文字沟通更加有效,可以替代文字信息。

(1) 以清晰直观的方式展示数据

每人都可能会收到一堆看上去杂乱无章的信息,让我们无所适从。毫无疑问,与仅仅使用文字相比,通过视图沟通表述的信息更容易被理解,而且视图沟通传递的信息更容易被记住。

(2) 能够对数据进行跨时间对比,用以说明趋势变化

通过不同的视图方法,如折线图、饼状图、表格等,可以对信息进行清晰的描述,把数据的历史变化趋势直观展示出来,还可以用不同的颜色来强调所描述事物的不同之处。当一个销售员在陈述自己的销售业绩的时候,与其夸夸其谈地讲述自己的辛勤劳动,不如用视图展示自己销售数量的增长。

(3) 可以强化文字和口头信息

使用视图沟通可以提高演讲者的专业程度和可信度。一位成功的商务人士会有效地运用视图沟通来辅助文字和口头沟通,提高信息传递的效率和准确度。

(4) 简化信息并使信息更加有趣

当读者面临一大堆的数字信息时,可能会感到一筹莫展,很少有人能够迅速从数字中抓住重要信息,但是当把这些大量的数字转化为简单的表格或曲线表述后,大多数人能够很快地把握信息。毫无疑问,图像信息比堆积的文字信息更容易理解。

(5) 视图中彩色图形的使用可以使数据更加引人注目

适当的视图表达能够帮助读者理解信息,而视图中彩色图形的使用会突出数据,使之变得醒目,从而有助于读者更有效地把握主要信息。

(6) 补充文字信息

对于一个项目的介绍,需要用文字的表述来详细地介绍产品的特点、使用方法等。与此同时,结合适当的图表信息可以图文并茂,更好地补充文字信息。

(7) 简化复杂数据

图表的主要作用就是对于数据的勾勒与表达,因此图表可以清晰地展示数据,从而使原始的复杂数据简单化,读者不用置身于大量的数字之中。

随着沟通环境的变化,视图读写能力,即创建有效视图(作为发送者)和正确诠释视图信息的能力(作为接收者),成为一个关键的商务技能。通过视图来增强文字信息及口头信

息的影响,可以帮助一位商务人士成为更有效的沟通者。

7.1.3 视图沟通的缺点

视图沟通同时也存在一些缺点:

(1) 可能产生较高费用

统计信息的描述必须以大量的数据作为基础,而数据的搜集不是一项简单的工作,需要大量人力物力的付出,由此会产生大量的费用。获得数据仅仅是第一步,因为没有一个读者希望看到未经处理的原始数据。原始数据必须经过加工整理方可使用,以特定的视图方法展示信息,读者才能正确理解其中的内容,达到理想的沟通效果。

(2) 理解比较困难

视图本质是用简单的方式表现事实,因而视图信息有一定的客观性。但是从读者的角度来审视图像,或许他们的想法或背景导致得到的结论与预期不同,读者可能无法理解或误解视图要表达的重要含义。

虽然视图信息对语言表达来说有着重要的补充作用,但要谨慎使用。在许多技术性不强、非定量化或简单的文章中,过多地运用图表来表达信息,反而带来理解的困扰;在一些技术性很强、定量化或复杂的文章中,恰当地使用图表信息则有助于读者对于信息的正确理解。

(3) 历史趋势不一定能预测未来

在一般情况下,历史趋势对于未来有一定的预测作用,例如从 2007 年开始美国房地产的价格一直在持续下降,可以预测短期内美国房地产的价格不会上升。但是有时也会发生变化,如多方面的影响因素都可能造成石油价格的波动,某个企业的销售量一直在持续攀升,但是由于市场变化可能会出现销量下滑。因此,根据历史的趋势预测未来的变化很有可能出现偏差。

课堂练习 1

1. 举例说明三类统计信息。
2. 比较视图沟通的优缺点。

7.2 统计信息的展示

统计信息根据数据是否连续分为离散型信息和连续型信息。离散型信息是指其数值只能用自然数或整数单位计算的信息,如企业个数、职工人数、设备台数等,这种变量的数值一般用计数方法取得;反之,在一定区间内可以任意取值的信息称为连续型信息,其数值是连续不断的,相邻两个数值之间可以取无限个数值,例如,生产零件的规格尺寸、人体测量的身高,其数值只能用测量或计量的方法取得。

一旦沟通者确定通过视图方式展示信息,下一步就需要为每个信息观点选择一个适合的视图类型(见表 7-1)。

表 7-1 选择适合的视图

适用情况	图表类型
表现详细和精确的数值	表格
表现时间变化趋势	条形图、折线图
表现频率或分布状况	饼状图、直方图
比较两组或多组数据	条形图、折线图
将某一部分与整体加以比较	饼状图
展示信息	象形图
表现相互关系	直方图、线状图或散点图
表现地理上的关系	地图
表现过程或程序	流程图

7.2.1 表格

表格在强调重要事实和数字方面很有用,对于罗列步骤、强调特性或比较相关事实尤为有效。当需要展示详细、特定的信息时,选择使用表格。表格按照行和列来系统地组织数据。当读者需要的信息在文章中很难找到或者阅读起来很无聊时,表格是理想的描述方式。

表格包括水平行和垂直列,行和列的顶端均有重要的标题。表格所含行和列的最理想的数量取决于使用何种媒介。对于打印出来的文件,你可以调整字体大小、行和列间距,让页面提供充足的信息,同时保持可读性。对于网络文件,你需要减少行与列的数量,确保你的图表在网页上易读。在通常情况下,演讲时 PPT 上的表格要尽可能简单,因为听众不可能从屏幕上迅速地读完所有的具体信息。表 7-2 展示了中石油在 2012 年 7 月间的周市场价格。

表 7-2 中石油 2012 年 7 月 A 股周市场价格①

日期	开盘	收盘	最低	最高	成交量(手)	成交金额(万元)
2012-07-06	9.11	9.11	9.01	9.17	523 117	47 521.48
2012-07-13	9.07	8.95	8.75	9.09	816 475	72 847.65
2012-07-20	8.95	8.98	8.88	9.02	515 951	46 196.19
2012-07-27	8.95	8.89	8.81	8.95	349 951	31 022.87

表格对于呈现大量的数值数据比较容易,特别是能用来展示许多项目多种变化的信息。使用表格时,请注意以下要点:

① 使用常见、易懂的单位,清楚地指出使用的单位是人民币、百分比、年份或是其他。
② 每一列所有内容的单位要统一,简单明了。
③ 清楚罗列每栏的标题,如果有必要,使用子标题。

---

① 资料来源:上海证券交易所。

④ 用空行或额外间隔分离栏或行,使图表容易阅读。对于复杂的图表,考虑用暗色或对比色每隔一行或一列突出一下。

⑤ 需要时,提供行或列的总数或平均数。

7.2.2 条形图

条形图(Bar Chart)是用一个单位长度表示一定的数量,根据数量的多少画成长短不同的直条,然后把这些直条按一定的顺序排列起来的视图方法。从条形图中很容易看出各种数量的多少,使一系列的数字信息易读或易懂。条形图可以轻松实现如下功能:

① 同时比较几个物体的大小。
② 表示一个物体随时间变化的变化。
③ 体现几个物体随时间变化的结构。
④ 展示构成整体的各部分的相对大小。

条形图主要用于表示离散型数据资料,即计数数据。条形统计图又分为单式条形统计图和复式条形统计图,前者只表示一个项目的数据,后者可以同时表示多个项目的数据。复式条形统计图由多种数据组成,用不同的颜色标出。单式条形统计图和复式条形统计图的相同点是都能让人清楚地看出数量的多少,不同点就是单式条形统计图用于比较一个物体,而复式条形统计图用于同时比较多个物体的数量,见图 7-1。

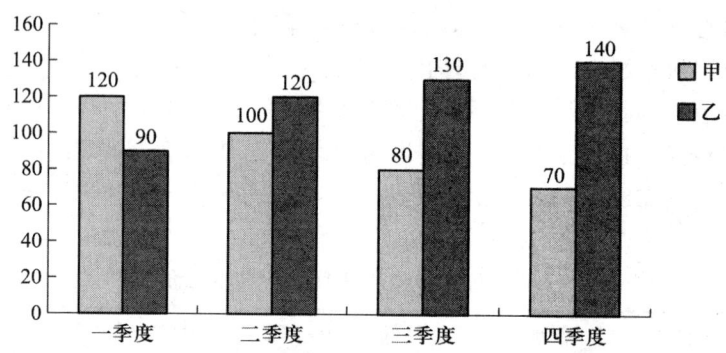

图 7-1　某公司 2011 年甲、乙产品销量统计图(单位:万元人民币)

7.2.3 直方图

直方图(Histogram)是一种统计报告图,由一系列高度不等的纵向线段表示数据分布的情况。它是表示资料变化情况的一种主要工具。用直方图可以解析出资料的规律性,比较直观地看出产品特性的分布状态,便于判断其总体分布情况。

直方图能清楚显示各组频数分布情况,又易于显示各组之间频数的差别。我们习惯上将每一组两个端点的差称为组距。落在不同小组中的数据个数为该组的频数。各组的频数之和等于这组数据的总数。频数与数据总数的比值为频率。频率大小反映了各组频数在数据总数中所占的分量。

直方图是条形图的一种特殊形式,与条形图不同,在直方图中横坐标上的各个主体宽度可以不同,也就是说,可以根据数据情况,设定有些组距比较大,而有些组距比较小。

例如,某地区统计了 300 名 7 岁男童,结果发现身高从 109 cm 至 129 cm 不等,其统计直方图如图 7-2 所示,这里采用了将全部数据等分为 10 个小组,即相同组距的做法。

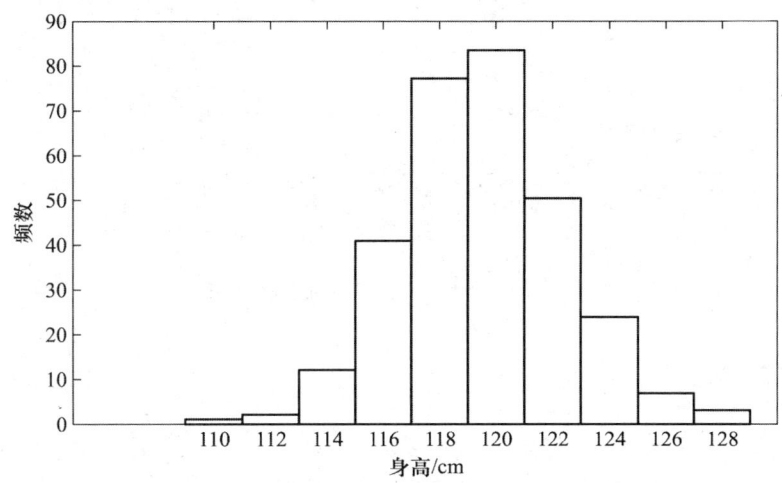

图 7-2　某地 7 岁男童身高直方图

7.2.4　折线图

折线图(line charts)可以显示随时间而变化的连续数据,反映两个或多个变量随时间的趋势变化或说明它们的关系,因此非常适用于显示在相等时间间隔下数据的变动趋势。纵轴,即 y 轴,表示的是总量;横轴,即 x 轴,表示的是时间或其他测量该数据的变量。两个轴都在左下角从零开始,但是同时可以保持相对灵活,以尽可能清楚的形式展示你的数据。例如,要展示正面和负面的价值(如利润和损失),你可以将 y 轴从负值增大到正值,将零放在中间。当然要避免歪曲数据,以免误导读者。

折线图分为简单的折线图、复合折线图和分隔的复合折线图三种。简单的折线图表示一种变量的变化趋势;复合折线图表示多项信息的趋势和比较;分隔的复合折线图通过不同曲线反映各部分和整体的值。为了同复合折线图区分开来,彼此相联系的线被标以颜色或阴影,并标注文字说明。

如果需要比较两组或多组数据,可以把它们划在同一个图表上进行即时图像比较(见图 7-3)。一个图表上有两条或三条线时都很容易阅读,但是如果数量超过三条,看上去会很乱,尤其当折线相交时。

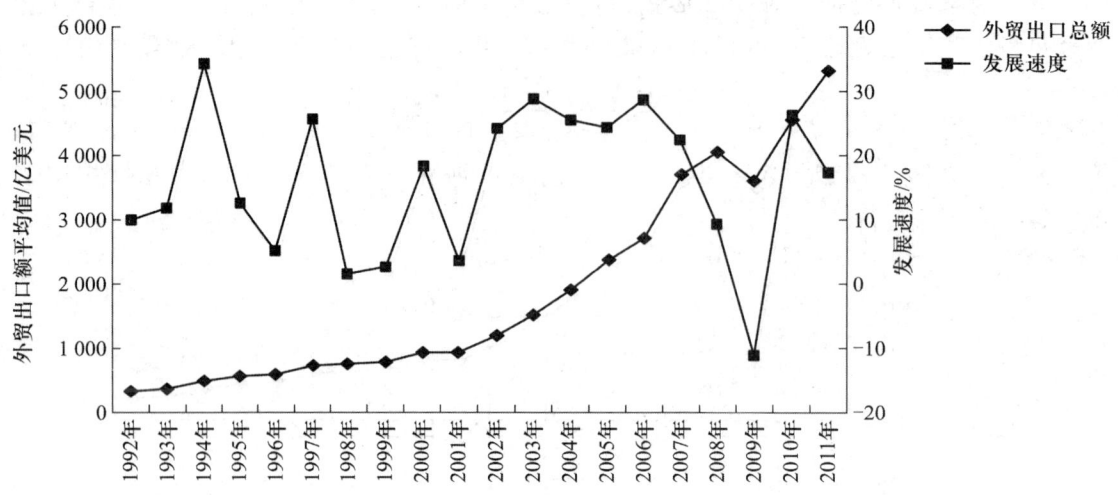

图 7-3　1979—2010 年某国外贸出口额水平值和发展速度（单位：亿美元）

课堂练习 2

根据以下信息回答问题：

某公司主要产品是计算机，历年计算机销售额为：

2001 年	500 万元	2007 年	680 万元
2002 年	550 万元	2008 年	730 万元
2003 年	600 万元	2009 年	750 万元
2004 年	580 万元	2010 年	770 万元
2005 年	620 万元	2011 年	800 万元
2006 年	700 万元		

除此之外，该公司还有计算机维修服务，该项收入历年如下：

2001 年	38 万元	2007 年	50 万元
2002 年	40 万元	2008 年	52 万元
2003 年	42 万元	2009 年	56 万元
2004 年	45 万元	2010 年	57 万元
2005 年	43 万元	2011 年	59 万元
2006 年	47 万元		

问题：

1. 分别利用条形图和折线图展示上述数据。
2. 这些数字能给公司总经理提供什么信息？

7.2.5　统计地图

统计地图（*cartogram*）是运用统计数据反映制图对象地理特征的一种图形。统计地图主要表现各种社会经济现象的特征、规模、水平、结构、地理分布、相互依存关系及其发展趋势，揭示统计项目和同一项目内不同统计指标的同一性和差异性，以分析它们在自然和社会经济现象中的分布特征。

统计地图能生动展示有关特性的地理分布,那些关心区域市场或全国市场分布的公司可能会对统计地图感兴趣。统计地图可以用图画形式展示人口密度不同的各个区域,各种产业类型、带状发展的城市群、绿化带或者住宅项目等。这些信息一般用不同的阴影来表示,并提供适当图例以方便辨识。图中也可能包括一些标志,以显示楼房、商店、组织的分支机构或者某些部门的特定位置。

7.2.6 象形图

如果你想向公众展示统计信息,那么使用什么样的展示方法就需要细心考虑。主要问题在于要确保每个人都能够理解你所选择的展示方法。在处理数字问题时,一定要记住很多人不愿意扎在成堆的数据中,因为他们觉得自己看不懂。象形图(Pictograms)能够很好地解决这一问题。象形图就是一幅图片或者一系列图片,通常是卡通类型的图片,以一种简单的方式成功地传递信息。象形图有时还包含幽默元素,与那些看起来枯燥、冰冷并且难以理解的正式的统计表格相比,大多数人更乐于接受。

图7-4显示的是使用树形图来描述某个国家的木材生产数量增长情况,图形传递的信息清晰易懂。

图7-4 2000—2010年某国木材生产数量

7.2.7 饼状图

饼状图(Pie charts)可以展示整体中的部分是如何分配的,其优势是可以一目了然地显示比例情况。用圆图内各个扇形的大小表示各部分数量或该部分占总体的百分比,如图7-5所示。饼状图在展示百分比或比较几个部分时很有效。饼状图还可以与图表相结合来使用。

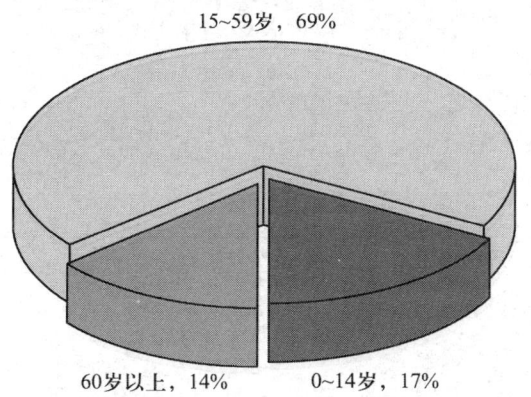

图7-5 2011年末各年龄段人口比重图

在创建饼状图时,尽量控制饼形的数量。否则,看上去图标会很拥挤,也很难标注。如果需要,把最小的几部分拼凑在"其他"栏目里。最理想的做法是将饼形的最大或最重要、最着重强调的部分放在上端中间位置;其余的按照大小或逻辑顺序沿顺时针方向排列。

可以使用不同的颜色来区别不同的部分。如果想让读者最感兴趣的部分引人注意,该部分要用亮色或加注箭头,也可把该部分拖出,远离饼状图的其他部分。在任何情况下,都要标注所有的部分,用测量的百分比或单位列出它们的值。如果使用百分比,一定要使所有的部分总和达到100%。

课堂练习3

某酒店营业收入分布如下,请绘制该酒店营业收入饼状图。

食物	35%
住宿	28%
酒类	25%
非酒精类饮料	7%
其他	5%

7.2.8 散点图

散点图(*scatter diagrams*)表示因变量随自变量而变化的大致趋势,据此可以选择合适的函数对数据点进行拟合。

散点图通常用于显示和比较数值,考查两个变量之间的关系,如营业额和利润率。使用散点图时,散点图中包含的数据越多,比较的效果就越好。

散点图也被称为 XY 散布图。该图表和折线图类似,都是一个变量沿 x 轴(横轴)划分,一个沿 y 轴(纵轴)划分。散点图可以很好地说明两个变量之间的相关性。图7-6展示了学生的语文与数学成绩,通过散点图,可以得出语文和数学成绩有一定的正相关性。

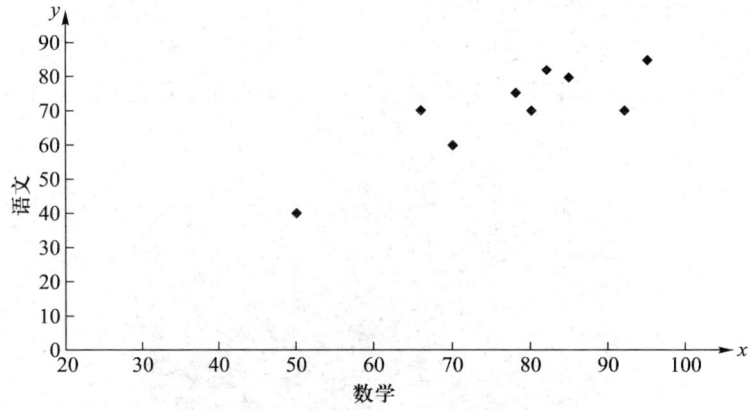

图7-6 语文、数学成绩散点图

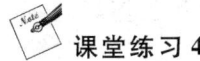
课堂练习 4

表 7-3 中的数据显示了某服装专卖店一周内的销售情况。请通过散点图分析销售数据是否存在某种趋势。

表 7-3　一周内每天各个时段商店销售的物品数量

时间	周一	周二	周三	周四	周五	周六	周日
9~10	0	0	1	2	2	3	2
10~11	1	2	2	3	5	6	5
11~12	2	2	3	3	6	7	6
12~13	4	5	5	4	6	8	5
13~14	2	4	5	5	5	9	7
14~15	3	3	4	5	6	8	6
15~16	5	4	4	6	6	7	6
16~17	5	5	6	6	7	8	7
17~18	6	6	6	5	8	7	5

7.2.9　Z 形图

有时候，如果能在同一幅图中展示三类信息，将会对我们理解问题提供很大帮助。例如，在销售部，为了深入分析销售情况，销售部经理会同时展示每个员工的销售量、整个销售部员工的销售量以及年度销售量数据。这有助于将某一销售人员的销售量变化与销售队伍的其他人员进行对比，该销售人员的业绩可能与其他人员相当，也可能更好或更差。

在审查一个项目或业务的进展时，一般可以考察三个时间表。由三个时间表绘制出来的图形是三个图形的结合体，就像字母"Z"，因而这种图表被称为"Z 形图"（Z charts）。

Z 形图一般有三个不同的时间段：一是短期，以一个月、一周等作为时间段来分析；二是长期，分析业务增长或下降的速度；三是中期，通过中期将短期和长期连接起来，观测短期的成果，以及长远的目标。

例如，KK 公司 2010 年和 2011 年的月度销售额情况如表 7-4 所示，从表格中不能直观地显示明显的趋势信息。

表 7-4　KK 公司月度销售额（百万美元）

年份	1月	2月	3月	4月	5月	6月	7月	8月	9月	10月	11月	12月
2010	2	3	3	9	2	4	5	4	3	5	4	6
2011	5	2	5	9	5	5	7	2	4	2	7	3

根据表 7-4 中的数据绘制 Z 形图，如图 7-7 所示。下方的横线表示在 2011 年的 12 个月销售额的变动情况，体现短期变化；上方的横线表示过去 12 个月的滚动销售额，从曲线上

看,有一个缓慢地上升的趋势;中间的斜线表示从 2011 年 1 月开始的累积销售额,显示出中期总销售额的变化情况。

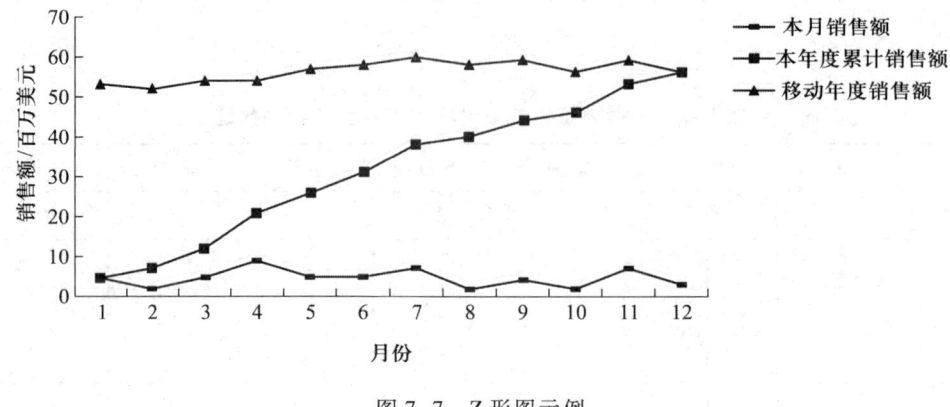

图 7-7　Z 形图示例

课堂练习 5

1. 什么是连续型信息?举例说明连续型信息的视图表达形式。
2. 比较中国与美国经济增长变化时,你选择哪类图表?
3. 测量产品瑕疵率与员工工作时间时,你选择哪类图表?

7.3　非统计信息的展示

通过视图方式可以表达统计信息,同时也可以表达非统计信息。一张流程图或者一张设备装配图不仅可以节省上千字的文字说明,还可以减少误解的可能性。当信息使用对象是有着不用背景、不同能力的一大群人时,视图信息就成为必不可少的沟通方式。而语言交流由于语言不同,会令那些不懂该种语言的人无法理解,此时,非统计信息的视图表达尤为重要。

非统计信息主要分为以下三种类型:

① 公共信息和方向信息。
② 用于教学或解决问题的信息。
③ 表述关系的信息。

7.3.1　公共信息和方向信息

公共和方向的信息是指地图、标记以及在商店、办公室等公共场所,起到提醒和指引作用的标志信息。最简单最明确的方法就是采用象征性标志、卡通画、约定俗成或众所周知的标记。在西方社会,标记的使用非常普遍。准确地理解视图信息的正确含义非常重要,会造成严重的后果(见图 7-8)。

你知道这些标记的含义吗?第一个表明"前方道路在施工",第二个表明"危险"。绝大

图 7-8　标记示例

部分的标记是很容易理解的,传递信息非常有效,我们因而大量使用视图表述信息。虽然如此,依然有一部分人是"视图信息盲",他们理解图形信息比书面文字要难得多。为此,在可能的场合,视图沟通应该与其他沟通形式结合使用。

7.3.2　教学信息或解决问题的信息

这类信息主要的用途是发布教学指令或为某一个问题提出处理方案。

流程图是以图形为工具,有效地表明处理过程,描述我们进行某一项活动所遵循顺序的一种图示方法。根据流程图,读者或受训人员等信息接收者在一开始就能够按照规定步骤完成操作任务。

算法是指由基本运算及规定的运算顺序所构成的完整的解决问题的清晰指令,代表着用系统的方法描述解决问题的策略机制。描述算法的方法有多种,常用的有自然语言、结构化流程图、伪代码和 PAD 图等,其中最普遍的是流程图。研究人员、系统分析家、培训员和其他工作流程分析员喜欢用一系列简单的符号表明不同的行为,如表 7-5 所示。

表 7-5　流程图表符号

序号	符号	符号名称	释　义
1	矩形	活动标志	用来表示过程中的一个单独的步骤,活动的简要说明写在矩形内
2	菱形	判定标志	用来表示过程中的一项判定或一个分岔点,判定或分岔的说明写在菱形内,常以问题的形式出现。对该问题的回答决定了判定符号之外引出的路线,每条路线标上相应的回答
3	→	流线标志	用来表示步骤在顺序中的进展,流线的箭头表示一个过程的流程方向
4	内部储存符号	内部储存标志	用来表示部门内部的汇总统计、报表
5	六边形	准备标志	用来表示开展某种操作所涉及的准备流程
6	文件符号 或	文件标志	用来表示属于该过程的书面信息,将文件的题目或说明写在符号内

续表

序号	符号	符号名称	释 义
7		已确定的流程标志	用来表示图表中已知或已确定的另一个过程,但未在图表中详细列出
8		多文件或记录标志	用来表示操作涉及的文件或需要填写的表单名称
9		数据储存标志	用事表示保存公司服务器或 ERP 系统的数据库

将一项工作分段描述能够很容易向初学者解释清楚工作过程,提高学习效率,从而避免资源和时间的浪费。

流程图有时也称作输入-输出图,可以直观地描述一个工作过程的具体步骤。流程图对准确了解事情是如何发展的以及决定应如何改进过程极有帮助。这一方法可以用于整个企业,以便直观地跟踪和图解企业的运作方式。

一个好的流程图可以直观地描述整个活动中所有过程的物流、信息流,让人很容易知悉整个过程。在某些情况下,流程图常常由于包括了采集原材料或零部件,经处理后分渠道发给其他组使用而显得非常复杂;在有些情况下,可能又是非常简单的操作。以视图形式表示流程图不需要特别的符号,一系列的书面命令辅以箭头表示就足够了。图 7-9 是一个电源、空调设备故障处理流程图,很好地展示了当出现故障时解决的办法。

7.3.3 关系信息

涉及显示设备构成、组织组成或各个因素间的关系时,常常使用"家族树"图表,例如线形图、局部剖面图、装配图、组织结构图等。

1. 线形图

虽然线形图不是用透视法画图,而且有时无法确切表明各部分的相互关系,但它确实是最简单的视图信息。

2. 局部剖面图

从机器上卸下一部分得到内部简图或图片,能够向读者很好地反映设备的组成部分和内部构造。一张清晰的局部剖面图能替代复杂机械装置内部结构的大量文字说明,见图 7-10。

局部剖面图经常使用在机械报告和手工训练方面,要求设计者仔细、精确并且充分发挥想象力才能完成。现在借助计算机辅助设计软件,这一工作可以轻松地完成。

3. 装配图

装配图表明装置的每个组成部分及每部分是如何装配的。它就像一张原形图,每一部分都给拆开了,见图 7-11。

4. 组织结构图

组织结构图是最常见的表现雇员、职称和群体关系的一种图表,它形象地反映了组织内各机构、岗位上下左右相互之间的关系。组织结构图是组织结构的直观反映,也是对该组织

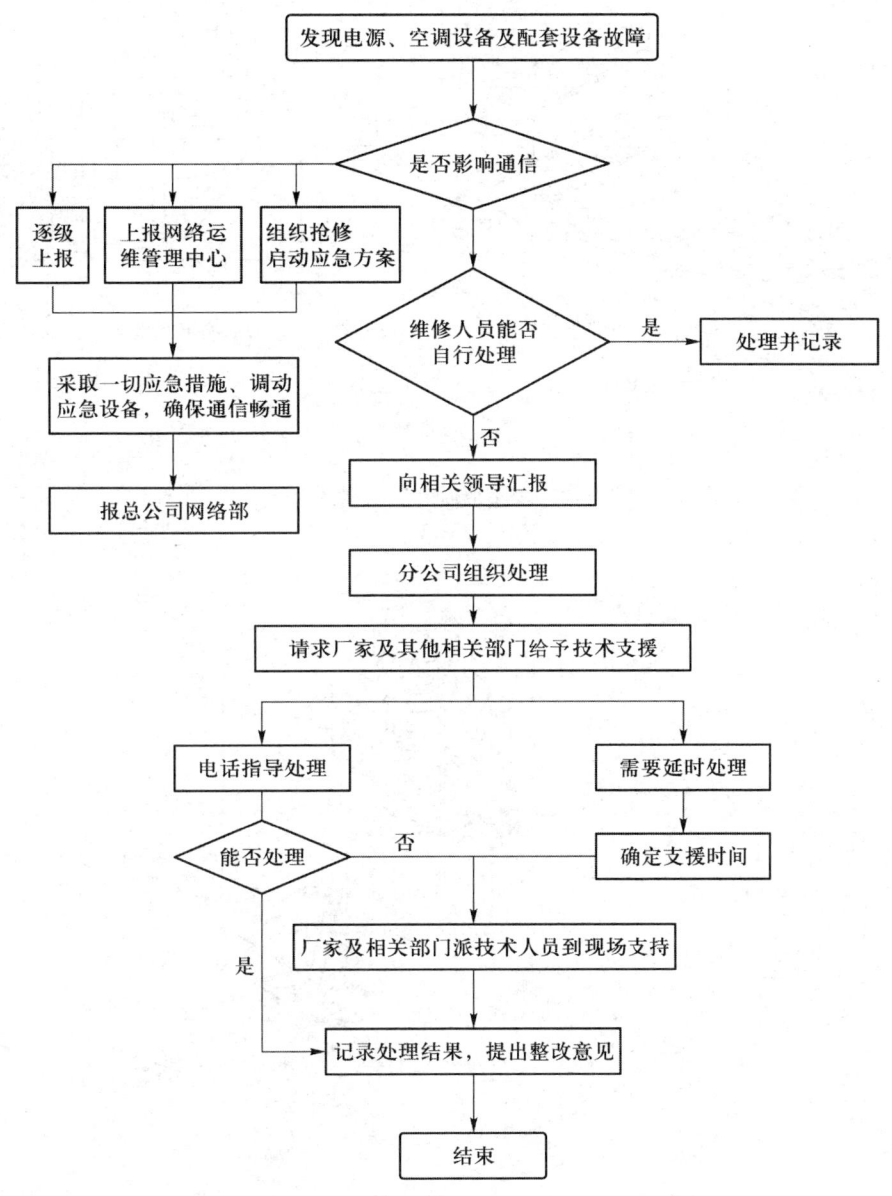

图 7-9 电源、空调设备故障处理流程图

功能的一种侧面诠释。

最具有代表性的组织结构图是直线式组织结构,如图 7-12 所示。其领导关系按垂直系统建立,不设专门的职能机构,自上而下形同直线。它的特点是企业各级行政单位从上到下实行垂直领导,下属部门只接受一个上级的指令,各级主管负责人对所属单位的一切负责。企业不另设职能机构,一切管理职能基本上都由行政主管自己执行。

直线式组织结构的优点是:结构比较简单,责任分明,命令统一。缺点是:它要求行政负责人通晓多种管理知识和专业技能,亲自处理各种业务。这在业务比较复杂、企业规模比较大的情况下,把所有管理职能都集中到最高主管一人身上,显然是难以胜任的。因此,直线

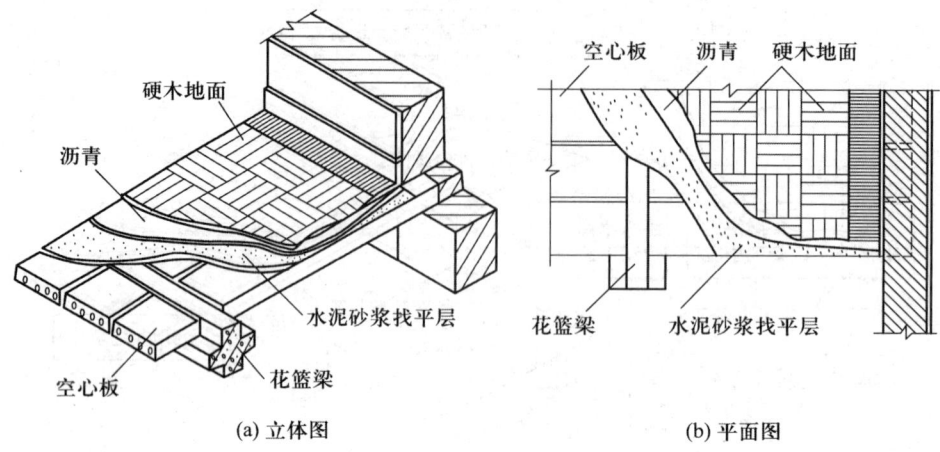

(a) 立体图　　　　　　　　　　(b) 平面图

图 7-10　楼层地面分层局部剖面图

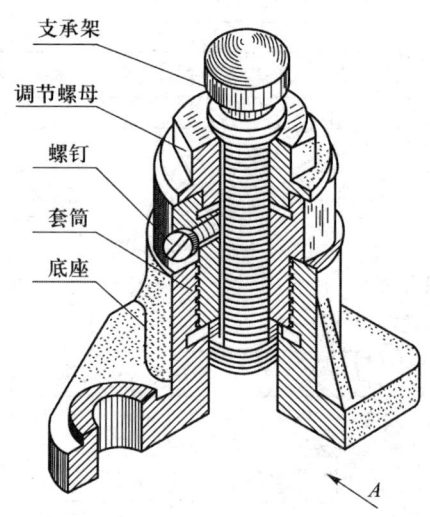

图 7-11　装配图

式只适用于规模较小,生产技术比较简单的企业,对生产技术和经营管理比较复杂的大规模现代化企业并不适宜。

课堂练习 6

1. 反映处理流程或工作过程,选择哪种视图辅助方式更为合理?
2. 统计信息与非统计信息的区别有哪些?
3. 非统计信息的视图沟通形式有哪些?

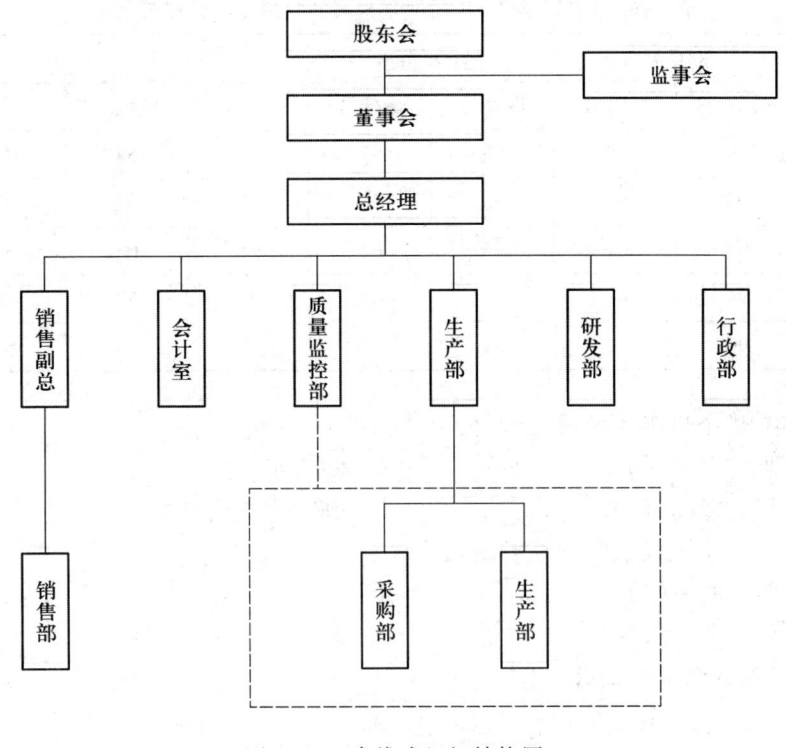

图 7-12 直线式组织结构图

关键词和术语
统计信息　表格　条形图　直方图　折线图　统计地图　象形图　饼状图　散点图　Z 形图　非统计信息

习　题

一、单项选择题

1. 当比较某企业产品销量变化的时候,以下图表哪个不适用?（　　）
   A. 条形图　　　　B. 折线图　　　　C. 表格　　　　D. 散点图
2. 某公司年终在比较各个部门的经营业绩时,以下哪个图表最适用?（　　）
   A. 饼状图　　　　B. 折线图　　　　C. 表格　　　　D. 象形图
3. 下列哪一项对条形图的使用描述最为完整?（　　）
   A. 可以明显看出变化趋势
   B. 易于比较
   C. 可能难以估算出精确数值
   D. 条形图相当容易移动,易于比较,但是无法精确地读出数值。

研究表 7-6 中所列数据,回答相关问题。

表 7-6 2007—2010 年期间某校高一年级学生数学成绩表

	2007 年		2008 年		2009 年		2010 年	
	最高分	最低分	最高分	最低分	最高分	最低分	最高分	最低分
高一(1)	99	65	99	67	100	64	100	65
高一(2)	95	60	96	58	95	61	97	62
高一(3)	94	61	95	62	95	65	97	65
高一(4)	94	62	96	64	97	60	96	61
高一(5)	90	50	88	47	90	52	87	57

4. 哪一年、哪个班级数学成绩最好？（　　）
  A. 2010 年　高一(1)　　　　　　B. 2007 年　高一(2)
  C. 2007 年　高一(1)　　　　　　D. 2009 年　高一(1)

5. 哪一年、哪个班级数学成绩差值最大？（　　）
  A. 2007 年　高一(5)　　　　　　B. 2008 年　高一(1)
  C. 2009 年　高一(2)　　　　　　D. 2010 年　高一(3)

6. 哪个班的数学成绩最好？（　　）
  A. 高一(1)　　B. 高一(2)　　C. 高一(3)　　D. 高一(4)

二、案例分析题

据报告显示，随着城乡居民收入的大幅增加，汽车消费快速进入家庭。城镇居民家庭平均每百户家用汽车拥有量由 2002 年底的 0.9 辆，增加到 2011 年年底的 18.6 辆。从统计数据可以看出，2003—2011 年，在限额企业单位主要商品零售额中，年均增速最快的是汽车类、通信器材类、建筑及装潢材料类、家电、音像器材和金银珠宝类。其中，汽车类零售额年均增长高达 23.5%。对零售额增长贡献率最高的商品主要集中在石油及其制品类、汽车类和粮油类。

伴随汽车行业的发展，汽车美容行业的市场会有多大，汽车美容行业会占市场多大的份额？有关统计数据表明，从 1997 年开始，该行业利润率一直保持在 30%～40%。一项调查表明，85% 的购车者对车有装饰改造需求。购买中低档普通型车者，乐意掏钱让车具有个性；拥有中高档私家车者对汽车美容更讲究饰品类商品。

汽车业界人士认为，国内的汽车售后市场还是一块尚待开发的"处女地"。他们分析称，从销售额看，在国外成熟汽车市场中配件占 39%，制造商占 21%，零售占 7%，服务占 33%。而在国内汽车市场中配件占 37%，制造商占 43%，零售占 8%，服务占 12%，数据显示在目前国内汽车销售额中制造商的比重依然偏大，而服务所占比重则明显偏小。

问题：
假设你是受雇于汽车售后服务的一名员工，要求你对公司未来汽车美容业务发展空间及前景进行分析，请你准备 5 种在讨论时可用于交流统计数据的演示图或表格，同时指出它们的优点。

第 8 章 电子沟通

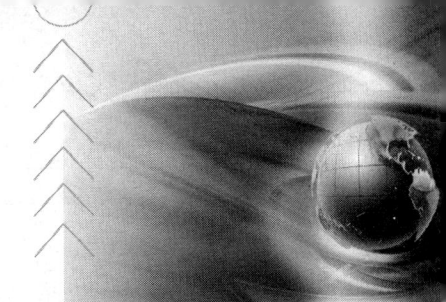

学习内容

1. 电子沟通的商务应用
2. 电子沟通的种类
3. 信息保护

学习目标

1. 了解电子和计算机技术在商务沟通中的应用
2. 掌握电子沟通的不同类型及特点
3. 掌握不同种类电子沟通的适用场合
4. 了解信息保护及相关立法

我们可能是有史以来相互联系最为紧密的一代。人们会在博客上分享信息、在网络上购买商品、在微博上讨论最新的话题。商务人士通过视频会议可以与远在地球另一端的客户进行谈判。人们的沟通交流不再受限于时空,遍布全球的通信网络以一种全新的、即时的方式将人们紧密连接在一起。

8.1 电子沟通的商务应用

从原始人最简单的符号到如今最时髦的智能手机终端,人类沟通的方式一直在不断地发展进步。1876 年,亚历山大·贝尔发明的电话,是第一个让远距离实时沟通成为可能的技术发明。而互联网技术的产生和发展,从时空上改变了传统的信息交流方式,让世界真正地变成了地球村。正是由于科学技术的不断进步,才促使人类的信息交流活动逐步实现了社会化、全球化,推动人类社会一步步走向信息时代。

8.1.1 电子和计算机技术的发展

电子技术是 19 世纪末、20 世纪初发展起来的新兴技术,发展迅速,应用非常广泛,远到航天飞机、宇宙探测,近到身边的电视、手机,全都离不开电子技术。电子技术在军事、通信、交通等社会领域中,展现了无比广阔的应用前景。电子技术的发展过程大致经历了五个阶段,即真空电子管电路、晶体管电路、中小规模集成电路、大规模集成电路和超大规模集成电路。

> **延伸阅读**
>
> **主要电子元件阶段**
>
> 1904年,英国的弗来明发明了真空电子二极管。
> 1906年,美国的德福雷斯特发明了真空电子三极管。
> 1906年,美国的弗森用电子管调制无线电收发音乐和演讲系统,出现了最早的电子管收音机。
> 1920年,美国建成了世界上第一座无线电台。
> 1925年,英国人贝尔德发明了电视机。
> 1946年,在美国诞生了第一台电子数字计算机ENIAC,开创了电子计算机的新纪元。
> 1947年,美国的巴亨、肖克莱和布拉克,成功地研究出了晶体三极管。
> 1950年,美国麻省理工学院的福雷斯特研制成磁芯存储器。
> 1953年,晶体管收音机问世。
> 1957年,苏联采用晶体管自动控制设备发射了第一颗人造地球卫星。
> 1956年,第二代计算机——晶体管计算机诞生。
> 1958年,美国得克萨斯仪器公司和仙童公司研制成第一块集成电路。
> 1964年,人们制造出集成电路元件,第三代计算机应运而生。
> 1972年,采用大规模集成电路的第四代计算机诞生。
> 1977年,美国研制成功了超大规模集成电路,产生了真正意义上的微型计算机。

在第一台计算机诞生后的一段时间里,计算机主要用于军事、科研部门的数值计算。随着电子技术的发展,计算机不断小型化、平民化,运算速度不断加快,其成本大幅下降,广泛进入家庭,产品更新升级速度加快,并逐渐实现个人化。微型计算机的应用领域更加广泛,在办公室自动化、数据库管理、图像处理、语音识别和专家系统等领域都大显身手。

一台计算机由硬件与软件两大部分组成,两者相互配合、协同作用,共同构成了计算机系统。计算机的硬件主要包括计算机主机和计算机外设,而主机又包括中央处理器(CPU)和内存储器,外设主要有外存储器(如磁盘、磁带、光盘等)和输入输出设备,键盘、鼠标、光笔、扫描仪等为输入设备,而打印机、屏幕等则为输出设备。计算机软件可以分为系统软件和应用软件,系统软件包括操作系统、服务软件、编译解释系统等;应用软件包括信息管理软件、辅助设计软件、文字处理软件、图形处理软件以及用户编制的各种程序等。总之,应用软件与系统软件共同构成了计算机软件系统的大家庭。

20世纪50年代初期,人们开始用计算机进行数据管理。数据管理技术的发展大致经历了人工管理阶段、文件系统管理阶段、数据库系统阶段和数据仓库阶段。自20世纪80年代末以来,这些分支又开始向商务管理领域渗透,特别是在企业的高层战略决策、产品市场和金融市场分析、投资咨询和企业诊断等方面的应用。目前,数据库技术已成为计算机领域最重要的技术之一,正在朝分布式数据库、并行数据库、知识库、多媒体数据库方向发展。

进入90年代以来,一场轰轰烈烈的科技革命席卷全球。研究人员将计算机技术和通信技术集成,形成以计算机为基础的网络通信,使得各种信息能够在世界范围内快速广泛传播。作为这场革命的结果,互联网应运而生,成为继电话、电报、邮政信件和传真之后又一种重要的通信手段,形成了价格低廉并且联通全世界的电子信息通道,全球信息资源高度共享,时空观念发生转变,网络化和全球化已成为不可抗拒的世界潮流。互联网的发展又带动了相关信息技术的进步,例如,网络安全和管理技术,为电子商务的开展提供了软硬件平台,使得信息技术进入了网络处理时代。这些技术给企业经营管理和各类商务活动带来极大的影响。

8.1.2 电子和计算机技术在商务沟通中的应用

电子沟通(Electronic and computer based communication)又称为 E 沟通,是以计算机技术与电子通信技术组合而产生的信息交流技术为基础的沟通。它是随着电子信息技术的兴起而新发展起来的一种沟通形式,包括计算机网络、电子邮件、博客和其他多种形式。它不仅仅是一种新的工具,也是一种有趣的沟通模式。当你想给主管、客户、投资者或其他受众留下好的印象时,使用电子媒介可以充分运用计算机动画、视频甚至是音乐来增加活力和视觉吸引力。

电子和计算机技术的迅速发展,特别是互联网的发展,为商务人士提供了大量的电子沟通手段,帮助他们克服远距离沟通所带来的种种困难,大大提高商务沟通的效率,从市场营销到客户服务,从商品订购到资金结算,电子沟通已经渗透到商务活动的各种领域。位于不同地区的人们如果需要进行合作,他们不需要昂贵的长途旅行就可以召开远程会议,进行磋商讨论;生产厂商可以通过信息技术随时跟踪零部件、订单和物流情况,并及时将信息反馈给客户;无论何时何地,客户们都可以以多种方式和厂商取得联系;公司能够与潜在客户、现有客户、供应商、员工和合作伙伴之间保持持续的沟通。

在电子和计算机技术应用于商务活动以前,企业与消费者之间以及企业之间主要依靠传统方式进行沟通。与传统的沟通方式相比,电子沟通集中了各种信息交流工具的众多优点,这些优点主要体现在以下几个方面:

(1) 打破地域

借助互联网的平台,电子沟通实现了远距离、跨地域的即时沟通,为跨国公司、集团公司进行跨地区或跨国的信息交流提供了方便。同时,电子沟通使员工可以在家里或其他地方工作,并能方便地与其他员工交流。

(2) 高效率

电子沟通加强了企业即时传输信息和收到反馈的能力,使书面信息能像口头信息一样快捷传递,接收者可以随时随地收取信息。另一方面,由网络技术和视频技术结合出现的远程会议实现了跨地域的可视沟通,有助于企业快速做出商务决策。

(3) 低成本

电子沟通主要采用视频会议、电子邮件、互联网及内部网等进行沟通,节省了传统书面沟通方式所需的大量印刷、场地、邮递、交通、人员等费用。对制造商而言,通过电子沟通,与顾客直接交流成为可能,从而使营销链条缩短,加快信息流动速度,节约销售成本。

(4) 共享性和开放性

通过互联网、内部网和外部网的使用,不同部门和合作伙伴之间可以共享信息,信息的效用得到充分的发挥,有利于企业更好地适应市场的变化。同时,电子沟通使员工在组织内可以跨越层级工作,从而实现了组织内全通道开放式的沟通网络,模糊了组织内的地位等级界限，有利于提高沟通的效率。

（5）形式多样

在信息交流的过程中，信息需要以不同的形式来表现，有的适合用文字，有的用图形效果更好。电子沟通可同时传递图像、文字和声音等，为各种形式的信息交流提供方便。

（6）存储信息

计算机具有以数字形式存储信息的功能。电子沟通的信息可以在服务器或磁盘上存放多年，检索效率大大提高，有利于实现无纸化办公。

在现代商务高度发展的时代，传统的沟通模式已经不能很好地适应日益复杂的商务流程和快速、实时的信息交换的要求。因此，电子沟通越来越多地出现商务领域当中，并且扮演着越来越重要的角色。几乎所有在办公室工作的员工都要求会使用互联网、用计算机进行文字处理、收发电子邮件、使用电子表格、数据库和演示软件等。随着计算机技术、网络技术的不断发展，电子沟通将商务沟通带入一个全新的时代。

8.2 电子沟通的种类

按照不同的功能、不同的技术可以将电子沟通划分为不同的类型。在商务沟通中，比较常用的电子沟通方式大致可以分为电子邮件、互联网、内部网和外部网、电话会议和远程软件、移动通信设备和数据共享六大类。

8.2.1 电子邮件(E-mail)

1. 电子邮件的介绍

电子邮件(electronic mail，简称 E-mail)是一种通过电子手段进行信息交换的通信方式。它是全球多种网络上使用最普遍的一项服务。这种非交互式的通信，加速了信息的交流及数据传送。它通过连接全世界的互联网络，实现信息的传送、接收、存储等处理，将邮件送到世界的各个角落。

电子邮件是通过邮件服务器来传递文件的，而邮件服务器是指提供全天候 24 小时电子邮件服务的计算机，用户只要向邮件服务器管理人员申请一个信箱账号，就可使用这种快速的邮件服务。

电子邮件的使用最早可以追溯到 20 世纪 70 年代。1976 年，英国女王通过 ARPANET 发送了一条电子邮件信息，自此电子邮件开始获得日益广泛的应用。如今电子邮件已经成为最常用的商务沟通手段了。在美国和加拿大，大约有 97% 的员工每天都要多次使用电子邮件。除了作为人们与外界沟通的工具，电子邮件也是办公室内部除了电话和面谈以外的主要沟通方式。电子邮件具有快速、廉价、便捷的特点。对于内容简单、要求时效性的信息来说，电子邮件可以说是最好的方式。

2. 电子邮件对商务沟通的影响

电子邮件在企业的运用和发展改变了人们以往的商务沟通模式，以快捷、方便、廉价的优势担任起国际商务沟通平台的角色。

电子邮件是公司与外部联系的重要手段。很多公司与客户的联系、合同的磋商和订立都是通过电子邮件完成，只是到磋商完毕最后留一份纸制协议存档。由于电子邮件的非正式性和即时性，人们写作电子邮件不需要考虑一般商业信函的格式要求。电子邮件极大地提高了人们的工作效率，它已经逐渐取代电话、信函和传真成为现代商务的主要沟通方式。

电子邮件也是组织内部沟通的工具。对大部分公司而言，电子邮件是相互沟通、获得意见、寻求共识的最佳方式之一，大家利用电子邮件安排会议、审核文件、宣布新项目、公布内部职位空缺等，备忘录、通知、便函都可以通过电子邮件在公司内部流转。

电子邮件是营销沟通的最佳工具。通过电子邮件传递企业信息，树立企业品牌形象，培育企业的客户群，进行营销传播。电子邮件营销，简单地说就是借助电子邮件为媒介所进行的营销活动，它具有低投入、响应快、绿色环保等优点，比其他广告更容易管理和追踪，而且更低的营销成本可以降低产品销售价格，从而有可能扩大客户群体。

3. 使用电子邮件的基本原则

电子邮件以其方便快捷的优点，在现代商务活动中起着重要作用。尽管电子邮件在形式上比较自由，但是也应该以认真的态度使用它。研究表明，与当面交流相比，人们使用电子邮件沟通通常表现得更加草率和不负责任。

在商务往来中，电子邮件将直接影响到客户对公司的印象。给客户的每一份邮件，都代表着公司的形象，显示公司的水平和实力。所以，电子邮件的恰当使用决定了公司是否以职业的方式跟客户进行有效的沟通。

电子邮件的使用应遵循以下基本原则：

（1）慎重选择收信对象

传送电子邮件之前，再三检查，确保你要发送的电子邮件地址是正确的，以免造成不必要的困扰。发送电子邮件应该抄送自己或有关人员备份，必要时可以作为曾经发送邮件的证据。但注意不要将发送电子邮件的副本不分青红皂白地抄送给一大长串的收件人，你的邮件可能成为别人的垃圾邮件。

（2）避免使用不够职业的做法

商务邮件中，应该避免使用☺、囧、:-D 等符号，避免使用 pretty_girl@company.com 这样的邮件地址，尽管可能显得你能紧跟时代潮流，但是会让你看起来不成熟，不够职业。

（3）避免使用工作邮箱发送私人邮件

员工由于发送私人邮件而被公司解雇的事例不在少数。这些邮件包括抨击本公司、讨论自己创业或提及跳槽到其他公司。很多公司都制定了电子邮件规范，限制将公司电子邮件服务用于私人用途，禁止发送令人不快的材料。公司技术部门还监控电子邮件的内容，搜寻敏感信息。如果你一不小心发送了一份措辞不当的电子邮件，个人事业的发展就有可能在长时间内受此牵连。

（4）慎重给最高层发送邮件

在许多公司，员工可以给任何人发送邮件，包括公司的 CEO。请记住不能滥用这种特权。例如，与上司沟通时，不要因为简单方便就在邮件中直接向最高层领导抱怨。如果能够通过公司的组织层级逐级汇报，就会使每个人都有机会依次解决问题。

（5）注意电子邮件的安全性

尽管有加密形式的电子邮件，但绝大多数的电子邮件的安全性和明信片差不多，很容易被第三方看到，更不用说别人从你屏幕上直接读到其内容了。电子邮件可以被保存，可以被无限制地转发，而不需征得最初发信人的同意。因而一旦你发送了不恰当、不适合的电子邮件,那可能会引起相当严重的后果。

（6）合理使用附件

在计算机病毒泛滥的今天,除非附件是必要的,否则应该尽可能避免使用附件。如果一定要使用,请确保你的收件人知道如何打开附件中的文件格式。照片尽可能插入邮件正文,而不是作为附件。另外,不要发送过大的附件。

（7）避免垃圾邮件

如今,垃圾邮件日渐猖獗,很多公司使用特定的过滤软件对垃圾邮件进行筛查,并且加强了对于自己公司的管理,例如,有的公司为了降低垃圾邮件发送者得到公司电子邮件地址的概率,已经不在网站上公布员工的电子邮件地址。

（8）小心"全部回复"

检查邮箱关于回复的设置,很容易会误点"全部回复",这会很令人尴尬,你的回复成了"公开信",甚至会威胁到职场生涯。另外,对于其他收信人来讲,这也是很烦人的做法。

（9）及时回复邮件

及时回复对方发来的邮件,这一点很重要。每一位发邮件的人都希望及时得到回复。即使是拒绝对方也要及时回复,但要"婉言谢绝",绝对不能置之不理。发一个邮件如此简单,任何理由都不是你不回复对方的借口。

课堂练习 1

请列出一些你知道的不恰当使用电子邮件的做法。

8.2.2 互联网

互联网（Internet）是指由一些通信介质如光纤、微波、电缆、普通电话线等将各种类型的计算机联系在一起,并采用统一的网络协议标准而互相联通、共享信息资源的计算机体系。互联网是一个跨越不同国家和地区的计算机网相互联结、彼此通信的集合。

1. 基于互联网的沟通

（1）公司网站

公司网站（Company external websites）,就是公司在互联网上进行网站建设和形象宣传的平台。公司网站就相当于一个公司的网络名片,是其网络沟通能力的体现。

根据公司建立网站的目的不同,大致可以把公司网站分为：

① 提供信息型。主要面向客户、业界人士或者普通浏览者,以介绍公司的基本资料、帮助树立企业形象为主;对公司产品的价格、生产、详细介绍等做最全面的介绍;适当提供行业内的新闻或者知识信息。

② 电子商务型。主要面向供应商、客户,提供某种属于企业业务范围的服务或交易功能,例如,网上银行、网上商城、网上酒店等,或者在网站上提供本公司产品的技术支持。由于互联网的不间断性,因而可以实现全天候网上交易,不受时间和地理位置的限制,并且由于运作成本的相对低廉,网上提供的产品和服务的价格也更具竞争力,有助于顾客做出购买决定。

③ 宣传推广型。主要面向企业产品（服务）的消费群体,以宣传企业的核心品牌或者主

要产品(服务)为主。相对于普通网站而言,这种类型的网站无论从目的上还是实际表现手法上,更像一个平面广告或者电视广告。

在实际应用中,很多网站往往不能简单的归为某一种类型,往往兼具多种作用。

一个成功公司网站,应该有利于提升企业形象,企业几乎可以把任何想让公众知道的内容放入网站,其作用类似于广告,但相比之下受众范围更广,其费用也要低得多。网站使公司具有网络沟通能力,公司可以在第一时间将新产品和新服务信息告知公众,公众通过网站获取最新信息的同时,还可以通过网络反馈其意见和建议。网站也是电子商务的重要途径之一,通过网站建设还可以与潜在客户建立联系,因为众多的采购商主要利用互联网络来寻找新的产品和新的供应商,这样做费用最低,效率最高。

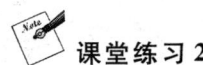

课堂练习 2

列出你知道的主要企业的网站地址,谈谈哪些给你留下深刻印象。你有什么改进的建议?

(2) 博客和微博

博客(Blogs)是另一种在商务中迅速采用,实现快捷高效沟通的典型例子。Blog 是英文单词 Weblog 的简称,中国内地普遍接受"博客"的译法,中国港台地区则接受"网志"、"部落格"等译法。博客可以使用户方便地发布个人信息,按照时间顺序排列,并且可以不断更新发布与反馈,信息的形式可以是文字、影音、图片、链接或多种形式的结合。通过博客,沟通者能够随时将信息传播到广大的读者,读者也可以在需要的时候随机获得信息。每分钟都有更多的博客在诞生,任何人的博客要想从其中脱颖而出,都不是一件容易的事。

博客表面只是一个新的媒介,但它最大的贡献在于,重新定义了商务沟通的特别功能,在某种程度上,这也许是任何其他媒介都无法比拟的。当你不断有很多信息需要与所有受众分享时,特别是你期望受众能对此做出回应时,博客就是潜在的最好的解决办法。

作为一种沟通工具,博客可以增进公司的外部沟通能力,创造出全新的产品开发、质量管理和事业成长的机会。为外部受众开设的博客可以推销产品和服务,建立与各个利益相关群体的关系,并加强对本公司及其品牌的认知和美誉度。很多公司管理层都通过博客来同公众和记者分享公司的新闻。发生紧急事件时,可以通过博客及时提供最新消息。而且博客能进一步发挥出大众营销的优点,优秀的博客会被不断转载和推荐,让顾客成为企业的推广大使,给了营销人员传播信息的绝好机会。博客能把单向沟通变成双向对话,了解顾客与非顾客群体成员对其业务的看法,从客户那里获得反馈意见,形成网上头脑风暴。

博客同样是一种强有力的内部沟通手段。专为内部员工设计的博客可以传播公司文化,帮助团队协作,并使所有人都有机会来获取公司集体的知识信息。博客是让团队彼此了解最新情况的一个好渠道,特别当团队成员处于不同地区;公司还可以使用博客来让员工在更大范围内了解公司总体的业务发展态势;通过博客,还可以促进员工之间的知识共享;企业可以通过博客公布新的项目、招募员工或是由管理高层下传信息,或者组织有趣的内部活动,从而改善内部的沟通能力,让员工了解更多的信息,参与公司的运作。

成功的商务博客应该重视下面的几个要素:尽管商务信息大都是客观的、毫无个性的"公司的声音",成功的商务博客应该注意写作风格和基调,应该个人写作并充分展示其个人风格,这样读者才可能与公司建立起亲密的感情联结;成功的商务博客应该经常更新,迅速传递大量新信息,那些不能持续做到这一点的博客很快会被淘汰;选择读者最关注的题目;鼓励读者添加评论,这些评论可能是非常有价值的信息、观点,即使是批评,也要保持开放和诚恳的态度。博客不太正式的特点使公司更贴近受众。博客应该尽量简洁,不要在博客上肆无忌惮地推销商品,或者张贴一些不想让全世界都知道的内容。

课堂练习3

请访问这些企业博客,并谈谈你的感受。
戴尔直通车:http://zh.community.dell.com/dell-blogs/direct2dell/default.aspx
Google 黑板报:http://www.google.com.hk/ggblog/googlechinablog/
通用汽车公司:http://fastlane.gmblogs.com/
波音公司营销副总裁 Randy Tinseth:http://boeingblogs.com/randy

微博(microblog)是由非常简短的记录组成的博客,通常只有一两行文字,以便朋友、家人或同事快速浏览后就可以了解作者在做什么或思考什么。标准的博客往往比较长,像一篇报告,微博则简明扼要并切中要害。微博不仅仅可以通过电脑发送,还可以通过智能手机连入网络,随时随地写作发表。

相对于传统博客而言,微博即时性和互动性更强。发表在微博中的信息,能够迅速被其他用户阅读、评论或转载,信息的传播速度和传播广度远远高于普通博客。比如有些名人的微博粉丝数量达2千多万人。因此,公司企业也纷纷开设自己的微博,充分利用其快速、受众范围广的特点,传播企业的信息,收集反馈意见。公司营销人员也可以借助这个平台,轻而易举地分析出不同用户之间的关系和网络行为,能够细分用户,实现更精准的网络营销。

课堂练习4

请找到一些你感兴趣的公司的官方微博,谈谈你看后的感受。

(3) 社交网站

2007年,Danah Boyd 和 Nicole B. Ellison 将社交网站(social networking)定义为:一种基于 Web 的服务,网民可以通过它:在某一封闭系统内建立公开或半公开的个人资料;与其他用户建立好友关系;可以查看、拒绝由系统其他用户向他自己发出的好友申请。这些关系的性质和具体命名在不同的网站内也可能有差异。

社交网站以促进联通和互动为主要目的,使用社交媒体工具方便人与人沟通,其核心是通过博客、网站反馈、评论、留言板、RSS 和其他工具,把互联网变成一个大型的、昼夜不停交流的平台。在这个平台上,时刻有人就各种主题开始交流。例如,购物网站上消费者所留下的各种产品评论、博客和有关新闻的读者评论。微博的用户根据兴趣爱好、毕业学校、家乡等因素,都可以组成不同的社交网络。

互联网上的社交网络允许人们匿名与他人进行沟通。在许多情况下,匿名可以让人们成为一个单独的"网络生活"中的人物角色,很多时候他们与"现实生活"背景下的自己完全不同。在这个网络世界里,你可以接触到的人群规模如此庞大,允许人们进行交谈、共享观点、虚构关系。截止到 2012 年 5 月,Facebook 拥有超过 9 亿活跃注册用户。

社交网站的核心价值也就是流量,已经有企业在探索社交网站的商务应用,增强电子商务交易等功能,比如有的社交网站提供订票服务。通过对社交网站成员的行为分析,充分利用成员之间的社会关系,精明的营销人员可以更加精准地向目标市场传递信息。网络营销比传统营销活动成本更低,也更加有效。

(4) 即时信息

在全世界的消费者都开始使用更加快捷的即时信息(instant messaging)来代替电子邮件的时候,商业界也不甘落后。在许多公司里,利用电脑和互联网络,发送即时消息,已经和电子邮件同等重要了。即时信息具有即时性、交互性、速度更快、人机界面更友好,在一定程度上解决了垃圾邮件等问题。

商务级的即时信息系统提供很多功能,包括聊天、在线提示、文件的远程展示、视频、对其他电脑的远程控制、自动订阅网页等。

即时信息的好处在于可以对紧急信息迅速反应,成本低廉,比电子邮件更接近对话形式,但也存在计算机病毒风险、敏感信息外泄等安全问题,以及不同即时信息系统之间的兼容问题。

为了使即时信息沟通更加高效,应该注意以下几点:需要集中精力工作时,不要在即时信息系统上现身;不用公司即时信息系统发送私人信息和机密信息;除非所有相关员工都有时间,不要用即时信息系统来召开重要会议;不要用即时信息来传递太长的太复杂的信息。

2. 互联网对商务沟通的影响

互联网的兴起可以说是信息时代不可逆转的趋势,它不仅仅是一种通信媒体,而且是一种营销渠道、宣传媒体,此外它更是建立一种新的产业秩序的基础。目前,互联网已经成为连接 200 多个国家和地区的信息传输干道。至 2011 年年末,全球互联网用户已达到 20 亿。互联网使用者可以在世界的任何地点和任何时间查找所需要的任何材料,获取网络信息,不仅广泛、快捷,而且对于任何一位接受信息的受众来说,都平等公正。

互联网之所以能够成为商务沟通的理想载体,是因为它具有以下多种优势:

(1) 速度快、成本低

互联网上的信息以光速进行传播,到地球的任何一个角落的时间几乎没有差异。随着信息技术的不断发展,互联网的接入速度不断提高,而成本不断降低,为商务应用提供了良好的机遇。

(2) 多样化

互联网是一对一、一对多、多对多的传播媒体。传统的媒体不是一对一的点对点传播(例如电话),就是一对多的传播(例如电视);互联网则兼具一对一、一对多、多对多的信息传递特性,大大方便了企业与企业、企业与客户之间的信息沟通。

(3) 具有双向沟通功能的交互式媒体

在各种交流手段中,口头沟通是双向交流,但范围有限;信函沟通速度慢;电话是双向沟通媒体,但只能传递声音信息;电视、广播属于单向传播媒体,不能得到及时反馈。而互联网不管是在一对一、一对多还是多对多的传播模式下,都能进行双向的沟通,交流双方可以进行实时的信息交换,大大缩短了用户信息反馈时间,使企业能迅速觉察到市场环境的变化,及时调整自己的经营思路,抢占先机。

(4) 提供电子商务平台

对于企业来说，可以借助网络，建立和维护企业形象，宣传产品和服务，或者直接在网络上销售，同时收集顾客的反馈信息，缩短沟通的渠道，提高沟通的效率，从而降低运作成本，赢得商机。对消费者来说，互联网上信息查询、比较、购买、售后服务都可坐在电脑前进行，购物变得更方便，还能节省时间和交通费，降低了购买成本。

8.2.3 公司内部网与外部网

1. 内部网的介绍

在电子商务的大潮中，很多企业都把建立一个网站作为和顾客接触的桥梁，但是仅仅停留在这个层面上是不够的，必须考虑把公司的内部支持系统和这个网站结合在一起，这就是建立企业内部网。

内部网（Intranet）是以互联网为基础的、属于某一组织并只能由该组织的成员或其他经授权使用的人员才能进入的网络。内部网的网址界面和操作与其他网址相似，但是内部网的防火墙可抵挡未经授权的进入。

内部网是一个企业内部业务处理和信息交流的综合网络信息系统，同时采用一定的安全措施与外部的互联网用户相隔离，保护内部敏感的信息，对内部用户在信息使用的权限上也有严格的规定。过去的信息系统通常采用局域网，属于完全服务于企业内部信息管理的封闭式网络。内部网则既具有传统企业内部网络的安全性，又具备互联网的开放性和灵活性，在满足企业内部应用需要的同时，又能够提供在互联网上实现的电子邮件、电子公告板、网页浏览、新闻组等多种形式的服务，并保持和外部客户及供应商的联系，而且成本低，安装维护方便，是传统管理信息系统所不及的。

内部网的主要功能是使信息资源可以在组织内部得到共享。随着现代企业的集团化、国际化，公司需要及时了解各地的经营管理信息、更新一些简单但又关键的文档，如通讯录、产品技术规格和价格、公司规章制度等。由于市场竞争激烈、变化快，企业必须经常进行调整和改变，而一些内部印发的资料甚至还未到员工手中就已过时了。浪费的不只是人力和物力，还有非常宝贵的时间。内部网技术正是解决这些问题的有效方法。企业将其信息存放于内部网上，使其信息可以得到迅速利用，信息的制作、打印和传播等费用可大大节省，同时为用户迅速、方便地了解和获取信息提供了一条方便的途径。此外，利用内部网络还可以进行人力资源管理、财务管理、文档管理及技术资料查询、产品开发与研制、计算机软件管理等，在一定程度上解决了管理中的低效高成本等问题，有助于企业目标的实现。

2. 内部网在商务沟通中的应用

内部网对于所有商业组织员工之间的沟通协作都极有帮助。内部网为企业提供了小组讨论、电子邮件、电子布告栏等工具来实现不同部门之间的沟通，这将为公司员工与高级管理层建立起有效的沟通模式和良好的关系。

大多数现代企业都采用内部网技术，其原因在于其处理公司信息方面的竞争性优势。

使用内部网技术允许将有价值的信息在员工之间以一种快速有效的方式进行分配，并帮助他们有责任感地履行各项任务。内部网节约了互动的时间，员工能够在适合他们的时间里获取信息，而不是一味发送邮件并等待回复。

内部网使得组织中的各种员工能够从他们的个人工作站点方便地访问组织内部文件，

共享数据。这不仅节约了员工的时间,也为不同层次的员工访问数据提供了便捷的途径,轻松实现项目研究人员的团队协作。

内部网一个重要的好处就是节约成本。这主要归功于它的无纸化。由于内部网支持网上发布文件,这无疑也降低了印刷和发行费用。与花钱打印文件相比,所有的公司文件都能通过内部网在网页上发布。员工能够在各自的工作站获得信息,从而降低了公司培训、管理和运作的成本。

内部网允许员工用丰富多样的应用格式,以及视频和音频查看文件。内部网还可以与多媒体程序一起使用,使得沟通和信息共享更加快捷。

除去这些优点之外,内部网还能通过查看信息促进平等的企业文化,有助于在不同部门之间保持良好的沟通,也便于操作的即时更新。此外,它还能为组织内部的互动沟通提供远程软件支持。

总而言之,内部网连通了企业内部的各个环节,通过整合企业研发、采购、生产、库存、销售、财务、人力资源等管理信息资源,强化业务流程管理,使得企业内部实现信息共享,增强沟通,简化工作流程,促进科学决策,提高企业运转效率。

3. 外部网的介绍及应用

外部网(extranet)是一种通过运用互联网技术和公共电信系统,与供应商、分销商、合作伙伴、顾客或其他公司共享公司部分信息的非公开性网络。它可以被看做公司内部网向外部用户延伸的一部分,视为由外部用户使用的某公司的内部网。

外部网的好处在于能够和外部用户共享信息,加强与外部用户的沟通,安装费用低廉且顾客受益匪浅,有利于公司进一步拓展业务,通过技术手段可以保障其网络安全性和私密性,包括防火墙服务器的管理、确认、电子认证或用户鉴定方式、解密以及通过与公共网络连接的虚拟网的使用等。

8.2.4 远程会议

1. 远程会议的介绍

远程会议是指利用现代通信技术实现跨地区召开的会议,从形式上来讲,包括电话会议和视频会议。

电话会议是一种经由 PSTN 网络渠道,借助多方互联的信息手段,利用电话机作为工具,利用电话线作为载体,把分散在各地的与会者组织起来,通过电话进行业务会议的沟通形式。公司的内部电话系统通常都有召开电话会议的功能,而且大多数电话公司收取一定的费用后都能提供类似的服务。召开会议的人首先拨通第一个参与者的电话,然后按下"等待"键后便可以拨通第二个参与者的电话,当所有参与者的电话都接通后,打电话的人发出另一个信号,然后每个人都能够和其他人自由交谈了。例如,美国的大型零售超市沃尔玛与 Kmart 就是利用电话会议的方式,方便总部的采购人员与各个商场的经理进行沟通。

与传统会议相比较,电话会议安排迅速,没有时间、地域限制,费用低廉,节约了大量的交通、场地和时间成本。与传统的点对点电话业务相比,打破通话只能局限于两方的界限,可以实现多方同时通话,沟通更加迅捷,信息更加真实。

视频会议则是借助通信线路和视频会议系统,实现语音和视频图像远程交互共享,在某些情况下还需要专业的服务来获得更好的效果。早期的视频会议系统通常以专用硬件设备的形式构成,彼此之间用专网进行连接,仅用于政府、军队、大型企业集团等。随着计算机处理能力和软件技术的提高,视频会议系统也开始向软件化发展,视频会议向办公交流、业务培训、市场营销等多领域扩展。

网络视频会议是以互联网络为媒介的多媒体会议平台,使用者可突破时间地域的限制,清晰的语音和视频可以实现面对面般的沟通效果。除此之外,强大的数据共享功能更为用户提供了电子白板、网页同步、程序共享、演讲稿同步、虚拟打印、文件传输等丰富的会议辅助功能,能够全面满足资料共享、协同工作、异地商务、远程培训等各种需求,从而为用户提供高效快捷的沟通新途径,有效降低公司的运营成本,提高企业的运作效率。与电话会议相比,具有直观性强,信息量大等特点。

视频会议不仅可以让与会者听到声音,还可以看到其他人的图像,不同地区的成员可以像在同一个房间里一样共同研究图纸和实物、商讨设计,讨论问题,与真实的会议无异,使每一个与会者确有身临其境之感。例如,你和你的团队可能要完成公司新办公室的楼层布局方案。你们可以对同一个图形设计方案进行修改,而不用努力向对方描述脑中的视觉想法。这种沟通不但帮助团队更紧密地合作,而且文档或图画马上就可以使用。你不必等某个人去把所有人的想法结合起来画一张新图。

2. 远程会议的优势和劣势

与面对面的传统会议模式相比,远程会议具有很多的优势,其中最明显的优势在于远程会议打破了传统的集中式会议在空间上和时间上的局限性,允许人们以更快、更简便、成本更低的方式进行沟通。由于远程会议的与会者不必赶到会场,可以大大节省场地、旅行费用和时间。远程会议更容易规划,所需时间也较短。特别是对于一些突发事情需要召开紧急会议时,通过远程会议就能及时地把有关人员召集起来,迅速作出正确的决策。

远程会议系统能使更多的人参加会议,特别是鼓励级别较低的成员参与到讨论中来,在有争议的问题上更加自由地发表自己的看法。

远程会议系统一般都具有录音录像功能,从而保证了会议记录的准确性和完整性。

虽然有这么多的优势,但相比面对面的会议,远程会议还存在一些缺陷。通过视频系统的沟通仍然达不到现场沟通的效果;对于谈判这类高度互动式的会议来说,远程会议则比较低效;一些人参加远程会议,会感到不舒服或者不自在;此外,远程会议受到软硬件技术的限制,很多人根本无法参与此类会议。

8.2.5 移动通信设备

1. 移动通信设备介绍

20世纪90年代以来,移动通信产业发展迅速,移动通信已经成为商业人士的主要通信工具了。

移动通信是指通信双方中至少有一方是处于外在运动中进行的通信。例如,固定无线电台、有线用户等与汽车、船舶、飞机或行人等移动体之间,或者移动体之间的信息交换,都属于移动通信。这里的信息交换,不仅指双方的通话,还包括数据、电子邮件、传真、图像等方式。目前常用的移动设备有移动电话、智能手机和平板电脑等。

自20世纪60年代最早的移动电话系统问世以来,移动电话已成为现在最流行的移动通信设备,技术不断进步,体积也更加小巧便携,功能也远远超出单纯的通话功能,短信已成为移动电话的基本配置,除此之外,还有收发彩信、日程安排、游戏等功能。

智能手机(smart phones)是集合了个人信息管理和移动电话功能的手持设备。智能手机与普通手机的区别在于它有开放性的操作系统,拥有独立的中央处理器和内存,用户自行安装更多第三方的应用程序,不断扩展手机的功能,并可以通过移动通信网络来实现无线互联网络接入。智能手机功能强大,具有 PDA 的功能,包括个人信息管理、日程记事、任务安排、多媒体应用、浏览网页等。

平板电脑(tablets)是一种小型、方便携带的个人电脑,以触摸屏作为基本的输入设备。它拥有的触摸屏,允许用户通过触控笔来进行操作,通过手写识别、屏幕上的软键盘、语音识别或者一个真正的键盘来进行输入。平板电脑具备台式电脑的所有功能,包括各种办公软件、互联网的连接和范围广泛的企业应用,但具有体积小巧、轻便易携的优点。

总体来看,移动设备一般具有以下特性:

① 没有时空限制。只要有信号,移动设备在任何时间任何地点都可以发送和接收信息,不需要考虑用户所处的位置,这对于今天的企业和客户市场是很有价值的。

② 操作便利。移动通信设备体积小巧,操作便利,功能持续增加,而尺寸大小却保持原样或变得更小。通过移动设备,用户可以轻松快速地连接到互联网、内部网、其他移动设备和在线数据库,成为访问多种信息的最便利、最受欢迎的方式。

③ 可定位性。从技术层面来说,移动设备可以被定位。随着越来越多的定位应用与服务的出现,这个特性也越来越多被应用到了个性化服务方面,例如可以为用户查找到离家最近的商店。

④ 真正的个性化设备。家庭、图书馆或互联网咖啡馆中的计算机或许是被许多人使用,而移动设备几乎总是由一个人拥有并操作,可以根据自己喜好充分定制。

2. 移动沟通的类型

(1) 短信

短信(short message service,SMS)也称为短消息,是指用户通过手机或其他通信终端直接发送或接收的文字或数字信息。1992 年,世界上第一条短信息在英国沃达丰的 GSM 网络上通过 PC 向移动电话发送成功。此后,短信开始迅速蔓延到世界各国,并持续爆炸性的增长趋势。根据国际电信联盟(ITU)的统计,2010 年全球短信发送量为 6.1 万亿条,也就是每秒全球要发出 20 万条以上。谁也不会想到,这个看似小孩玩意儿的东西,竟会在多年后对人们的经济文化生活产生了如此大的影响。

随着通信技术的发展,短信业务形态也在改变,信息内容在丰富,但在这一过程中有两点始终没变:一是短信的信息长度不超过 160 个英文字符或 70 个汉字,二是短信传递的存储转发,当用户无法接收时,短信暂时存放在短信中心,当用户重新登录进网的时候,短信会迅速传递到用户手机上。这些与生俱来的特点,使短信具备了传递准确可靠、迅速及时的优点。与语音通话相比,短信的成本相对低廉,文字形式发送和接收信息,是一种书面的沟通形式,不会影响到周围的人,并且可以群发给多个接收者,因此受到了商业公司和机构的青睐,为商务沟通提供了新的思路和空间。

(2) 移动办公

移动互联网络的发展带来了新的沟通便利性,WAP、GPRS、3G、4G、技术的不断进步意味着更高的带宽,更快的速度,因而人们可以通过智能手机、平板电脑等移动终端,随时随地连接到互联网,进行各种原来在办公室才可以进行的工作:浏览网页、收发邮件、即时聊天、视频电话……实现真正的移动办公。

3. 移动通信设备在商务沟通中的应用

(1) 开展营销活动

借助移动通信设备,公司可以给潜在顾客发送各种产品和服务信息,或者为现有顾客提供进一步的服务,改善公司形象。例如,房地产公司给潜在的房屋购买者发送新房上市的信息,招聘公司给会员发送最新的职位信息……甚至考试结果和天气预报信息也可以通过短信发送。

(2) 加强与员工的沟通

有些公司使用移动通信平台,可以随时发送信息给所有员工,而不论员工身处何处。有些员工在公司以外的场所工作,如销售团队的成员、出差在外的经理、远程办公人员、在公司工作场地或仓库中工作的人员,以及在消费者所在地或现场工作的维修和安装人员。通过移动通信设备,公司可以为这些员工提供支援,他们也可以访问所需要的数据,就像在公司办公室工作人员一样。

(3) 辅助管理职能

对于那些在产品递送和调度服务中的员工,包括运输、公共事业、现场服务、健康保健和保安等,移动设备更是成为支持这些员工的不可缺少的工具。移动设备可以辅助调度职能——给移动员工分配工作,并为员工提供关于人物的详细信息。无线装置用于调度可以实时追踪工作订单、提升反应速度、提高调度者的效率并且减少行政管理工作。

越来越多的企业意识到,为移动员工装备移动通信设备将会提高员工的生产率、提升客户服务水平,而且员工士气和对工作的满意度也会提高。总之,企业从这项投资中会得到巨大收益,利用无线设备对销售人员进行移动化,也许没有一个领域比这种举动更为确定。

8.2.6　数据共享和集中存档

1. 共享技术的介绍

企业资源共享是指企业在内部尽可能地公开信息和知识,使企业内的资源能够得到充分全面的利用,从而提高资源的利用效率,实现资源协同效应。企业通过采用信息技术,建立资源共享文化,创造资源共享的空间。

(1) 群件

群件(groupware)是让人们互相沟通、分享文件、递交材料和共同写作文档的系统总称,可以被定义为以计算机网络技术为基础,以交流、协调、合作及信息共享为目标,支持群体工作需要的应用软件。群体工作中,其成员因为时间及所处地点的不一致,造成沟通及协调的不便。群件就是针对群体工作而发展出来的技术产品,目的在于促进群体的交流合作及资源分享,允许个人和小组成员间进行有效的协同工作而不论其身处何处,充分提高群体的工作效率和质量。

(2) 共享日历

共享日历(shared calendars)对于项目小组来说,管理一系列的会议、约会、任务,以及项目取得的成果是一个很困难的任务。使用共享日历可以很容易地安排整个团队的日程,提醒团队即将进行的事件,从而使项目中的每个成员的工作都更有成效。使用共享日历可以简单、安全、快速的组织会议、安排活动、管理事件,并且所有这些操作均可通过简单的浏览器访问即可实现。

结合这些技术的共享工作区就像是一间"虚拟办公室",通过网络浏览器,工作区可以让你和你的团队将文件整理存放在一系列的电子文件夹中。它使团队中的每个人都能获得相同的资源和信息:数据库、日历、项目计划、相关的即时通信和电子邮件、共享的参考资料,以及团队的文件。共享工作区使地理上分散的团队成员可以随时随地获得共享文件。

(3)数据库

数据库(database)是一个长期存储在计算机内、有组织的、有共享的、统一管理的数据集合。它是一个按数据结构来存储和管理数据的计算机软件系统。数据库中的数据是为众多用户所共享信息而建立的,不同的用户可以按各自的用法使用数据库中的数据,多个用户可以同时共享数据库中的数据资源,进而可以使更多的人更充分地使用已有数据资源,减少资料收集、数据采集等重复劳动和相应费用。

(4)集中存档

集中存档(central filing system)是一种集中式的文件存档系统,所有与大家相关的需要共享的文件都放置在同一个地方,由一个人或几个人统一管理。其优点是责任清晰,能更加有效地使用设备、办公用品和空间;所有相关的数据保存在一起,减少文件的重复;对所有用户提供统一的服务,也更加安全。同时也存在一些缺点,比如文件可能离员工比较远,结果导致个人文档系统的增加,文档集中管理需要全职员工,需要存档设备和自动化方面更多的投资。另外要注意区分哪些文档可以集中存放,哪些是不允许公开的。

如果要实现电子文件的集中管理,则需要有软硬件的支持。相比之下,电子文件集中存档只在服务器上存储,占用空间非常少,检索方便快捷,能提高办公效率。但是所有的文件都需要有电子版本,没有电子版本的则需要重新输入或扫描。为了保证电子文档的安全,一定要注意备份。

2. 共享技术对商务沟通的影响

共享技术有利于促进企业员工更新知识、创新知识、有利于企业节约培训和技术改造成本,减少研发费用,有利于企业加快新产品开发和产品改造,增加竞争力,同时还有利于增强企业的凝聚力。

随着计算机技术的进步和企业的发展,数据资源的共享成为企业系统信息化建设的必然要求。在网络技术趋成熟与完善的今天,企业在保障安全生产的基础上,建立一个坚实的信息技术架构,实现企业资源优化共享,保证数据一致性、准确性、及时性、规范性和时效性,以提高企业管理效率和客户服务水平,这对企业的发展具有重大的意义。

8.3 信息保护

"自从拿到新房钥匙,每天总能接到装修公司的推销电话和短信。"某小区业主调出手机里一个小时内收到的4条推销短信对记者说:"大部分装修公司打电话都能直呼我的姓名,有的还知道我房子的户型,不敢想象,他们是否还知道我住几栋几门……"

对于这种场景似乎并不陌生,几乎每个人都接到过骚扰电话、短信、邮件,更令人不安的是,泄露的信息还包括姓名、职业、电话、家庭住址,甚至银行存款、投资状况等在内的个人信息资料。

互联网的快速发展也给个人数据保护带来了棘手的难题。当你利用计算机使用互联网时,你的个人信息和行为信息等将会被记录下来。这些信息如果被不正当地利用,就会成为个人数据保护的隐患。特别是在网民数量巨大的时候,这一隐患将更加突出。2011年年底,中国爆发因黑客入侵导致的波及1亿用户的互联网个人信息泄露事件,用户账户密码和其他个人信息公开暴露于网络,个人信息安全出现危机。美国也发生多起严重的客户敏感信息丢失案件。

互联网作为一种新兴的媒体,其特点之一就是全球互联,传播速度极快,任何信息在瞬间几乎就会传遍全球。所以一旦某些个人数据被公布到互联网上,就难以简单地删除。

总之,现代通信技术的发展正在迅速地改变和深刻影响社会的每一个方面,个人数据收集、处理、传输和利用,既促进了社会经济的发展,为人们的工作和生活提供了极大的便利,同时也给人们的私生活带来了前所未有的严重威胁。

8.3.1 信息保护的立法

英国1998年颁布了《数据保护法案》(Data Protection Act),其中明确规定,政府采集与公民自身或企业有关的信息,必须遵守资料保护的法律与相关程序,尽量减少重复收集,维护资料的安全,确保信息收集行为的合法性、收集目的的正当性、收集过程的科学性、信息内容的正确性、数据的完整性和准确性。此外,《数据保护法案》还规定,公民拥有获得与自身相关的全部信息、数据的合法权利;并允许公民修正个人资料中的错误内容。除了部分涉及国家安全、商业机密或个人隐私的信息受到法律规范而不得公开外,同时严格禁止税务机关未经授权向第三方泄漏纳税人的有关信息,其他政府信息应经过系统的处理后,尽量以电子化形式予以公开。

《信息自由法》也规定,要保证企业和公民能够依法查询到政府公布的各项信息。2000年11月,英国内阁颁布法令,宣布应该公开的政府文件将被放在"英国在线"门户网上,以供公民随时查看。英国公民可以获悉议会的最新动态,了解众、参两院讨论的事项,获取最新的法律文件,在网上对政府文件进行咨询并提出意见。

大部分国家对于信息数据库使用都有立法规定。例如,欧盟的《数据保护指令》、澳大利亚的《隐私权法案》(Privacy Act)、德国的《数据保护法案》(Data Protection Act)、瑞典的《瑞典数据法案》(Swedish Data Act)、美国的《数据安全保护法案》(Data Accountability and Trust Act)、奥地利、法国、挪威也有电子数据保护。为保证数据库的合理使用,挪威还设有数据控制机构、瑞典设有数据监督机构来具体监督和管理数据库的建立与使用。

8.3.2 中国的信息保护立法

1987年9月20日,钱天白教授发出第一封电子邮件,成为使用中国互联网产品的第一人。2013年1月15日,中国互联网络信息中心发布的第31次《中国互联网络发展状况统计报告》显示,截至2012年12月底,我国网民规模达到5.64亿,互联网普及率为42.1%,手机网络各项指标增长速度全面超越传统网络,手机在微博用户及电子商务应用方面也出现较快增长。与快速发展的互联网络相比,我国的信息保护立法则相对滞后。

2009年,我国《刑法》增设了"非法获取公民个人信息罪"。刑法修正案(七)确定了"出售、非法提供公民个人信息罪"、"非法获取公民个人信息罪"罪名,首次将公民个人信息纳入刑法保护范畴,规定要追究泄露、窃取和售卖公民个人信息行为的刑事责任。众多法律界人士表示,刑法未明确该罪的具体界定标准,譬如可能犯罪主体除"国家机关或者金融、电信、交通、教育、医疗等单位"外,还存在着互联网公司、房地产公司、物业公司、汽车厂商、宾馆酒店、会计师事务所等掌握个人信息的机构和单位。

2011年7月,工信部发布的《互联网信息服务管理规定(征求意见稿)》明确规定,未经用户同意,互联网信息服务提供者不得收集与用户相关、能够单独或者与其他信息结合识别用户身份的信息。但这只是部门规章,没有足够的法律约束力。

2012年12月28日,第十一届全国人民代表大会常务委员会第三十次会议通过了《全国人大常委会关于加强网络信息保护的决定》,专门为网络信息保护立法,这在我国尚属首次。《决定》重点保护公民个人电子信息,赋予公民监督和举报、控告的权利,明确禁止发送垃圾信息,网络服务提供者和其他企业事业单位应当确保信息安全,对于遏制网络乱象、加强网络虚拟社会建设意义深远。

关键词和术语

电子沟通　电子邮件　互联网　内部网　外部网　远程会议　短信　群件

习　题

一、单项选择题

1. 一台计算机的两大组成部分包括(　　)。
   A. 计算机硬件和软件　　　　　　B. I/O和指令寄存器
   C. 主机和显示器　　　　　　　　D. RAM和ROM

2. 使用电子邮件的恰当做法包括(　　)。
   A. 总是使用"全部回复"
   B. 可以用邮件传送机密信息
   C. 在附件中使用一些别人打不开的文件格式
   D. 发送前确认邮件地址正确

3. 关于企业博客正确的说法是(　　)。
   A. 应该关闭评论功能,避免负面言论
   B. 就是公司官方网站的翻版
   C. 通过个性化的信息,增进公司外部沟通能力
   D. 主要就是公司产品的宣传,它和广告的作用相同

4. 关于内部网的说法中不正确的是(　　)。
   A. 企业内部业务处理和信息交流的综合网络信息系统
   B. 采用一定的安全措施与外部的互联网用户相隔离
   C. 对内部用户在信息使用的权限上也有严格的规定
   D. 能够和外部用户共享信息

5. 与传统会议相比,视频会议主要的优势在于(　　)。

A. 适用于大型公司　　　　　　　B. 能够多人参与讨论
C. 安排迅速,突破地域限制,费用低廉　D. 能够使用肢体语言

二、案例分析题

联邦快递公司利用信息技术获取竞争优势①

联邦快递公司(Federal Express Corporation)在 1971 年由菲德瑞克·W·史密斯在阿肯色州小石城创立。1998 年,联邦快递收购了加利伯系统公司后成立了 FDX 公司。2000 年,更名为 FedEx 集团公司,原来的联邦快递更名为 FedEx Express,以区别于其他的快递服务分支。如今它已成为全球最大的快递公司,每天要向世界 200 多个国家投递几乎三百万件的包裹。

1. 服务

联邦快递公司是第一个推出中午到次日上午 10:30 限时专递服务,第一个承诺不满意退款。公司变得越来越兴旺,后来放宽了对包裹重量的限制,从 70 磅到 120 磅,再到 150 磅,最后干脆取消这一限制,包裹无论大小、轻重,都可以成为他们服务的对象。在其提供的服务类型中,有一项专递服务,是指保证次日上午 8 时前送达客户手中。1998 年,又推出了周日快递服务。FedEx 将他们的赢利不断投入经营规模的扩大,比如采用更先进的设备和飞机等。与此同时,他们也很注重对员工的培训及待遇,对于能圆满完成任务的员工及时予以嘉奖。

2. 货运追踪

FedEx 信使前来接送包裹时,会用一个叫 Super Tracker(超级追踪)的扫描仪扫描条形码标签。客户可以用包含在 FedEx Ship 软件中的 FedEx POWERSHIP 2 自动货运系统生成这种条形码,用以标定投递目的地、服务投递类别以及投递时限。这些信息用于精确识别各个包裹,以及从始发地到目的地的即定路线。投递信息还可立即由客户查询。

DADS(数字辅助递送系统)是一个全国的电子投递网络,它随时听候客户的投递要求。Super-Tracker 扫描完包裹后,数据被放进 DADS 发送器,再由 DADS 发送器通过人造地球通信卫星,向公司的中央大型机系统上传送这些必要的数据。数据随时存入 COSMOS(客户操控服务主控在线系统),在这个系统中,当货运在关键投放地点得到扫描后,数据会定期得到更新。COSMOS 是一个复杂的电子网络,包含了与每件托运物品目前所处位置有关的重要信息。COSMOS 将包裹的物理性处理以及相关信息连接至 FedEx 公司的主控数据系统,接下来,再连接至客户和员工手中。

3. FedEx 网站

1994 年,联邦快递公司正式采用了 FedEx 的缩写,启动了自己的网站(www.fedex.com)。1996 年,公司引进了 FedEx InterNetShip 服务,这是网上第一套投入实际运营的自动货运交易系统。客户们完全能在该网站完成全部托运过程,其中包括准备所有的在线文件,用任何一部激光打印机印下包裹的条形码标签,安排中途接货的信使,以及自动上载账单资

---

① 资料来源:
htp://leavetofly2002.blog.163.com/blog/static/1658510201217958553 95/
http://en.wikipedia.org/wiki/FedEx_Express
http://en.wikipedia.org/wiki/FedEx_Corporation

料等。在其网站提供的服务中,最富创意的是 FedEx Ship Alert(FedEx 托运提醒)服务。当用 FedEx InterNetShip 准备包裹时,托运人可以向收件人或其他人发送电子邮件,提醒他们有包裹即将送到。1996 年,FedEx 引入了 Virtual Order(虚拟订购)系统,允许中小型公司发布自己的 Web 页,使 FedEx 公司的托运及跟踪系统与在线订购合二为一。VirtualOrder 可帮助中小型公司在激烈的市场竞争中多一分胜算。

4. 跨国托运

随着用户对快速、可靠的跨国托运提出越来越高的要求,FedEx 也作出了积极的响应。FedEx 系统中一个重要的环节就是 ExpressClear(Electronic Customs Clearance,电子化快速通关)。也就是说,它采用了一套自动化的提前报关系统,精简了跨国托运的手续。托运物品还在途中,ExpressClear 系统就已经通过先进的计算机技术为其迅速办理好了入关手续。从而赢得了宝贵的时间,尽可能的避免了延误,确保托运物品如期到达。ExpressClear 采用了两大高科技系统:一个是电子数据交换(EDI),利用计算机通信使 FedEx 公司能向世界各地的经纪人及政府机构在线通报托运情况;另一个是成像技术,当需要附加文档时,原始文件扫描进 FedEx 的计算机通信系统以传递出去。由于能及时访问与托运有关的信息(从始发地到目的地),用户从中得到了极大的便利。对那些 FedEx 提供服务的所有国家,由 FedEx 自行开发的数据库都能为其提供服务,此外,任何目的地都能立刻查询到所需要的托运费。

问题:

1. 说明 FedEx 系统如何对寄送的包裹进行追踪?
2. FedEx 使用了哪些电子和计算机技术进行沟通?
3. 假如你是联邦快递的高层领导,面对 UPS 的竞争,你觉得沟通方面还可以做哪些改善?

附录 1　关键词和术语汇编

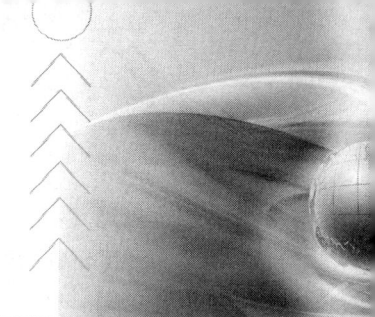

第 1 章

沟通：是指可理解的信息或思想在两人之间或两人以上的群体中进行传递或交换的过程，有效的沟通对于商务活动和企业管理具有重要的作用。

发送者：发送者是沟通的初始者，具有主动地位。它负责产生、提供用于沟通的信息，并通过编码过程将其转换为具有象征含义的符号，发送给接收者。

编码：信息被发送者转化为一系列具有象征含义的符号的过程。

媒介：是信息得以从传递者发送到接收者所凭借的手段，即发送者用于传递信息的媒介物。

信息：是沟通传递的客体，它可以是某种观点、意见、数据或资料，必须通过编码的形式从发送者传递到接收者，以便接收者理解。

解码：接收者根据客观情况和自身的知识背景或社会经历对来自发送者的信息符号进行翻译和解释，转换为具有特定含义的信息的过程。

接收者：是信息发送和传递的目标，接收者通过对来自发送者的编码符号进行翻译解码，从而获得对信息内容的理解。

反馈：是指接收者收到信息后把自己的反应返回到发送者，以表明自己是否正确地理解了来自发送者的信息。

噪音：是指在信息传递过程中的干扰和影响因素，噪音的存在是引起沟通失效的一个重要原因。

内部沟通：指组织内成员之间进行的信息交流，即组织的某项工作、任务或制定某一策略需要该组织成员共同努力完成，为了更好地完成任务而进行的信息交流。

外部沟通：是指组织为了更好地生存与发展，通过公共关系手段，利用大众传媒、刊物等途径，与政府及主管部门、新闻媒体、金融机构、客户、社区、协作者、竞争者和股东等其他组织或成员在发生业务往来和合作中所进行的有效沟通，建立良好的外部关系，争取社会各界支持，创造优良的发展氛围，以提高企业的知名度和资信度。

沟通障碍：是指人们在信息沟通的过程中，由于存在各种因素的影响和干扰，信息的传递和交换中可能出现误解和沟通失真的现象，这些因素称为沟通障碍。

单向沟通：指的是发送者仅将信息传递出去，而不了解接收者对信息的反应，或接收者未将信息反馈到发送者，即沟通过程中缺乏反馈环节的信息沟通。

双向沟通：是一种互动的沟通，信息发送者通过反馈环节了解接收者对于所传递的理解、态度、反应和看法，特别是当理解偏差出现或存在观点差异时，信息发送者能够及时了解并做出进一步的沟通，进行澄清、解释和劝说。

正式沟通渠道：是指公司管理层为了向员工传递政策、指示或者希望传递的信息，以及接收来自员工的信息而建立的沟通渠道。它是组织内部以规章制度明确定义的沟通方式，其信息流向依照组织结构中的层级关系来完成。

非正式沟通渠道：指的是正式组织程序和规章制度之外的各种沟通渠道。

上行沟通：是组织中由下级依照规定向上级传递的、信息由下而上的沟通，主要方法包括向上级提供的正式报告、汇报、请示、反馈和建议等。

下行沟通：指的是组织内部管理层与员工之间信息自上而下的沟通。

横向沟通：是指组织内部同一层级的部门之间的平行沟通。

沟通网络：信息在一个群体或一个组织内部的流动通道和路径。

轮式网络：指的是信息沟通的控制性网络，信息经由中心人物同时向四周多线联系，但其他成员间互不沟通，因此中心人物是信息的发布点与汇集点，控制着整个信息网络。

"Y"式网络：指的是组织领导与下属部门之间均通过信息沟通的枢纽相互传递信息，也是属于纵向沟通的形式。

链式网络：指的是组织中的纵向沟通网络，反映的是信息由上至下或由下至上的直线式沟通，相当于一个上级领导向下发布指示命令的垂直领导体系。

环式网络：它实际上可以看作链式沟通网络的两端闭合形式，即形成了一个封闭的圆环，组织层级中的高层管理者与基层部门间建立了信息的沟通回路和反馈通道，沟通链上的每位成员都能够与两侧的人进行信息沟通。

全通道网络：它是一个开放式的网络系统，各个成员之间都能够充分地与所有其他成员交换信息、观点和意见。

第 2 章

口头沟通：它是最常采用的沟通方法，是指借助于口头语言实现信息交流的沟通方法，具体包括：口头汇报、面谈、讨论、会议、演讲、电话沟通等。

面对面交谈：它是一种普遍使用的口头沟通方式，是指两个或两个以上的人当面直接进行的谈话或对话，具体应用于商务谈判、工作汇报、探讨交流、调查访问等场合。

电话：它是沟通双方无法见面的情况下所普遍选择的一种沟通方式，即借助电话媒介来传递文字语言信息与声音语言信息的一种沟通方式。

非正式会议：是指正式途径以外的、不受组织层级结构限制的会议沟通方式。它是通过非正式组织系统或个人渠道的信息传递活动，没有会议记录，也没有正式的会议表决过程，不要求在正式的会议场所进行。

面谈：是指任何有计划的和受控制的、在两个或以上的个体之间进行的、参与者中至少有一人是带有特定目的的，在进行过程中包含了听和说的谈话活动。

正式会议：是指按照双方共同商定的时间、遵照规范的礼仪和程序进行的内容较为正式的会见，通常用来解决某一问题或达到某个目的。正式会议通常有确定的会议程序，有明确的会议议程、会议通知、会议规则、参会人员以及系统的会议记录。

半正式会议:它介于正式会议与非正式会议之间,不要求严格的正式会议程序,而是由会议主席或发起人负责会议的正常运行。规划阶段几乎不需要正式的书面通知,而是采用非正式的、通常是口头方式进行通知。

开放式论坛:是各方为了共同的利益所进行的意见与信息的公开交换与交流。在沟通中,特指人们用来集会讨论某个感兴趣的议题、解决某个存在争议的问题,或与社区社团的成员进行互动交流的聚会场所。

语气:是指通过使用语言中的不同音调来突出口头沟通中词汇的或语法上的含义。

倾听:属于口头沟通的重要组成部分,其目的在于双方在思想上达成一致和感情的沟通。狭义的倾听是指凭助听觉器官接受言语信息,进而通过思维活动达到认知、理解的全过程;广义的倾听也包括文字交流等方式。

开放式问题:通常采用特殊疑问句的方式提问,答案没有限制和框架而具有多样性,一般需要加上解释才能圆满回答的问题。

封闭式问题:以一般疑问句提问,答案是唯一的、有限制的(例如"是"或"不是"),使对方在给定的框架中作答的问题。

辅助语言:是指说话的方式而非说话的内容。它包括说话的语调、措辞、重音和重读等。

元信息沟通:是一种特殊形式的沟通,它是指沟通中的语言信息应该如何被理解。

暂缓判断:注意认真倾听,听完所有的讲述,并完整地收集对方发出的信息,包括语言、语气和肢体语言等,并根据所有完整信息再进行慎重判断,而不是急于带有偏见地去做判断。

第 3 章

演讲:又叫讲演或演说,是指在公众场所,以有声语言为主要手段,以肢体语言为辅助手段,针对某个具体问题,完整、鲜明地发表自己的见解和主张,阐明事理或抒发情感,进行宣传鼓动的一种语言交流活动。

开场白:是指演讲大纲的开头部分,在演讲大纲中处于显要位置,具有重要的引导作用。

实施演讲:演讲者在开场白后向听众展示演讲的主要论点和结构框架,随后遵循演讲的预览开展阐述、分析及总结的过程。

结束语:演讲的收尾部分,是演讲者在演讲结束前再次展现自己重要观点、结论和表达技能的良好机会,强化听众的印象和评价,同时也有助于再次强调演讲的目的和获得听众的支持。

演讲风格:是指演讲过程中演讲者所呈现出的个性特征与整体风貌。演讲风格包括两层含义:第一是演讲风格与演讲者的个性特征密切相关,另一方面表示整个演讲的风格和特色,演讲者的个性特点全面地体现在演讲过程中。

视觉辅助手段:是帮助演讲者实现演讲目标、对所阐述的观点进行视觉强调和强化展示的辅助工具,主要包括白板、挂纸板、视频、投影仪和电视机等。

PPT:全称为 PowerPoint,是一种演示文稿图形程序,用于设计制作专题报告、学术讲座、课堂授课、产品演示与广告宣传的幻灯片演示文稿,可以集文字、图形、音像和视频剪辑等各类多媒体元素于一体,并通过计算机屏幕和多媒体投影仪播放,广泛地应用于各种演讲、演示中。

多媒体投影仪:是能够与计算机、VCD 和 DVD 播放器相连,将文字、图像、声音、视频和演示文稿等信息传输到较大屏幕上的仪器,广泛用于演讲、演示、会议和课堂教学等活动中。

白板:通常是白色金属板材制成的、可反复擦写的书写平面,广泛用于教学、演讲、会议讨论或办公记事。

挂纸板:是用来安放白板纸的一种白板,是快速的、低成本的视觉辅助手段,适用于针对小型听众群体的演讲。

视频:是通过电子技术将画面与声音的轨迹联系起来的一种视觉辅助手段,它通过产生类似影片的效果同时展现音响、动作、动画和色彩,并因此抓住观众的注意力和兴趣。

投影仪:也称作"投影机",通过显示输出的信号,将图像和文本,甚至视频放大并成像到屏幕上的仪器,广泛用于商务演示和日常教学、培训。

电视机:是用电的方法即时传送动态视觉图像的仪器。与电影类似,电视利用人眼的视觉残留效应显现一帧帧渐变的静止图像,形成视觉上的活动图像;电视系统的发送端把景物的各个微细部分按亮度和色度转换为电信号后,顺序传送,并且在接收端按相应的几何位置显现各微细部分的亮度和色度来重现整幅原始图像。

衡量演讲的现场表现:通过目标听众因素、环境物理因素以及互动因素三个方面来评价演讲的现场表现。

听众因素:是指演讲活动是否能准确识别目标听众。

环境物理因素:是演讲现场的客观环境和条件的因素。它主要包括演讲会场的设施情况以及视觉辅助手段的使用情况。

互动因素:是通过肢体语言和目光接触来观察听众感兴趣的程度,获得一定的反馈效果。

演讲的自我评价:演讲者在演讲活动结束后客观地总结演讲的过程与结果以及听众的反馈,得出关于演讲效果的明确结论,总结成败的原因,并形成经验或教训,思考下一次演讲中如何进一步提高改善和解决当前仍然存在的不足和问题。

第 4 章

非语言沟通:非语言沟通就是使用除语言以外的其他各种沟通方式来传递信息的一种沟通方式。

肢体语言:就是利用身体特征或身体动作来传递信息。人们既可以采用身体动作,如面部表情、眼神等来传递信息,也可以利用自身的身体特点,如体形、姿势、气味、体重和肤色等,甚至是个人的服饰和打扮来沟通信息。

面部表情:是通过面部各个器官——眼、眉、口、舌等——的变化来表情达意,是非语言沟通形式中最重要、使用最频繁、表现力最强的形式。

眼神交流:眼神交流就是用眼睛来传递信息,其方式主要由视线交流的长度、方向和瞳孔的变化三部分组成。

身体姿势:是指整个身体躯干的姿态,如坐姿、站姿和身体接触等。不同的姿态传递人们内心不同的心理信息。

身体接触:是人类一种重要的非语言沟通方式,其形式多样,既富有强烈的感情色彩,也具有鲜明的文化特色。主要形式有握手、拥抱和其他的身体触摸。

手势语:就是利用手势来传递信息、表达意图和情感。

第 5 章

群体:是指两个或两个以上的个体,为了达到特定的目标,以一定的方式联系在一起进行活动的人群。

群体沟通:是指在群体内两个或多个成员为了完成特定的任务,在特定环境中进行的相互沟通信息的过程。

正式群体:是指根据组织正式规定而形成的群体。

非正式群体:是人们在活动中自发形成的,由于共同的兴趣或友谊而聚集在一起,未经任何权力机构承认或批准而形成的群体。

群体决策:为了充分发挥集体的智慧,由多人参与共同分析并制定决策的整体过程。

群体有效性:是指群体目标和组织目标的完成情况,以及群体成员的满意度。

权威决策:即处于权威位置的人作出决策或对决策进行变更。

多数决策:当多数成员同意提案时,可以采取投票方式,票多者获胜。

共识决策:一种反映所有成员想法的全面的解决方案,团队成员互相沟通、说服对方并协商达成一个大家都满意的解决方案。

无异议决策:所有成员都表达了自己的观点并最终取得一致意见,对于某一项决策都完全赞同。

议程:列出将在会上讨论的各种事项以及讨论的次序。

秘密议程:有些人来到群体时,都带着自己个人的目标,被称为"秘密议程"。

会议记录:会议记录用来概括会议所讨论的要点,并被存档以供今后参考。

第 6 章

书面沟通:是指利用书面文字、图形等信息载体,在人们之间进行信息传递和交流的沟通方式。

排版风格:很多公司和机构都为员工提供标准的排版和设计指南,或者在字处理软件中提供模板和宏,以帮助他们为书面文档选择正确的结构和布局。

内部书面沟通:是指组织内部人们相互之间书面形式的沟通。

外部书面沟通:是公司机构与外部利益相关者进行的书面沟通。

备忘录:备忘录是一种常见的内部书面沟通的形式,通常比较简短,只针对一两个问题,可以通过公司内部邮寄系统或电子邮件系统发送。

报告:报告是一种常见的书面沟通形式。报告撰写人根据特定的主题和要求,搜集整理材料,开展调查研究,并撰写报告,向特定受众传递书面信息。

二手数据:又称次级数据,是指调查者为其他目的收集、整理的各种数据资料。

原始数据:也称为一手数据,是指为了解决特定调研问题,通过访谈、问卷调查、观察记录、实验等方式第一次获得的信息。

通知:通知是用来告知员工需要关注的事项。

年报:公司每年出版一次的定期刊物,是公司向公众沟通信息的重要途径。

第 7 章

统计信息：按照某种统计方法收集到的关于某个主题的统计数据和资料。

表格：把信息集合在一起并在各分类区域内进行展示的视图手段。

条形图：是用一个单位长度表示一定的数量，根据数量的多少画成长短不同的直条，然后把这些直条按一定的顺序排列起来的视图方法。

直方图：是一种由一系列高度不等的纵向线段表示数据分布的情况的统计报告图。

折线图：反映了两个或多个变量随时间的趋势变化或说明它们的关系的视图手段。

统计地图：运用统计数据反映制图对象地理特征的一种图形。

象形图：用图片或者标志这种简单的方式传递统计信息。

饼状图：展示整体中的部分是如何分配的，用圆内各个扇形的大小表示各部分数量或该部分占总体的百分比。

散点图：表示因变量随自变量而变化的大致趋势，据此可以选择合适的函数对数据点进行拟合。

Z 形图：审查一个项目或业务的进展时，一般可以考察三个时间表。由三个时间表绘制出来的图形是三个图形的结合体，就像字母"Z"，因而这种图表被称为"Z 形图"。

非统计信息：不是通过数字和统计数字传递的信息，分为公共和方向的信息、教学或解决问题的信息和表述关系的信息三类。

第 8 章

电子沟通：是以计算机技术与电子通信技术组合而产生的以信息交流技术为基础的沟通。

电子邮件：是一种通过电子手段进行信息交换的通信方式。它是全球多种网络上使用最普遍的一项服务。

互联网：是指由一些通信介质如光纤、微波、电缆、普通电话线等将各种类型的计算机联系在一起，并采用统一的网络协议标准而互相联通、共享信息资源的计算机体系。

内部网：是以互联网为基础的、属于某一组织并只能由该组织的成员或其他经授权使用的人员才能进入的网络。

外部网：是一种通过运用互联网技术和公共电信系统，与供应商、分销商、合作伙伴、顾客或其他公司共享公司部分信息的非公开性网络。

远程会议：是指利用现代通讯技术实现跨地区召开的会议。

短信：是指用户通过手机或其他通信终端直接发送或接收的文字或数字信息。

群件：以计算机网络技术为基础，以交流、协调、合作及信息共享为目标，支持群体工作需要的应用软件。

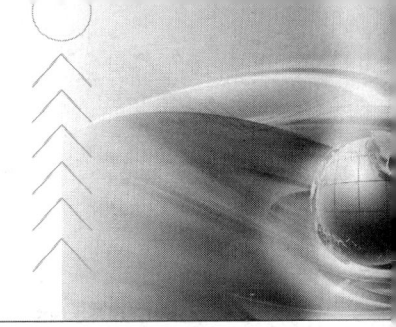

附录 2　习题参考答案

一、课堂练习参考答案

第 1 章

课堂练习 1

参考答案：学生的答案可能有所不同，但基本包括以下几个方面：(1) 内部沟通。A 公司内部召开会议，并调查近期速冻食品的生产、包装及运输情况，确定是否可以排除自身的质量问题。(2) 外部沟通。与 B 超市沟通，了解超市的速冻食品存储条件以及 A 公司的食品是否在 B 超市受到了污染；与顾客沟通，安抚顾客并表示将认真调查并了解顾客近期的饮食和食物中毒的原因；与媒体沟通，调查结果明了后召开发布会，对情况进行说明，并表明 A 公司将一如既往地关注食品安全、履行企业社会责任的决心。

课堂练习 2

参考答案：第二组的复述效果应该更好些，信息复述得更加准确。第一组是单向沟通，没有反馈，接收者的信息理解未能得到发送者的核实，信息沟通可能存在偏差；第二组允许听者提问，则包含了反馈，属于双向沟通，发送者能够根据接收者的问题再次进行澄清和明确，信息的传递更加准确、有效。

课堂练习 3

参考答案：1. 轮式网络；2. 链式网络；3. 环式网络。

第 2 章

课堂练习 1

参考答案：学生的答案可能有所不同，但基本包括以下几个方面：(1) 对方接听电话的速度，以及接听时的语气、态度，是否报出企业名称；(2) 是否能认真倾听来电的讲述，并进行耐心回答；(3) 如果需要转接其他部门，是否做出了有效安排和提示；(4) 是否能根据实际情况主动记录留言，并按预期时间进行回复和反馈。

课堂练习 2

参考答案：小王急于做出判断，结果做出了错误的选择。口头沟通中应该认真、耐心地听取对方的全部信息后，再进行判断和决策，即沟通中需要暂缓判断，以便获得更加准确的信息。

第3章

课堂练习1

参考答案:Sam将面对与他在M公司总部不同的演讲听众,他必须事先考虑以下听众特点:C公司经理和员工的文化背景及其与M公司的文化差异;C公司所使用的主要语言为汉语;经理与员工所处的年龄段分布;受教育程度及比例;经理与员工的岗位来源;对演讲主题的熟悉程度及对信息的接受程度;对演讲主题的态度;他们所关注的可能会在演讲中提出的问题。Sam必须充分考虑到以上因素,有效设计他的演讲内容和所使用的语言,才能保证吸引听众,并有效传达演讲的主题信息,并获得听众的有效反馈。

课堂练习2

参考答案:第一,制作幻灯片演示文稿(PPT)并通过多媒体投影仪来展示研发部在本年度的工作业绩和具体工作指标;第二,展示幻灯片演示文稿(PPT)的过程中可以穿插播放视频,用来简要介绍所研发的新产品;第三,准备白板或挂纸板,用来记录演讲中需要额外说明的数据、信息,还有演讲后管理团队提出的问题。

第4章

课堂练习1

参考答案:1. 因人而异。在没有语言沟通工具的情况下,肢体动作可以起到有效沟通的作用,但也可能存在一定困难,信息可能出现偏差,造成误解。

2. 表达复杂信息比较困难,不同人对于肢体语言可能有不同的理解。

课堂练习2

参考答案:语言行为和非语言行为都可以起到传递信息的作用。一般而言,语言是经过思考和选择,有意识地表达出来的,属于理性的层面,会把所要表达的大部分甚至绝大部分信息隐藏起来。而非语言符号的沟通在很大程度上是无意识的,所载荷的信息往往都在交际主体不知不觉中显现出来,身体语言作为非语言沟通的一种形式,能够提供比语言更丰富和更准确的信息。因为非语言沟通在交际过程中可控性较小,因而也能更真实地反映人们的真实情感和态度,正因为非语言沟通具有这个特点,所传递的信息往往可以引证有声语言所传递信息的真实与否。在本案例中,老板的有声语言在传递信息方面基本失去了作用,真正表明其态度的是他的身体语言,那就是对该员工的建议不感兴趣。

第5章

课堂练习1

参考答案:正式群体包括公司、其他机构、部门等;非正式群体可能包括健身俱乐部、旅友等,非正式群体形成一般是有着共同的兴趣和爱好,大家乐于进行交往。

课堂练习2

参考答案:经历可能不同,但是群体思维的原因都是由于存在群体压力,成员不愿意表现得与群体不一致,站在多数人的对立面是需要很大的勇气的。

课堂练习3

参考答案:经历可能不同,有效的会议主席能够确定会议讨论的主题,明确讨论的范围,确保与会者不跑题,并且每次只有一个人发言,必要时可以打断讨论,尽可能公正,绝对不能和与会者争论,确保其他成员能理解会议进展的情况。

有效与会者能提前熟悉议程,充分准备,明确自己的责任,积极参与讨论,发言体现逻辑思维和分析能力,清晰扼要,不偏离会议主题,以开放的心态,认真倾听别人发言,给予他人发表意见的机会,有能力和意愿适应别人的语言,认识到交互作用过程是双向的,要灵活和宽容,注意沟通障碍的存在,并努力克服它们,具有恰当的时间意识,考虑会议的安排和地点,在恰当的时间发言,具有合作的愿望,以实现群体目标。

第 6 章

课堂练习 1

参考答案:答案可能不同。公司的排版风格一般经过专业的精心设计,应该充分体现公司的形象,传递公司的文化。

课堂练习 2

参考答案:根据备忘录的写作要求,你应该写一份如下的备忘录:

To:所有员工

From:你的名字

Subject:将饮料远离键盘有助于减少电脑故障

Date:2012 年 8 月 20 日

最近发生了三次由于不小心将饮料倾洒到键盘上而引起的电脑故障,希望大家能到休息区喝饮料,以减少类似事故。

谢谢!

第 7 章

课堂练习 1

参考答案:1. 历史类:销售额年度额、比较类:公司不同部门经营状况、预测类:某公司下一年度经营利润。

2.

(1) 以清晰而直观的方式展示数据

(2) 能够跨时间对数据进行对比,用以说明趋势变化

(3) 可以强化文字和口头信息

(4) 简化信息并使信息更加有趣

(5) 视图中彩色图形的使用可以使数据更加引人注目

(6) 补充文字信息

(7) 简化复杂数据

课堂练习 2

参考答案:1. 条形图

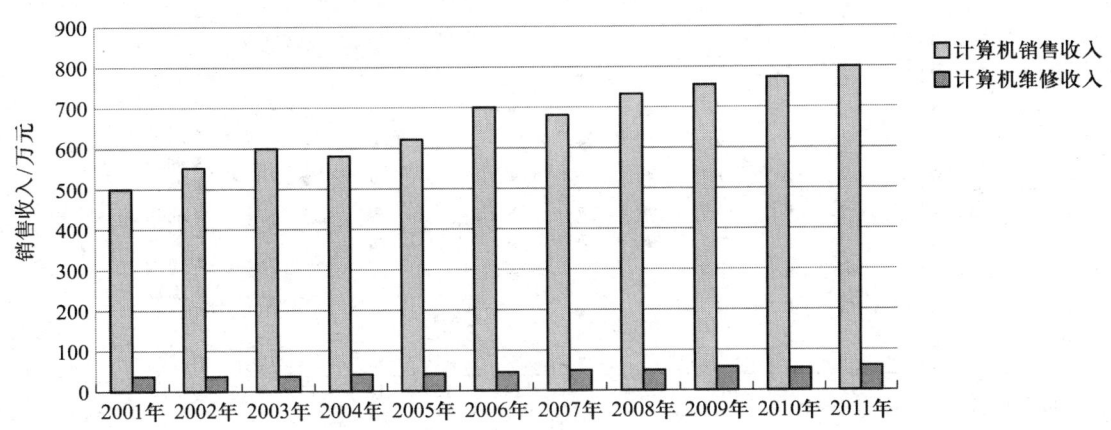

折线图:

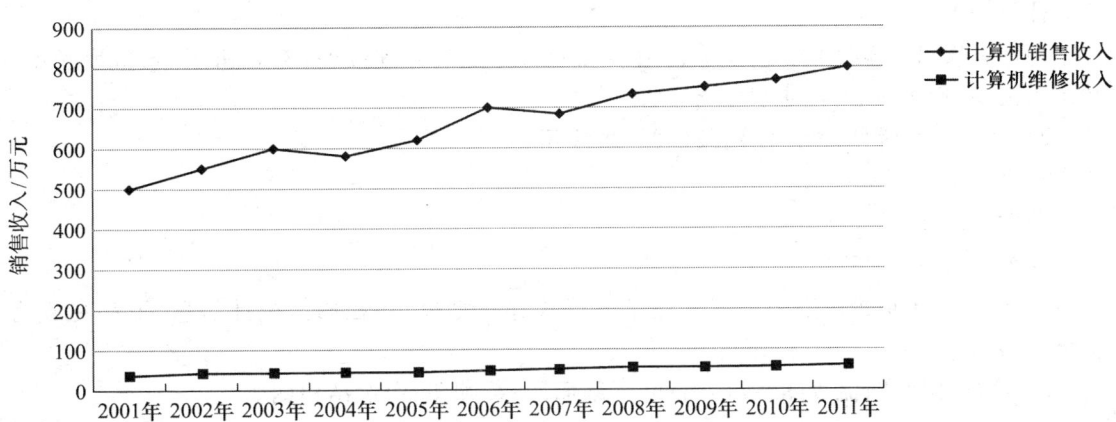

2. 公司主营业务计算机销售收入逐年增长;计算机维修业务保持平稳态势;计算机维修业务相比主营业务而言占比较小。

课堂练习3

参考答案:

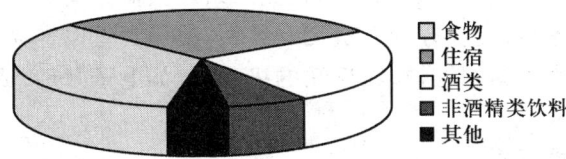

课堂练习 4

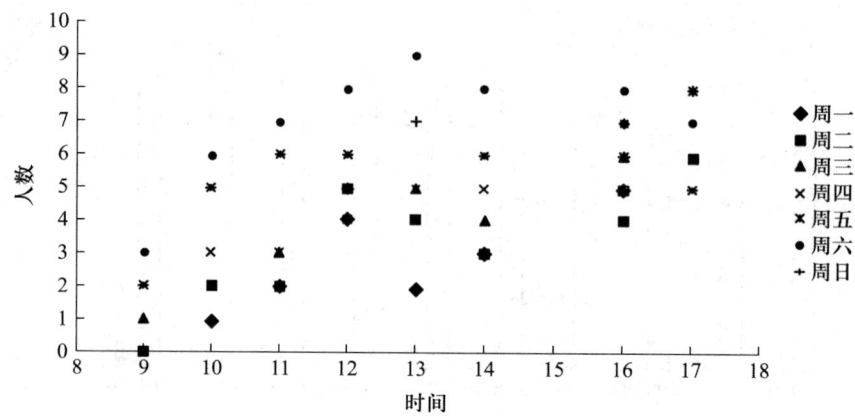

散点图表明:每周一销售数据不是很好,周末较好,周六最好;每天销售数据 8—9 时不好,渐渐呈上升趋势,晚上表现较好。

课堂练习 5

参考答案:1. 连续型信息表示在图形上的每个点都是连续的,例如速度、人口增长率、经济增长率、销售量、时间走势图等。

2. 属于连续信息,可以使用条形图,折线图。

3. 散点图。

课堂练习 6

参考答案:1. 流程图。

2. 根据事实是否以数字或统计数字的形式存在划分,存在成为统计信息,不存在成为非统计信息。

3. 象征性标志;流程图;线形图;局部剖面图;装配图;组织结构图。

第 8 章

课堂练习 1

参考答案:答案可能不同。不恰当的做法可能包括:发送垃圾邮件;使用奇怪的符号;使用很大的附件,或者附件文件格式对方无法打开;经常"全部回复";不及时回复邮件等。

课堂练习 2

参考答案:答案可能不同。一般成功的企业网站的页面布局、色彩搭配都经过专业的设计,给人留下良好的印象;具有友好的人机交互界面,使用者可以容易地找到所需要的信息;网站内容丰富,并且经常更新;具有顾客反馈的机制,比如电子邮件,或者留言板等。

课堂练习 3

参考答案:答案可能不同。

课堂练习 4

参考答案:答案可能不同。

二、选择题参考答案

第 1 章

1. A 2. B 3. D 4. D 5. A 6. B 7. C 8. C 9. D

第 2 章

1. A 2. D 3. B 4. A 5. D 6. C

第 3 章

1. B 2. D 3. D 4. D 5. A 6. C

第 4 章

1. E 2. E 3. E 4. A 5. A

第 5 章

1. A 2. B 3. B 4. C 5. D 6. C 7. A

第 6 章

1. B 2. C 3. C 4. A 5. D

第 7 章

1. D 2. A 3. D 4. A 5. A 6. A

第 8 章

1. A 2. D 3. C 4. D 5. C

三、案例解析参考答案

第 1 章

1. Marc 最初的沟通方式属于单向沟通,并且多数是自上而下的下行沟通。他更多地关注自己对下属的领导和任务的传达,但是没有重视下属的反馈,忽视下属对集团发展信息的需求,也不考虑下属的个性特征和工作兴趣,没有做好对下属的激励。特别是他不能做到认真倾听,就无法获得上行的信息交流。这样的沟通方式容易产生的沟通问题是:由于缺乏反馈,上级不能了解到下级对信息的接收理解情况,影响信息传递的准确性和完整性;上级不能及时了解到下级的想法、观点、意见和建议;不会产生沟通激励,容易使接收者在被动接受时产生抵抗或挫败心理,还容易滋生上级的权威主义和下级的惰性。

2. Marc最终改变了沟通策略,他建立了开放的双向的沟通渠道,并改进了自己的倾听习惯。首先,进行充分的信息沟通,集团的重大事宜及时传达给各位经理和员工,使大家了解到集团动态;其次,重视下级反馈和自下而上的上行沟通。不仅鼓励经理与员工对话这样的双向沟通,还认真收集来自下级的意见建议,不仅提高了工作效率,还激励了员工。

第2章

1. 小王无论在公司内部培训,还是在商场的顾客交流中,他的口头沟通都存在问题,主要包括:(1)语气问题。在第一位顾客询问的时候,他没有注意自己的语气,使得该顾客离开了柜台。(2)语言问题。小王背诵了一些产品规格、性能方面的介绍,在对老年夫妇介绍的时候,他可能没有使用通俗易懂的语言有针对地向他们介绍产品。(3)倾听问题。在多个场合,小王都没有认真倾听,包括公司培训中、中年夫妇的提问中,他都因此而丧失了重要的信息。(4)提问问题。在与公司资深员工的面对面交流中,他没有利用提问来获得更为全面和准确的知识信息。(5)有效表达问题。他在对老年夫妇的讲述中重点不突出,不够明确。(6)辅助语言问题。小王在公司培训中存在玩手机的小动作,影响了信息的交流。(7)暂缓判断问题。小王在面对中年夫妇顾客时,仅凭外表和个人经验就判断他们需要大容量洗衣机,而没有认真倾听对方表达完整。

2. 小王需要提高口头沟通技能,包括:注意说话的语气,作为销售代表,对任何顾客都要热情;注意语言的使用,区分不同顾客选用恰当的语言;认真有效倾听;通过提问增加反馈和补充信息;注意有效表达,保证重点突出,语言简练;注意辅助语言;保证耐心接收完整的信息和暂缓判断。

第3章

第一,要对演讲做充分的准备。阅读李经理留下的材料,明确演讲的目的和内容,撰写演讲大纲和讲稿;分析听众的背景、特点,设计适当的、有吸引力的演讲内容和表达手段;与会务沟通,明确会场的布局、照明、音响、投影以及话筒等设施情况,以及听众的大致人数;演讲前,务必进行排练和对会场实际情况的考察。

第二,演讲现场要保持良好的演讲风格。注意自己的仪表仪态,演讲结构清晰,表达充分,语言流畅重点突出,使用恰当的语言;由于前来参与的很多都是专业人士,可以使用行业术语,但是注意首次使用缩写时进行解释;演讲中要注意抓住听众的兴趣,与听众进行眼神交流,观察他们的肢体语言。

第三,演讲中合理、有效地使用视觉辅助设备。按计划使用投影仪、视频和白板。注意演讲中不要挡住屏幕或白板。

第四,演讲结束后要安排听众提问。可以在白板上记录听众的问题,通过麦克风重复听众问题,以保证大家都能听到;认真、简略、准确地作答。为听众留下一个良好的印象。

第五,由于是第一次参加重要演讲,提前练习如何应对开场前的紧张情绪。

第4章

1. 李小姐的担心只是一场误会。尽管从结果上看李小姐这样猜测是错误的,但是时刻关注来自周围人们的非语言信息却是十分必要的,这样可以使一个人保持对周围事物的敏感性。李小姐的主要错误在于对非语言信息的解读上出现了问题,只想到自己一方面的原因,没有想到张先生那方面的原因。

2. 出现这种情况的主要原因在于张先生没有注意到环境的变化,把自己生活中的情绪带到了职业场所,错误地发出了一些非语言信息,导致了员工的误解。

3. 非语言沟通的特点:尽管非语言形式往往传递了比语言形式更丰富更准确的信息,但是正确诠释和解读非语言信息并非易事,因为大多数的非语言行为都可能有多种合理的解释,你很难在所有的情况下都能做出正确的判断。

4. 启发:在工作环境下要尽量使用积极的身体语言,向身边的同事、上司和客户传达正面积极的信息是非常重要的,尽量不要将工作之外的负面情绪带到工作中来,否则会对你的工作带来很大的负面影响,也会影响到周围人的情绪和工作效率,甚至给自己的工作带来巨大的损失。因此,一个人要在职场中做到成熟和成功,就要增强自身控制情绪的能力,意识到积极的身体行为的重要性,培养和养成良好的工作仪态。作为经理的公司领导就更要如此了。

第 5 章

1. 组织有效的会议应该考虑如下各点:
(1) 计划会议
(2) 安排合适的地点和会场
(3) 准备会议议程
(4) 邀请有关的与会者
(5) 准备会议必备的材料
(6) 考虑会场布置
(7) 确保会议有专职记录员
(8) 确保会议的时间控制
(9) 确保会议所需资源(如投影仪等)充足

2. 对于这样的会议,可以考虑如下会议议程:
KK 公司
2012 年新产品上市研讨会
会议议程
2012 年 8 月 7 日在八楼第三会议室召开
(1) 缺席人员致歉
(2) 对上次会议记录的确认
(3) 上次会议记录引出的问题
(4) 营销部报告
(5) 财务部报告
(6) 关于新产品上市可能遇到问题的讨论及解决方案
(7) 其他事项
(8) 下次会议的安排(日期、时间、地点)

3. 召开这样的会议前,在准备在会议所需资源方面应该注意:

考虑周全、根据议程内容确定所需的设备资源

提前调试设备,确保所有设备都能正常工作

留出足够的时间提前量,以留出应变时间

制定应急方案,应对突发状况

4. 答案可以有多种。在继续等待的同时,联系总经理,做好临时调整议程的准备。同时抓紧时间寻找替代设备。

第 6 章

信函的细节可以虚构,但是要包括信函的必要内容:信头、日期、信内地址、称谓、正文、结束语、签字等。

信息技术部

昌盛贸易公司

吉祥路 12 号

北京

10000

2012 年 8 月 24 日

杀毒专家软件公司

幸福路 8 号

上海

尊敬的先生:

主题:无法正常工作的"杀毒专家"软件

我最近在本地的商店为我的电脑购买了你们的"杀毒专家"软件,可是 CD 却无法正常工作。我在《软件世界》上看到了你们的广告,然后我就购买了包装完好的 CD,看起来没有任何问题。

不幸的是,当我将它插入我们办公室的电脑时,它却不能运行,光驱甚至根本无法读取其中的内容。而电脑光驱是能正常工作的。我在其他电脑进行了尝试,同样无法运行。显然是 CD 本身存在问题。

由于我打开了包装,出售的商店拒绝为我更换一个新的 CD 或者退款。他们告诉我直接与你们联系,说你们可能会给我提供帮助。

有问题的软件给我们带来了很多麻烦。在征得你们同意后,我会将这张 CD 寄回你们公司,请尽快更换一张能正常工作的杀毒软件 CD,按信头的地址寄回。

等待你方的回复。

您的真诚的

王××

第 7 章

本案例中可以涉及:表格、条形图、直方图、折线图、饼状图

表格:易于展示罗列大量具体数据信息。

条形图:比较离散型信息的数据

直方图:比较各组频数分布情况且易于显示各组之间频数的差别

折线图:比较随时间变化的连续数据趋势变化

饼状图:比较整体中局部数据。

第 8 章

1. FedEx 信使前来接送包裹时,会用一个叫 Super Tracker(超级追踪)的扫描仪扫描条形码标签。Super-Tracker 扫描完包裹后,数据被放进 DADS 发送器,再由 DADS 发送器通过人造地球通信卫星,向公司的中央大型机系统上传送这些必要的数据。数据随时存入 COSMOS(客户操控服务主控在线系统),在这个系统中,当货运在关键投放地点得到扫描后,数据会定期得到更新。COSMOS 将包裹的物理性处理以及相关信息连接至 FedEx 公司的主控数据系统,接下来,再连接至客户和员工手中。

2. FedEx 使用了下列电子和计算机技术进行沟通:

条形码标签

电子投递网络

数据库

公司外部网站

电子邮件

内部网和外部网

3. 答案可以不同。比如可以把包裹信息发送到客户移动设备上。

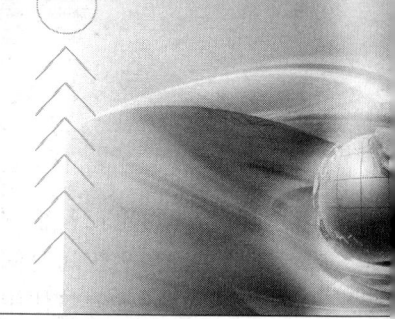

附录 3 商务交流自学考试大纲

(2012 年修订,自 2013 年 7 月考试开始使用)

第一部分 考核目标和内容

I. 课程内容和性质

本课程是中英合作商务管理与金融管理专业(专科)基础段证书考试的商务交流课程(模块),与其他相关课程(模块)构成证书考试系列课程,其教学与该专业的其他课程相关联。在本课程的学习过程中,应尽可能地掌握解决实际问题的思路,并从金融、商业、工业及农业等领域选择适当的案例,为学习提供适当的背景知识。

课程考试的试题以本大纲中所限定的识记、理解和应用方面的要求为依据,考试题目涉及的知识点不会超出大纲指定的范围。但是,试题要求考生侧重于对课程相关知识的理解,以及在不同情况下对知识的应用。教材中给出的仅为部分案例和问题,试卷中试题的设计也会基于其他环境和背景。

在学习过程中,考生应掌握一定的学习方法和技能,培养阅读和分析商务及金融领域案例的能力,这些技能包括:

1. 综合阅读技能;
2. 案例分析报告写作技能;
3. SWOT 分析法(S/W/O/T 分别指优势、劣势、机会、威胁)。

在商务管理专业和金融管理专业的助学和教学中,提倡采用案例教学和案例考核方法。培养考生的上述技能十分重要,这不仅能使他们学到更多知识,还有助于他们在考试中最大限度地发挥潜能。

在第二部分的"考核办法"中给出了试卷中识记、理解和应用三个层次的内容考核所占的比重,但回答问题的广度和深度取决于试题的具体内容,第三部分提供的考试样卷可供参考。

II. 课程目标和框架

一、课程目标

学习本课程的目标是:

1. 改善组织内部和外部的沟通技巧,使考生最大限度地发挥个人效能;
2. 使考生获得与同事和顾客进行面对面沟通、电话沟通所需的知识和技能;
3. 使考生掌握撰写报告和其他书面沟通文档所需的专业知识,了解视图沟通的重要性。

二、考核要求

试卷问题可以涉及本课程内容的任何部分。课程内容划分为不同的专题,每个专题包括不同的学习内容,随后再细分为不同的知识点,每个知识点标题下方列出内容细节,旨在涵盖回答试卷问题所需要的知识、理解和应用。内容细节的某些部分提到案例研究。根据这些内容设置的问题可能会要求考生参考他们所学过的案例。考试时也可能给出一个考生不熟悉的案例,那么考生需要根据自己的经验,回答有关问题。

因为这是一门基础课程,试卷中对于知识应用的要求低于其他课程。专题是根据设定的学习顺序排列的。但是,教师和考生可以根据自己的具体需要适当调整学习顺序。

本大纲在考核目标中,按照识记、理解和应用三个层次规定其应达到的能力层次要求。三个能力层次是递进关系,各能力层次的要求是:

识记:能知道有关的名词、概念和知识的含义,并能正确认识和表述,是低层次的要求。

理解:在识记的基础上,能全面把握基本概念、基本事实、基本方法,能掌握有关概念、事实、方法的区别与联系,是较高层次的要求。

应用:在理解的基础上,能运用基本概念、基本事实、基本方法分析和解释有关的理论和现实问题,能够在各种资源中搜集信息并进行评估,能够利用信息技术等适当的方式方法,组织、使用、处理并展示各种信息并为决策服务,是更高层次的能力要求。

三、课程目录

专题一　沟通过程
专题二　口头沟通
专题三　有效演讲
专题四　非语言沟通
专题五　群体沟通
专题六　书面沟通
专题七　视图沟通
专题八　电子沟通

专题一　沟通过程

(一)学习目的与要求

通过这个专题的学习,学生应该掌握以下内容:
1. 商务沟通的重要性
2. 沟通的方法和途径

(二)学习内容

1.1　商务沟通的重要性

1.1.1　沟通的含义

定义：

发送者

信息

媒介

接收者

1.1.2　内部沟通

定义：

内部沟通

1.1.3　外部沟通

定义：

外部沟通

1.1.4　组织沟通不畅的后果

（1）员工对于自己的角色和期望感到困惑

（2）信息到达延迟

（3）信息发送给错误的接收者

（4）业务中断

（5）订单流失

（6）企业甚至可能倒闭

1.1.5　沟通的主要障碍

（1）物理障碍

- 干扰
- 距离
- 不良的设备
- 人员短缺
- 不良的工作环境

（2）内部系统障碍

- 距离
- 组织结构不清晰
- 缺乏培训
- 监管不力
- 角色不清
- 激励不足

（3）人员障碍

- 个人背景
- 语言障碍
- 使用术语
- 个人看法
- 超负荷工作

- 误解
- 意外的或故意的曲解

1.1.6 克服沟通障碍的方法

（1）考虑接收者的需要

（2）确保清晰地报告

（3）信息表达清楚、简明扼要

（4）避免使用术语

（5）使用多个沟通系统

（6）鼓励对话

（7）缩短沟通链

（8）确保反馈

1.2 沟通的方法和路径

1.2.1 单向和双向沟通渠道的定义

（1）单向和双向沟通渠道的定义

（2）用户的特点

（3）每种系统的优点和缺点

1.2.2 正式和非正式的沟通渠道

（1）正式的沟通渠道

- 正式沟通渠道的定义
- 用户的特点
- 该系统的优点和缺点

（2）非正式的沟通渠道

- 非正式沟通渠道的定义
- 用户的特点
- 该系统的优点和缺点

1.2.3 沟通的方向

（1）下行沟通

- 下行沟通的定义
- 下行沟通的方法
- 下行沟通的优点和缺点

（2）上行沟通

- 上行沟通的定义
- 上行沟通的方法
- 上行沟通的优点和缺点

（3）横向沟通

- 横向沟通的定义
- 横向沟通的方法
- 横向沟通的优点和缺点

1.2.4 沟通网络

（1）链式网络
- 链式网络的定义
- 链式网络的优点和缺点

（2）"Y"式网络
- "Y"式网络的定义
- "Y"式网络的优点和缺点

（3）轮式网络
- 轮式网络的定义
- 轮式网络的优点和缺点

（4）环式网络
- 环式网络的定义
- 环式网络的优点和缺点

（5）全通道网络
- 全通道网络的定义
- 全通道网络的优点和缺点

（三）考核知识点
1. 商务沟通的重要性
2. 沟通方法和路径

（四）考核技能要求
1. 商务沟通的重要性

识记：
- 沟通的含义
- 内部沟通的含义
- 外部沟通的含义
- 组织沟通不畅造成的后果
- 沟通的主要障碍
- 消除沟通障碍的方法

理解：
- 如何确保有效的沟通

应用：
- 所学的有关沟通的知识和理解，分析各种沟通问题，提供有效的解决方案

2. 沟通方法和路径

识记：
- 沟通渠道的类型
- 沟通的不同方向
- 不同的沟通网络

理解：
- 各种沟通渠道的优点和缺点
- 不同的沟通方向

● 不同的沟通网络

应用：

● 所学的有关知识和理解,根据不同的情况建议最恰当的沟通形式、沟通方向和沟通网络

专题二　口头沟通

（一）学习目的与要求

通过这个专题的学习,学生应该掌握以下内容：

1. 口头沟通的方法
2. 口头沟通的影响因素

（二）学习内容

2.1　口头沟通的方法

2.1.1　口头沟通介绍

（1）良好的口头沟通的特点

● 面对面沟通所需的知识和技能
● 准确性
● 清晰度
● 换位思考和诚意

（2）向接收者传递一个明确信息的重要性

（3）说话的语气和风格的重要性

2.1.2　面对面交谈

2.1.3　电话

（1）一个良好的电话风格的重要性

（2）公司政策

● 谁可以使用电话
● 员工可以给谁打电话
● 使用电话的风格
● 内部和外部的电话用户

2.1.4　非正式会议

（1）偶尔的或有组织的非正式会议

（2）作为一种信息来源的非正式会议——"小道消息"或"传闻"

（3）非正式会议没有正式的记录,信息是非官方的,可能缺乏准确性

2.1.5　面谈和其他正式会议

（1）使用面谈和其他正式沟通方法

（2）面谈和正式沟通的文件记录

（3）正式会议的原因

● 设定目标
● 监控进度
● 分享意见

- 讨论不同观点
- 与员工协商
- 制定规划
- 做出决策
- 针对已做出的决策传递信息

2.1.6 半正式会议

（1）半正式会议

（2）开放式论坛

2.2 口头沟通的影响因素

2.2.1 说话的语气

（1）说话的语气与信息接收者、所传递信息的性质之间的关系

（2）给其他利益相关者留下一个良好印象的重要性

2.2.2 语言

（1）正式语言和非正式语言的使用

（2）针对特定听众，使用恰当的语言

2.2.3 倾听技巧

（1）听懂对方说的话，理解对方说话的语气，甚至明白对方使用的术语

（2）倾听的同时不要急于下结论

（3）注意细节、尊重对方

2.2.4 提问技巧

（1）开放式问题和封闭式问题的区别

（2）作为一种重要的沟通技能，有效提问具有以下好处：

- 检查你对于谈话内容的理解
- 鼓励讲话者提供更多的信息
- 鼓励积极参与
- 帮助讲话者澄清想法
- 表示出对交谈的热情

2.2.5 有效地表达自己的观点

确保有效的口头沟通的方法：

- 事前准备
- 确保讲话者已经吸引了听众的注意力
- 传递明确的信息
- 确保听众理解你所传递的信息

2.2.6 辅助语言

- 当有人发表不恰当的言论时，辅助语言就会发生，这时信息中的字词表达的是一个含义，但语气和表情暗示的则是另一种含义
- 辅助语言的优点是比较礼貌，缺点是真实感情和愿望有可能被误解

2.2.7 元信息沟通

在沟通中沉默的重要性

2.2.8 暂缓判断

倾听讲话时,有可能做出不成熟的判断

2.2.9 信息分析

信息分析的方法:

- 正确地听取对方所说的话
- 注意语气和肢体语言
- 记得讲话者的背景和文化

（三）考核知识点

1. 口头沟通的方法
2. 口头沟通的影响因素

（四）考核技能要求

1. 口头沟通的方法

识记:

- 商务活动中沟通的必要性
- 企业内部沟通以及企业与外界沟通的必要性
- 针对不同的情况,采取恰当的沟通方法
- 适当地使用商业语言的重要性
- 传达一个信息之前往往需要事先规划

理解:

- 不同沟通方法的适用情况（结合例子）
- 在传递信息时有效使用语言的重要性

应用:

- 所学的知识和理解,根据不同的沟通目标,在各种不同的情况下运用不同的沟通方法

2. 口头沟通的影响因素

识记:

- 面对面沟通所需的技巧
- 说话的语气和风格的重要性
- 电话沟通所需的不同方法
- 仔细倾听的重要性
- 如何提高倾听技巧
- 非语言沟通的含义,比如元信息沟通、辅助语言

理解:

- 口头、倾听和非语言沟通技巧都有助于成功的沟通
- 口头沟通中的清晰度和准确性的意义

应用:

- 将所学的知识和沟通技巧应用于各种商务、金融场景

专题三　有效演讲

（一）学习目的与要求

通过这个专题的学习,学生应该掌握以下内容：

1. 有效演讲和公开演说的技巧
2. 演讲者的技巧
3. 影响有效演讲的其他因素
4. 衡量演讲是否成功

（二）学习内容

3.1　有效演讲和公开演说的技巧

3.1.1　计划演讲

（1）明确演讲的目的
（2）了解听众的性质
（3）考虑演讲的类型
（4）准备和练习演讲
（5）拟定演讲的大纲
（6）准备要使用的材料
（7）确定要使用的视觉辅助手段和笔记
（8）演讲的心理准备和练习

3.1.2　进行演讲

（1）开场白
（2）实施演讲
（3）结束语

3.2　演讲的技巧

3.2.1　演讲的风格

（1）给听众一个积极的印象
（2）正确的演讲风格和方法
（3）演讲者自信心的重要性
（4）确保听众可以听到并清楚地理解演讲内容
（5）维持听众的兴趣

3.2.2　演讲的内容

（1）演讲内容的相关性和清晰度
（2）注意细节和时间控制技巧
（3）需要有应急方案,并随机应变

3.3　影响有效演讲的其他因素

3.3.1　设施情况

（1）演讲者使用设备的技能和其他因素都很重要
（2）房间位置、布局以及可用的设备会影响到演讲成功与否

- 座位安排

- 窗户和照明
- 投影机的接入点
- 讲台布置
- 活动的空间
- 麦克风——贴身麦克和落地麦克
- 演讲者站立或就座的位置
- 演讲者的出场方式
- 会务安排
- 健康和安全方面的考虑

3.3.2　视觉辅助手段

（1）PPT演示文稿

（2）多媒体投影仪

（3）白板

（4）挂纸板

（5）视频

（6）投影仪

（7）电视机

3.4　衡量演讲是否成功

3.4.1　演讲现场表现

（1）听众因素：准确识别目标听众

（2）环境物理因素：房间布局等是否合理，利用视觉辅助手段改善效果

（3）互动因素：通过肢体语言和目光接触来观察听众感兴趣的程度

3.4.2　演讲效果评价

客观评价自我表现：

- 发生了什么事？
- 为什么？
- 下一次怎样做才可以得到改善？

（三）考核知识点

1．有效演讲和公开演说的技巧

2．演讲者的技巧

3．影响有效演讲的其他因素

4．衡量演讲是否成功

（四）考核技能要求

1．有效演讲和公开演说的技巧

识记：

- 规划一个演讲必须要考虑的要点
- 有效演讲的结构

理解：

- 如何规划有效演讲

- 演讲结构的重要性

应用：
- 将规划和进行演讲的原则应用于实际

2. 演讲者的技巧

识记：
- 一个成功的演讲者的特点
- 一个成功的演讲内容的重要性

理解：
- 演讲者和演讲内容的风格影响是否成功

应用：
- 将所学的演讲技巧应用于实践

3. 影响有效演讲的其他因素

识记：
- 影响演讲的主要物理因素
- 各种演讲辅助手段

理解：
- 除演讲者以外，决定演讲成功与否的其他因素

应用：
- 对于各种设施的知识和理解，辅助进行成功演讲

4. 衡量演讲是否成功

识记：
- 演讲成功的主要决定因素

理解：
- 对自己的表现进行评价的重要性

应用：
- 客观评价别人的演讲及自己的努力

专题四　非语言沟通

（一）学习目的与要求

通过这个专题的学习，学生应该掌握以下内容：
肢体语言

（二）学习内容

4.1　非语言沟通的含义

人体动作学或肢体语言的定义

4.2　肢体语言

4.2.1　肢体语言的种类

（1）面部表情

（2）身体姿势

（3）手势

4.2.2　肢体语言的使用
(1) 表明人们的态度和反应
(2) 根据肢体语言判断对方态度的困难之处
(3) 运用肢体语言表示同意或不同意
4.2.3　肢体语言的国际差异
由于国际文化差异,对肢体语言的不同理解会带来很多问题
4.2.4　积极的肢体语言
(1) 灿烂的微笑
(2) 前倾的上身
(3) 互动的眼神
(4) 点头
(5) 张开的双臂
4.2.5　消极的肢体语言
(1) 缺乏目光接触
(2) 缺少微笑
(3) 弯腰驼背
(4) 交叉双臂
(5) 表现紧张
(6) 身体转离讲话者
4.3　非语言沟通及工作环境
4.3.1　积极肢体语言对同事、来访者以及顾客等产生的价值
4.3.2　消极肢体语言对同事、来访者以及顾客等产生的影响

(三) 考核知识点
肢体语言

(四) 考核技能点
肢体语言
识记:
- 肢体语言的含义
- 肢体语言的类型

理解:
- 肢体语言的重要性

应用:
- 应用所学的知识分析肢体语言

专题五　群体沟通

(一) 学习目的与要求
通过这个专题的学习,学生应该掌握以下内容:
1. 群体沟通的性质
2. 群体沟通的机理

3．积极的沟通风格

4．会议

（二）学习内容

5.1　群体沟通的性质

5.1.1　群体沟通介绍

（1）群体的定义

（2）正式和非正式群体

（3）个人沟通和群体沟通之间的差异

（4）群体决策的优点和缺点

5.1.2　影响群体沟通的因素

（1）群体形成的原因

（2）影响群体内所发生事情的因素

（3）群体成员的参与水平

5.2　群体沟通的机理

5.2.1　群体的有效性

（1）影响群体有效性的因素

（2）影响群体凝聚力的因素

（3）群体发展五阶段模型：

- 形成
- 动荡
- 规范
- 执行
- 休整/中止

（4）贝尔宾的团队角色理论

5.2.2　成功群体沟通的因素

（1）为会议设定目标

（2）制定适当的议程

（3）确保合适的人员在场

（4）会议主席的技巧

（5）使用有效的肢体语言

（6）群体成员之间的有效互动

（7）事先准备会议中要传递的信息

5.3　积极的沟通风格

5.3.1　会议主席的风格

（1）会议主席的职责

（2）一个有效的会议主席的技巧和行为

5.3.2　其他与会者的风格

（1）各种与会者的职责

（2）有效的与会者的特点

5.3.3 决策的方法
(1) 权威决策
(2) 多数决策
(3) 共识决策
(4) 无异议决策
5.4 组织会议
5.4.1 会议议程
(1) 议程的定义、结构和内容
(2) 安排议程的注意事项
(3) "秘密议程"的概念
5.4.2 有效地组织会议
(1) 规划会议并安排场地
(2) 准备会议材料
(3) 邀请与会者
(4) 会议的正式规则
(5) 会场布置
(6) 进行详细的会议记录
(7) 时间控制及结束会议
(8) 电话会议和视频会议

(三) 考核知识点
1. 群体沟通的性质
2. 群体沟通的机理
3. 积极的沟通风格
4. 会议

(四) 考核技能要求
1. 群体沟通的性质
识记：
- 群体的含义
- 正式和非正式群体
- 企业中群体形成的原因
- 群体决策的优点和缺点

理解：
- 影响群体的关键因素

2. 群体沟通的机理
识记：
- 有效群体互动的必要组成部分
- 群体工作的优点和缺点

理解：
- 群体发展的阶段

应用：
- 应用所学的知识分析各种情境中的群体有效性

3. 积极的沟通风格

识记：
- 会议主席的职责
- 在不同情况下会议主席所采用的不同沟通风格
- 有效会议主席所需具备的技能
- 与会者的职责
- 有效与会者的特点
- 与会者的不同风格
- 决策方法

理解：
- 不同情况下的风格和方式的重要性

4. 会议

识记：
- 议程的结构
- 议程的内容
- 会议的规则
- 会议记录的结构
- "秘密议程"的含义
- "视频会议"和"电话会议"的含义
- 准备会议的程序

理解：
- 参会人员的角色
- 如何举行一个有效的会议
- 会议记录的功能
- 视频会议或电话会议的适用情况

应用：
- 出席一个有效的会议
- 举行一个有效的会议
- 进行会议记录
- 评估他们所出席的会议

专题六 书面沟通

（一）学习目的与要求

通过这个专题的学习，学生应该掌握以下内容：

1. 有效的商务文档
2. 书面商务沟通的类型

(二)学习内容

6.1 有效的商务文档

6.1.1 书面沟通

6.1.2 内部和外部的书面沟通

(1)内部书面沟通

(2)外部书面沟通

6.2 书面商务沟通的类型

6.2.1 备忘录

(1)备忘录的性质
- 是一种常见的内部书面沟通的形式
- 通常较短,只针对一两个问题
- 可以通过公司内部邮寄系统或电子邮件系统发送
- 可以有多个收件人
- 可以标明该机构的名称
- 标明发件人、收件人、主题和日期

(2)备忘录的目的
- 向收件人索要自己所需的各种信息
- 给收件人提供对方需要的信息
- 给收件人提供文档、合约或者其他材料
- 向收件人报告各种交易情况

(3)备忘录的组成部分
- 收件人
- 发件人
- 主题
- 日期
- 机构名称
- 正文
- 签字、附件、抄送等

(4)备忘录的写作风格

6.2.2 报告

(1)报告的性质
- 是一种以清晰、逻辑而简洁的方式涵盖特定主题的正式书面沟通形式
- 通常为内部使用
- 根据某人或某个群体要求的内容,收集和研究相关材料,并作为书面文件提交
- 通常作为决策的依据

(2)报告的用途
- 记录组织中的事件和活动
- 提交的调查研究的结果,建议后续行动
- 评估政策变化的可能性

（3）报告的结构
- 扉页
- 目录
- 执行摘要
- 授权调查范围
- 过程
- 调查结果
- 结论
- 建议
- 附录

（4）报告数据收集方法
- 二手数据
- 原始数据

6.2.3 通知

通知的目的：
- 通知员工需要关注的事项
- 可以用来补充和辅助其他沟通形式向员工传递信息

6.2.4 商务信函

（1）商务信函的目的
- 提供或寻求信息
- 确保完成任务
- 维持或增进与顾客和供应商之间的良好关系

（2）有效商务信函的特点
- 语言简洁明了，使用简短的句子和段落
- 表达具体
- 准确和完整
- 礼貌而得体

（3）商务信函的布局和标点
- 商务信函的常见布局
- 标点省略

（4）商务信函的主要组成部分

布局必须符合排版风格，同时应该包含：
- 信头
- 存档号码
- 日期
- 信内地址
- 称谓
- 主题行
- 正文

- 结束语
- 签名
- 附件
- 如果将来会有写信人之外的其他人来处理这封信件,应该清楚地说明

6.2.5　年报

（1）年报的定义和目的

（2）年报的使用者

内部和外部的利益相关者

（3）英国公司年报的内容：

- 年度账目——利润表、资产负债表
- 账目相关记录
- 董事会报告
- 审计报告
- 任何与既定会计原则不符之处
- 员工的平均人数和工资薪金水平,以及社会保障和养老金费用
- 董事详情

（4）中国上市公司年度报告的内容：

- 重要提示及目录
- 公司基本情况简介
- 会计数据和业务数据摘要
- 股份变动及股东情况
- 董事、监事、高级管理人员和员工情况
- 公司治理结构
- 股东大会情况简介
- 董事会报告
- 监事会报告
- 重要事项
- 财务报告
- 备查文件目录

6.2.6　传真和电子邮件

（1）传真

（2）电子邮件

6.2.7　单据和问卷

（1）单据,如交货通知单、发票、账单、求职表、申请表

（2）问卷

（三）考核知识点

1. 有效的商务文档
2. 书面商务沟通的类型

(四)考核技能要求

1. 有效的商务文档

识记：
- 排版风格的含义
- 内部和外部的书面沟通含义

理解：
- 计划有效书面沟通的重要性
- 在商业文档中传递职业形象的重要性

2. 书面商务沟通的类型

识记：
- 书面商务沟通的各种类型

理解：
- 各种书面商务沟通的目的
- 各种书面商务沟通的正确风格
- 各种书面商务沟通的适用情况

应用：
- 所学的知识和理解，在不同的商务情境下，用恰当的书面形式进行商务沟通

专题七　视图沟通

(一)学习目的与要求

通过这个专题的学习，学生应该掌握以下内容：

1. 运用视图方法传递统计信息
2. 统计信息的类型
3. 非统计信息的展示

(二)学习内容

7.1　利用视图方法来传递统计信息

7.1.1　统计信息的分类
- "历史"类——在过去发生的事情
- "比较"类——比较不同的事物或不同的时间段
- "预测"类——预测未来可能发生的事情

7.1.2　视图沟通的优点

(1) 以清晰直观的方式展示数据
(2) 能够对数据进行跨时间对比，用以说明趋势变化
(3) 强化文字和口头信息
- 简化信息并使信息更加有趣
- 视图中彩色图形的使用可以使数据更加引人注目
- 补充文字信息
- 简化复杂数据

7.1.3　视图沟通的缺点：

（1）可能产生较高费用
（2）理解比较困难
（3）历史趋势不一定能预测未来
7.2 统计信息的展示
视图类型：
7.2.1 表格
（1）表格的说明
（2）表格的正确使用
7.2.2 条形图
（1）条形图的说明
（2）条形图的正确使用
7.2.3 直方图
（1）直方图的说明
（2）直方图的正确使用
7.2.4 折线图
（1）折线图的说明
（2）折线图的正确使用
7.2.5 统计地图
（1）统计地图的说明
（2）统计地图的正确使用
7.2.6 象形图
（1）象形图的说明
（2）象形图的正确使用
7.2.7 饼状图
（1）饼状图的说明
（2）饼状图的正确使用
7.2.8 散点图
（1）散点图的说明
（2）散点图的正确使用
7.2.9 Z形图
（1）Z形图的说明
（2）Z形图的正确使用
7.3 非统计信息的展示
非统计信息的类型：
7.3.1 公共信息和方向信息
- 地图、标记以及在办公室、商店等公共场所和工作场所使用的符号和图形标志
7.3.2 教学信息或解决问题的信息
- 流程图
7.3.3 关系信息

（1）线形图
（2）局部剖面图
（3）装配图
（4）组织结构图

（三）考核知识点

1．利用视图方法来传递统计信息
2．视图沟通的方法
3．非统计类信息的展示

（四）考核技能要求

1．利用视图方法来传递统计信息

识记：
- 统计信息的类别
- 视图沟通的优点和缺点

理解：
- 使用视觉图像来展示复杂信息的必要性
- 将信息置于场景中来阐明内容的必要性

2．视图沟通的方法

识记：
- 统计信息的类型

理解：
- 不同类型统计信息的使用
- 如何生成不同类型的统计信息

应用：
- 所学的知识和理解，在不同情况下生成有效的统计信息

3．非统计信息的展示

识记：
- 非统计信息的类型

理解：
- 何时以及如何使用这些信息

应用：
- 所学的知识和理解，在不同情况下生成恰当的非统计信息

专题八　电子沟通

（一）学习目的与要求

通过这个专题的学习，学生应该掌握以下内容：

1．电子沟通的商务应用
2．电子沟通的种类

（二）学习内容

8.1　电子沟通的商务应用

8.1.1 电子和计算机技术的发展
8.1.2 电子和计算机技术在商务沟通中的应用
8.2 电子沟通的种类
8.2.1 电子邮件
（1）电子邮件的介绍
（2）电子邮件对商务沟通的影响
（3）使用电子邮件的基本原则
8.2.2 互联网
（1）基于互联网的沟通
- 公司网站
- 博客和微博
- 社交网站
- 即时信息

（2）互联网对商务沟通的影响
8.2.3 公司内部网与外部网
（1）内部网的介绍
（2）内部网在商务沟通中的应用
（3）外部网的介绍及应用
8.2.4 远程会议
（1）远程会议的介绍
（2）远程会议的优势和劣势
8.2.5 移动通信设备
（1）移动设备介绍
（2）移动沟通的类型
（3）移动通信设备在商务沟通中的应用
8.2.6 数据共享和集中存档
（1）共享技术的介绍
（2）共享技术对商务沟通的影响

（三）考核知识点
1. 电子沟通在商务中的应用
2. 电子沟通的主要类型

（四）考核技能要求
1. 电子沟通在商务中的应用
识记：
- 电子和计算机技术的含义

理解：
- 电子沟通的重要性

2. 电子沟通的主要类型
识记：

- 电子沟通的不同类型

理解：
- 各种电子沟通的目的
- 不同的电子沟通的适用情况

应用：
- 写作一封有效的电子邮件
- 选择恰当的电子沟通形式

第二部分　有关考试实施说明

一、考核办法

本课程(模块)将采取笔试考核,闭卷考试,期末进行。考生需在 2 小时 45 分钟内完成答题。试题包括选择题、简答题、案例题和论述题等题型。

试卷中识记、理解和应用三个能力层次的内容的比例分别为 40%、40%、20%。

试题可能来自各专题中任何部分的内容。案例分析材料取自金融业或工商业领域,如在课程内容部分所述,要求考生应用自己的实践经验进行分析。

二、自学参考用书

1. 推荐自学教材

全国高等教育自学考试指导委员会组编,刘岭主编:《商务交流》,高等教育出版社,2013 年版。

2. 推荐参考书

（1）教育考试中心组织编译,张灿鹏编译:《商务沟通方法与技能》,中国财政经济出版社,2011 年版。

（2）Nicky Stanton. Mastering Communications. Palgrave Macmillan, 2004. ISBN:1403917094.

（3）Evans. People, Communications and Organisations. Heineman, 2000. ISBN:9780273032694.

（4）Philip Khan-Panni. FT Essential Guide to Making Business Presentations: How to Deliver a Winning Message. Financial Times/ Prentice Hall, 2011. ISBN:9780273757993.

（5）Benjamin & McKerrow. Business and Professional Communication. Harper Colllins, 1994. ISBN:0673185605.

三、自学方法指导

考生在考试中要回答的问题,可能取自本课程每个专题下的任何部分。重要的是考生具有尽可能多的相关实践经验,这将有助于回答试卷中的问题,也能使考生通过本课程学习有更多收获。同样重要的是,考生接触到各种各样的从不同的商务和金融环境选取的案例。在考试的案例分析中,考生需要运用所学的各专题相关知识和理解,以及学习本课程中获得的宝贵经验。

因此,自学考生应当:

- 使用此课程的建议参考用书;
- 有一本或多本此课程建议的其他参考用书,作为额外阅读材料;
- 确保了解和掌握"考核要求"中列出的所有内容;
- 在专题内容要求的地方可以提供自己的实例;
- 对专题内容中所描述的情况拥有尽可能多的实践经验;
- 利用书籍、参观、电视等,尽可能多地从各种商务和金融环境中寻找相关实例;
- 运用自己的实践经验、所学的知识和理解,分析各种不熟悉的案例;
- 对样卷的问题和其他试题进行练习。

四、教学建议

本课程4学分,约需要72学时。如果考生每周上4学时课,则需要18周的教学时间。此外,考生每周需要6小时的时间用于自学和完成家庭作业。

应该给予考生尽可能多的机会积累实践经验,并提供各种类型的案例,以便在不同情况下运用所学的知识和经验。

建议在课程教学中尽可能帮助学生开拓解决问题的思路,案例可取自各种商业、金融、工业和农业领域。

建议本课程和《企业组织与环境》作为本证书课程最先学习的两门课程。

第三部分　商务交流考试样卷及参考答案

Ⅰ. 考试样卷

注意事项

1. 样卷试题包括必答题与选答题两部分。必答题满分60分,选答题满分40分。必答题为一、二、三题,每题20分。选答题为四、五、六、七题,每题20分,任选两题回答,不得多选,多选只按照选答的前两题计分。

2. 考试时间为165分钟。

3. 可使用计算器及直尺等文具答题。

第一部分　必　答　题

(必答题部分包括一、二、三题,每题20分,共60分)

一、本题包括第1~20小题,每小题1分,共20分。在每小题给出的四个选项中,只有一个符合题目要求。

1. 下列对备忘录的描述中最准确的是　　　　　　　　　　　　　　　　[　　]
   A. 备忘录是一个冗长的文件　　　　　B. 备忘录只能发送给一个人
   C. 备忘录通常较短,只针对一两个问题　D. 一份备忘录将针对许多问题

2. 下列对会议议程的描述中最准确的是　　　　　　　　　　　　　　　[　　]
   A. 会议议程记录了商务会议的讨论内容

B. 会议议程告知员工该公司未来要举办的社交活动
C. 会议议程是股东大会
D. 会议议程列出企业在商务会议中要讨论的议题以及讨论的顺序

3. 下列对会议记录的描述中最准确的是 [ ]
   A. 会议记录总结在会议上讨论的问题
   B. 会议记录列出公司员工的姓名和地址
   C. 会议记录列出将在会议上讨论的议题
   D. 会议记录列出将来会议的时间

4. 下列对报告的描述中最准确的是 [ ]
   A. 报告是一个简短的非正式文件,其中只涉及一个或两个问题
   B. 报告列出了企业在会议上要讨论的议题
   C. 报告总结会议上讨论的问题
   D. 报告是一种针对具体问题的正式的书面沟通形式

5. 下列对报告目的的描述中最准确的是 [ ]
   A. 报告的目的是为了通知股东年度大会
   B. 报告的目的是用来记录在工作中发生的情况,或提交研究结果和建议后续行动
   C. 报告的目的是用来记录在会议上讨论的内容
   D. 报告的目的是用来记录公司收到的所有信函往来

6. 将会收到委员会会议的议程的是 [ ]
   A. 该公司的所有股东
   B. 该公司的所有员工
   C. 该公司的所有的利益相关者
   D. 该委员会的所有成员

7. 下列对外部沟通的描述中最准确的是 [ ]
   A. 外部沟通是指任何与顾客的通信
   B. 外部沟通是指与组织外部利益相关者的各种联系
   C. 外部沟通是指与供应商打交道
   D. 外部沟通是指公司处理电话的方式

8. 向顾客道歉时应当采用的最恰当的书面沟通形式是 [ ]
   A. 信函　　　B. 传真　　　C. 电子邮件　　　D. 备忘录

9. 下列对正式沟通系统的描述中最准确的是 [ ]
   A. 正式沟通系统是指公司管理层为了向员工传递政策、指示或者希望传递的信息而建立的沟通渠道
   B. 正式沟通系统是指公司管理层为了收到来自员工的政策、指示或者希望传递的信息而建立的沟通渠道
   C. 正式沟通系统是指公司管理层为了向员工传递和接收来自员工的政策、指示或者希望传递的信息而建立的沟通渠道
   D. 正式沟通系统是指公司员工为了向管理层传递政策、指示或者希望传递的信息而建立的沟通渠道

10. 下列对下行沟通发生的情况描述最准确的是 [ ]
    A. 管理层向员工传达其政策、计划、信息和指令时,下行沟通发生
    B. 管理层向政府传达其政策、计划、信息和指令时,下行沟通发生
    C. 员工向管理层传递其对于政策、计划、信息和指令的反馈时,下行沟通发生

D. 管理层向股东传达其政策、计划、信息和指令时,下行沟通发生

11. 下列对下行沟通组成部分的描述中最完整的是 [ ]
A. 下行沟通包括联合咨询委员会、建议体制、工会渠道、申诉程序和纪律程序
B. 下行沟通包括简报小组、员工会议、公告、通知及通函
C. 下行沟通包括由简报小组、工会渠道和纪律程序
D. 下行沟通包括员工会议、公告、通知和通函

12. 下列对上行沟通组成部分的描述中最完整的是 [ ]
A. 上行沟通包括员工会议、公告、通知和通函
B. 上行沟通包括简报小组、员工会议、公告、通告及通函
C. 上行沟通包括联合咨询委员会、建议体制、工会渠道、申诉程序和纪律程序
D. 上行沟通包括简报小组、工会渠道及纪律程序

13. 下列对下行沟通过程的描述中最准确的是 [ ]
A. 采用下行沟通,沟通速度可能会慢
B. 采用下行沟通,很容易纠正出现的错误和误解
C. 采用下行沟通,有形成一个有效的反馈系统
D. 采用下行沟通,全体员工都有参与感

14. 下列对"门户开放政策"描述中最准确的是 [ ]
A. "门户开放政策"鼓励非正式的上行沟通
B. "门户开放政策"阻碍非正式的上行沟通
C. "门户开放政策"鼓励正式上行沟通
D. "门户开放政策"阻碍正式上行沟通

15. 下列对横向或水平沟通的方向描述中最准确的是 [ ]
A. 横向或水平沟通是从高级管理层到各部门的操作层的信息流
B. 横向或水平沟通是从各部门的操作层到高级管理层的信息流
C. 横向或水平沟通是管理层和操作层之间双向的信息流
D. 横向或水平沟通是横跨组织、从部门到部门的信息流

16. 下列对全通道沟通系统描述中最准确的是 [ ]
A. 全通道网络只允许向下的沟通
B. 全通道网络允许各个方向的沟通
C. 全通道网络只允许向上的沟通
D. 全通道网络允许侧向的沟通

17. 下列人们了解正式会议将要讨论的议题的方式中,描述中最准确的是 [ ]
A. 人们在收到会议记录时,可以了解正式会议将要讨论的议题
B. 人们在收到议程时,可以了解正式会议将要讨论的议题
C. 人们在接到电话通知时,可以了解正式会议将要讨论的议题
D. 人们可以了解正式会议将要讨论的议题,因为这是工作场所的常识

18. 演讲者希望和为数不多的听众互动,并迅速记录下他们的意见,以便在演讲中和演讲后参考。下列形式中最适合本次演讲的是 [ ]
A. 投影仪　　　　　　　　　　　　B. 笔记本和钢笔

C. PowerPoint 电脑演示　　　　　　　　D. 挂纸板和马克笔

19. 作为一种重要的沟通技能，下列对于有效提问的作用的描述中最准确的是 [　　]

A. 有效提问可以让听众检查对于内容的理解、鼓励讲话者提供更多的信息、促进积极发言和表示对交谈的热情

B. 有效提问可以让听众检查对于内容的理解、鼓励讲话者提供更多的信息、表示对交谈的热情

C. 有效提问可以让听众检查对于内容的理解、鼓励讲话者提供更多的信息、促进积极发言

D. 有效提问可以让听众检查对于内容的理解、促进积极发言和表示对交谈的热情

20. 对于讲话者如何有效阐明观点，下列描述最准确的是 [　　]

A. 为了有效阐明观点，讲话者应该充分地准备，确保他已经吸引了接收者的注意力，传递信息，并确保听众理解所传递的信息

B. 为了有效阐明观点，讲话者应该充分地准备，确保他已经吸引了接收者的注意力，并确保听众理解所传递的信息

C. 为了有效阐明观点，讲话者应该充分地准备，传递信息，并确保听众理解所传递的信息

D. 为了有效阐明观点，讲话者应该确保他已经吸引了接收者的注意力，传递信息，并确保听众理解所传递的信息

请认真阅读下面的案例，并回答第二、三题。

案例：艾伦的肉店

艾伦·诺尔斯离开学校后，他接受训练，成为一名屠夫。在为别人工作了数年后，他决定租用一些店面，开始为自己工作。他是一个效率非常高的屠夫，熟悉自己的行业。他对待顾客的方式也非常友善。因此，他的生意做得很成功。最终他买下了那些店面，现在雇用五名员工。

所有的员工每周工作六天，得到相同的薪水，即每星期100美元。艾伦的经营模式比较简单：他负责大部分的宰杀工作，其余的工作由员工轮流承担。空闲的员工为顾客提供服务。店铺通常很忙碌，所以这意味着大部分时间所有的员工都忙于为顾客服务。

艾伦不喜欢让顾客长时间等待，因为他知道，他们可能会离开他的肉店，转而去别处。不过，他也不想让他的肉店空荡荡的，因为这可能暗示他的产品不合标准。因此，如果只有几个顾客，他鼓励员工可以放慢节奏，多与顾客交谈。另一方面，在忙碌的时候，他希望员工能快速服务。他还相信，员工可以鼓励顾客购买更多的产品。

这家肉店出售肉类，当然，还有精制酱汁和佐餐品。艾伦认为鼓励顾客购买这些产品是员工工作的一部分。所有的员工都不错，能够以愉快的方式为顾客服务，但艾伦认为有些人比别人更快。速度较慢的员工更受顾客好评，但是他们往往更有说服力，所以销售也更多。

他最近购买一个电子收银机，可以统计每个员工服务的顾客数量和销售额。利用这些信息，他可以验证他的想法。收银机输出的周销售结果如下：

姓名	顾客数量(人)	销售额(美元)
艾伦·诺尔斯	200	1 000
塞缪尔·巴恩斯	190	800
安德鲁·谢里夫	185	750
托尼·比金斯	210	850
迈克尔·伯吉斯	170	915
蒂娜·唐克斯	150	950

收银机还记录了每个员工出售的实际物品的详细信息。艾伦能够将出售的商品与成本进行比较,就可以计算出每名员工取得的利润。

肉类产品的利润率为25%,调味料和草药的利润率为50%。

店铺中价格单如下:

表1 价 格 单

品 名	价 格
整鸡	每千克10美元
鸡腿肉	每千克5美元
鸡胸肉	每千克15美元
猪后腿肉	每千克15美元
猪前腿肉	每千克10美元
猪排	每千克15美元
五花肉	每千克5美元
酱汁	每包10美元
香料	每包10美元

表2 员工周销售情况一览表 (单位:美元)

姓名 品名	艾伦	塞缪尔	安德鲁	托尼	迈克尔	蒂娜
整鸡	100	75	75	100	75	50
鸡腿肉	50	125	125	100	75	50
鸡胸肉	150	100	100	100	125	200
猪后腿肉	140	75	75	75	140	200
猪前腿肉	100	75	75	100	100	50
猪排	150	100	50	75	125	150
五花肉	210	250	200	200	125	50
酱汁	50	25	25	50	75	100
香料	50	25	25	50	75	100
销售总额	1 000	850	750	850	915	950

(案例信息纯属虚构,仅作考试用途)

二、本题包括第 21 题，共 20 分。

21. (a) 简要说明艾伦从周销售情况中得到了关于员工的哪些信息。(5 分)
(b) 使用一种视图沟通的方法，尽可能清楚地描述这些信息。(10 分)
(c) 解释你为什么选择这种沟通方法。(5 分)

三、本题包括第 22 题，共 20 分。

22. (a) 解释艾伦可以如何使用他已获得的信息？(12 分)
(b) 艾伦想将他的发现告知员工，哪种沟通方式最有效？(8 分)

第二部分 选 答 题

（选答题部分包括第四、五、六、七题，每题 20 分。任选两题回答，不得多选，多选者只按选答的前两题计分。）

四、本题包括第 23~24 小题，共 20 分。

23. 解释为什么良好的沟通对一个企业来说是至关重要的。(10 分)
24. 一个企业如何实现良好的沟通？(10 分)

五、本题包括第 25~26 小题，共 20 分。

25. 良好的沟通的主要障碍有哪些？(10 分)
26. 如何克服这些障碍？(10 分)

六、本题包括第 27~28 小题，共 20 分。

27. 解释并举例说明"非语言沟通"的含义。(10 分)
28. 在与国际顾客打交道时依靠非语言沟通，可能会遇到问题，请解释原因。(10 分)

七、本题包括第 29~30 小题，共 20 分。

29. 解释近年来信息技术如何改变办公室工作。(10 分)
30. 更多地使用信息技术给沟通带来了哪些问题？(10 分)

Ⅱ．样卷答案及评分参考

第一部分 必答题（满分 60 分）

一、本题包括第 1~20 小题，每小题 1 分，共 20 分。

1. C 2. D 3. A 4. D 5. B 6. D 7. B 8. A 9. C
10. A 11. B 12. C 13. A 14. A 15. D 16. B 17. B 18. D
19. A 20. A

二、本题包括第 21 题，共 20 分。

21. (a) 简要说明艾伦从周销售情况中得到了关于员工的哪些信息。(5 分)

艾伦从周销售情况中了解到他的员工中谁最活跃，谁带来的利润最多。考生可以自行添加各种细节，但如果他们的讨论涉及数字，他们应该意识到最繁忙的员工不一定带来的利润最多。

评分参考:

1~2分:考生对信息的含义几乎了解。

3~4分:考生对信息的含义有一个清楚的认识。

5分:考生完全了解信息的含义,并举出一些例子。

(b) 使用一种视图沟通的方法,尽可能清楚地描述这些信息。(10分)

考生可以使用各种适当的方法,但最可能是图表、饼状图和直方图。考生应标明员工的工作量、营业收入和盈利情况,很可能会使用多个图表。

评分参考:

1~3分:绘制的图表几乎不能充分展示现有信息。

4~6分:绘制的图表合理,涵盖一些信息。

7~8分:绘制的图表能展示大部分信息。

9~10分:绘制的图表整洁、准确,展示信息完整。

(c) 解释你为什么选择这种沟通方法。(5分)

1~2分:考生不太了解选择特定方法的原因。

3~4分:考生了解选择特定方法的原因。

5分:考生很清楚选择特定方法的原因,并解释为什么不采用其他方法。

三、本题包括第22题,共20分。

22. (a) 解释艾伦可以如何使用他已获得的信息?(12分)

考生可以提供许多合理的建议,比如:

① 可以找出一些员工成功的原因,并以类似的方式培训其他人。

② 可以强调交谈和说服的重要性。

③ 可以引入基于特定产品销售额的激励机制。

其他使用有关信息的任何合理的建议都可以接受。

评分参考:

1~3分:考生对有关信息的使用几乎没有想法。

4~6分:考生提出一些合理的建议,但解释不清楚。

7~9分:考生提出多种想法,并解释它们。

10~12分:考生提出多种可能想法,并充分解释。

(b) 艾伦想将他的发现告知员工,哪种沟通方式最有效?(8分)

小组会议可能是最好的方式,因为书面沟通可能显得不够人性化,打击一些员工的积极性。

其他符合逻辑的方式都可以接受。

评分参考:

1~3分:考生几乎不知道如何告知员工。

4~6分:考生提出一些合理的建议,但解释不清楚。

7~8分:考生提出合理的建议,并充分解释。

第二部分 选答题(满分40分)

四、本题包括第23~24小题,共20分。

23. 解释为什么良好的沟通对一个企业来说是至关重要的。(10分)

可能的内容:发出指令,提高士气,有效的决策等。

评分参考:

1~3分:考生所答内容不能充分说明良好的沟通的必要性。

4~6分:考生合理解释了良好的沟通的必要性。

7~8分:考生充分认识到良好的沟通的必要性。

9~10分:考生深知良好的沟通的必要性,并举出一些例子。

24. 一个企业如何实现良好的沟通?(10分)

可能的内容:明确的角色,双向沟通等。

评分参考:

1~3分:考生对于如何实现良好的沟通几乎没有什么想法。

4~6分:考生对于如何实现良好的沟通有一些认识。

7~8分:考生了解如何实现良好的沟通。

9~10分:考生熟知如何实现良好的沟通,并举出一些例子。

五、本题包括第25~26小题,共20分。

25. 良好的沟通的主要障碍有哪些?(10分)

可能内容:物理障碍,语言,噪音,使用术语等。

评分参考:

1~3分:考生对于沟通障碍几乎一无所知。

4~6分:考生对于沟通障碍有一些认识。

7~8分:考生充分认识到大多数的障碍沟通。

9~10分:考生熟知沟通障碍,并举出一些例子。

26. 如何克服这些障碍?(10分)

可能内容:多种渠道,明确的报告,培训等。

评分参考:

1~3分:考生几乎没有合理的建议。

4~6分:考生有一些合理的想法。

7~8分:考生提出许多可用的方法。

9~10分:考生熟知许多可用的方法,并举出一些例子。

六、本题包括第27~28小题,共20分。

27. 解释并举例说明"非语言沟通"的含义。(10分)

可能的内容:个人外表,肢体语言等。

评分参考:

1~3分:考生对该词的含义了解甚少。

4~6分:考生对该词的含义有一些了解。

7~8分:考生了解该词的含义。

9~10分:考生熟知该词的含义,并举出一些例子。

28. 在与国际顾客打交道时依靠非语言沟通,可能是会遇到问题,请解释原因。(10分)

可能的内容:文化差异等。

评分参考:

1~3分:考生对于文化差异没有什么了解。

4~6分:考生对于文化差异有一定的了解。

7~8分:考生认识到了许多的文化差异。

9~10分:考生熟知各种文化差异,并提供了一些例子来说明潜在的问题。

七、本题包括第29~30小题,共20分。

29. 解释近年来信息技术如何改变办公室工作。(10分)

考生的经验各不相同,评分时应该考虑这一点。

考生可以讨论的问题包括:远程办公、电子邮件和无纸化办公等。

评分参考:

1~3分:考生对信息技术的影响认识有限。

4~6分:考生对信息技术的影响有一些认识。

7~8分:考生对信息技术的影响有较好的理解。

9~10分:考生熟知信息技术的影响。

30. 更多地使用信息技术给沟通带来了哪些问题?(10分)

考生的经验各不相同,答案也会有所不同,评分时应该考虑这一点。

可以讨论的问题包括:冗余,培训的需要、安全问题等。

评分参考:

1~3分:考生对此了解很少。

4~6分:考生对此有一些了解。

7~8分:考生了解很多问题。

9~10分:考生熟知各种问题,并举出一些例子。

Ⅲ.样卷考核权重

必答题部分:

题号	识记(40%)	理解(40%)	应用(20%)	总计
21(a)	3	2		5
21(b)	2	4	4	10
21(c)	3	2		5
合计	8	8	4	20
22(a)	4	4	4	12
22(b)	4	4		8
合计	8	8	4	20

选答题部分：

题号	识记(40%)	理解(40%)	应用(20%)	总计
23	4	4	2	10
24	4	4	2	10
合计	8	8	4	20
25	4	4	2	10
26	4	4	2	10
合计	8	8	4	20
27	4	4	2	10
28	4	4	2	10
合计	8	8	4	20
29	4	4	2	10
30	4	4	2	10
合计	8	8	4	20

参考文献

[1] [美]埃弗雷姆·特班,戴维·金. 电子商务:管理的视角[M]. 北京:机械工业出版社,2007.

[2] [美]查克·布莱默. 互联网营销的本质:点亮社群[M]. 曾虎翼,译. 北京:东方出版社,2010.

[3] [美]贾森·米列茨基. 网络营销实务:工具与方法[M]. 李东贤,李子南,漆敏,等译. 北京:中国人民大学出版社,2011.

[4] [美]杰里米·莱特. 博客营销[M]. 洪慧芳,译. 北京:中国财政经济出版社,2007.

[5] [美]考特兰·博韦,约翰·赛尔·博韦. 商务沟通[M]. 喆儒,译. 北京:中国人民大学出版社,2009.

[6] [美]罗纳德·B·阿德勒,珍妮·玛库特·埃尔霍斯特. 商务传播:沟通的艺术[M]. 施宗靖,译. 上海:复旦大学出版社,2006.

[7] [美]罗纳德·B·阿德勒,珍妮·玛库特·埃尔霍斯特. 商务沟通的艺术[M]. 10版. 施宗靖,译. 上海:复旦大学出版社,2012.

[8] [美]玛丽·埃伦·伽菲. 商务沟通:过程与结果[M]. 兰天,译. 大连:东北财经大学出版社,2009.

[9] [美]玛丽·蒙特. 管理沟通指南:有效商务写作与演讲[M]. 8版. 钱小军,张洁,译. 北京:清华大学出版社,2010.

[10] [美]约翰·V·希尔,考特兰·L·博韦. 卓越的商务沟通[M]. 张莉,杨洋,译. 北京:北京大学出版社,2010.

[11] [美]詹姆斯·S·奥罗克. 管理沟通:以案例分析为视角[M]. 4版. 康青,译. 北京:中国人民大学出版社,2011.

[12] [英]斯坦顿(Stanton N). 商务交流[M]. 王秀村,等,译. 北京:高等教育出版社,1999.

[13] Benjamin J, Mckerrow R E. Business and Professional Communication[M]. New York:Harper Colllins,1994.

[14] Boyd D M, Ellison N B. Social Network Sites:Definition, History, and Scholarship[J]. Journal of Computer-Mediated Communication. 2007,13(1).

[15] Evans D W. People, Communications and Organisations[M]. 2nd. Prentice Hall,1990.

[16] [德]Bernd Eylert. 移动多媒体商务:3G时代的致胜之道[M]. 吕廷杰,孙道军,译. 北京:中国广播电视出版社,2007.

[17] George J M, Jones G R. Understanding and Managing Organizational Behavior[M]. 3版.

Pearson Education, 2002.

[18] Khan-Panni P. FT Essential Guide to Making Business Presentations: How to Deliver a Winning Message[M]. Financial Times/ Prentice Hall, 2011.

[19] Robbins S P, Decenzo D A. Fundamentals of Management[M]. Prentice Hall, 2002.

[20] Segall K. Insanely Simple: The Obsession That Drives Apple's Success[M]. Portfolio, 2012.

[21] Stanton N. Mastering Communications[M]. Palgrave Macmillan, 2004.

[22] Tuckman B W, Jensen M A C. Stages of small group development revisited[J]. Group and Organizational Studies. 1977(2).

[23] 陈春,侯晓华. 电子商务[M]. 北京:科学出版社,2009.

[24] 陈德人. 电子服务及实践[M]. 北京:电子工业出版社,2010.

[25] 郝红. 管理沟通[M]. 北京:科学出版社,2010.

[26] 胡介埙. 商务沟通:原理与技巧[M]. 大连:东北财经大学出版社,2011.

[27] 黄漫宇. 商务沟通[M]. 北京:机械工业出版社,2010.

[28] 黄敏学. 电子商务[M]. 北京:高等教育出版社,2007.

[29] 剑桥大学国际考试部. 商务沟通方法与技能[M]. 张灿鹏,译. 北京:中国财政经济出版社,2011.

[30] 李锡元. 管理沟通[M]. 武汉:武汉大学出版社,2006.

[31] 李一军. 电子商务[M]. 北京:电子工业出版社,2010.

[32] 林·沃克. 电话技巧[M]. 王辉,译. 北京:中国社会科学出版社,2001.

[33] 马跃如,曹裕. 管理沟通[M]. 长沙:湖南人民出版社,2010.

[34] 莫林虎. 商务沟通与交流[M]. 北京:中国人民大学出版社,2011.

[35] 沈远平,沈宏宇. 管理沟通:基于案例分析的学习[M]. 广州:暨南大学出版社,2009.

[36] 舒晓楠. 商务与管理沟通[M]. 北京:清华大学出版社,2010.

[37] 王怀明,王君南,张欣平. 管理沟通[M]. 济南:山东人民出版社,2007.

[38] 王建民. 管理沟通理论与实务[M]. 北京:中国人民大学出版社,2005.

[39] 魏全斌. 商务礼仪[M]. 北京:北京师范大学出版社,2010.

[40] 徐卫星. 经济科学出版社[M]. 北京,2009.

[41] 严成根. 商务谈判[M]. 合肥:中国科技大学出版社,2010.

[42] 杨林,陈炜. 移动商务基础[M]. 北京:首都经济贸易大学出版社,2008.

[43] 杨一波. 商务礼仪与商务沟通[M]. 北京:北京理工大学出版社,2009.

[44] 叶龙,吕海军. 管理沟通——理念与技能[M]. 北京:北京交通大学出版社,2006.

[45] 张守刚. 商务沟通与谈判[M]. 北京:人民邮电出版社,2010.

[46] 张岩松. 现代商务沟通[M]. 北京:清华大学出版社,2012.

[47] 郑兰先. 商务沟通实务[M]. 北京:北京大学出版社,2011.

后记

本书是高等教育自学考试中英合作商务管理专业与金融管理专业以及剑桥大学商务管理和金融管理证书考试的共同课教材,根据中英合作商务管理专业与金融管理专业商务交流自学考试大纲(2013年版)编撰完成。全书包括沟通过程、口头沟通、有效演讲、非语言沟通、群体沟通、书面沟通、视图沟通、电子沟通等内容。

本书具有如下特色:

1. 本书根据商务交流自学考试大纲(2013年版)重新编写,体系上条理更加清晰,内容上更加精炼,更具针对性。

2. 本书侧重基本概念、基本方法的阐述和解释,并紧密联系实际,简明扼要、深入浅出,适合所有经济管理类专业的人员学习。

3. Communication 一词最初引入国内时被译作"交流",所以有"商务交流"之说,后来更多的教材和文章中采用"沟通"的译法,但两者含义并无本质差异。本书中很多术语都采用目前比较通行的说法。

4. 本书中结合内容编排了"延伸阅读"部分,多为与课程内容相关的一些现实事件、小故事,主要是为了增加趣味性,方便学生阅读,加深对相关知识的理解,不做学习要求。

5. 本书中增加了更多体现时代感的内容,比如社交网站、微博等信息技术在商务交流中的应用。

另外,本书中涉及的企业、公司、机构、组织等概念其含义都是相同的,不做区分。

本书由北京理工大学管理与经济学院刘岭、李京、王红夏、董梅编著,其中李京撰写第1、2、3章,董梅撰写第4章,刘岭撰写第5、6、8章,王红夏撰写第7章,全书由刘岭负责统稿。刘雨薇、杨雪艳、王媛、张远游等为本书的前期资料收集和初步编写做了大量的工作,刘锦薇进行了文字校对。全书由北京理工大学王秀村教授和中国人民大学程大为副教授审稿。

在本书写作过程中,我们参阅、引证了的国内外大量文献资料,书中未能一一注明,谨向文献的作者表示衷心的感谢!由于作者的水平有限,加之时间仓促,书中难免存在不足和疏漏之处,我们恳请各位读者能够对本书的不足提出批评、指正与建议。

编　者
2012年9月